LES PROIES

Dans le harem de Kadhafi

DU MÊME AUTEUR

FM, LA FOLLE HISTOIRE DES RADIOS LIBRES *(avec Frank Eskenazi)*, Grasset, 1986.

RETOUR SUR IMAGES, Grasset, 1997.

CAP AU GRAND NORD, Seuil, 1999.

L'ÉCHAPPÉE AUSTRALIENNE, Seuil, 2001.

LES HOMMES AUSSI S'EN SOUVIENNENT *(entretien avec Simone Veil)*, Stock, 2004.

Ouvrages collectifs :

GRAND REPORTAGE, *Les héritiers d'Albert Londres*, Florent Massot, 2001.

GRANDS REPORTERS, Les Arènes, 2010 (prix Albert Londres).

Livres de photos :

PAUVRES DE NOUS, Photo-Poche/Nathan, 1996.

BRUNO BARBEY, Photo-Poche/Nathan, 1999.

MARC RIBOUD, 50 ANS DE PHOTOGRAPHIE, Flammarion, 2004.

MARTINE FRANCK, Photo-Poche, 2007.

ANNICK COJEAN

LES PROIES

Dans le harem de Kadhafi

BERNARD GRASSET
PARIS

Photo de couverture :
© Paul Blackmore/Rapho.

ISBN : 978-2-246-79880-4

A ma mère, toujours.

A Marie-Gabrielle, Anne, Pipole,
essentielles.

A S.

« *Nous, dans la Jamahiriya et la grande révolution, affirmons notre respect des femmes et levons leur drapeau. Nous avons décidé de libérer totalement les femmes en Libye pour les arracher à un monde d'oppression et d'assujettissement de manière qu'elles soient maîtresses de leur destinée dans un milieu démocratique où elles auront les mêmes chances que les autres membres de la société (…).*

Nous appelons une révolution pour la libération des femmes de la nation arabe et ceci est une bombe qui secouera toute la région arabe et poussera les prisonnières des palais et des marchés à se révolter contre leurs geôliers, leurs exploiteurs et leurs oppresseurs. Cet appel trouvera sans doute de profonds échos et aura des répercussions dans toute la nation arabe et dans le monde. Aujourd'hui n'est pas un jour ordinaire mais le commencement de la fin de l'ère du harem et des esclaves (…). »

Mouammar Kadhafi, le 1ᵉʳ septembre 1981, jour anniversaire de la révolution, présentant au monde les premières diplômées de l'Académie militaire des femmes.

Prologue

Au tout début, il y a Soraya.

Soraya et ses yeux de crépuscule, ses lèvres boudeuses, et ses grands rires sonores. Soraya qui, avec fulgurance, passe du rire aux larmes, de l'exubérance à la mélancolie, d'une tendresse câline à la brutalité d'une écorchée. Soraya et son secret, sa douleur, sa révolte. Soraya et son histoire démente de petite fille joyeuse jetée entre les griffes d'un ogre.

C'est elle qui a déclenché ce livre.

Je l'ai rencontrée un de ces jours de liesse et de chaos qui ont suivi la capture et la mort du dictateur Mouammar Kadhafi en octobre 2011. J'étais à Tripoli pour le journal *Le Monde*. J'enquêtais sur le rôle des femmes dans la révolution. L'époque était fiévreuse, le sujet me passionnait.

Je n'étais pas une spécialiste de la Libye. C'est même la première fois que j'y débarquais, fascinée par le courage inouï dont avaient fait preuve les combattants

pour renverser le tyran installé depuis quarante-deux
ans, mais profondément intriguée par l'absence totale
des femmes sur les films, photos et reportages parus les
derniers mois. Les autres insurrections du printemps
arabe et le vent d'espoir qui avait soufflé sur cette
région du monde avaient révélé la force des Tunisiennes, omniprésentes dans le débat public ; le
panache des Egyptiennes, manifestant, en courant tous
les risques, sur la place Tahrir du Caire. Mais où
étaient les Libyennes ? Qu'avaient-elles fait pendant
la révolution ? L'avaient-elles espérée, amorcée,
soutenue ? Pourquoi se cachaient-elles ? Ou, plus
sûrement, pourquoi les cachait-on, dans ce pays si
méconnu dont le leader bouffon avait confisqué
l'image et fait de ses gardes du corps féminins – les
fameuses amazones – l'étendard de sa propre révolution ?

Des collègues masculins qui avaient suivi la rébellion de Benghazi à Syrte m'avaient avoué n'avoir
jamais croisé que quelques ombres furtives drapées
dans des voiles noirs, les combattants libyens leur ayant
systématiquement refusé l'accès à leurs mères, leurs
épouses ou leurs sœurs. « Tu auras peut-être plus de
chance ! » m'avaient-ils dit, un brin goguenards,
convaincus que l'Histoire, dans ce pays, n'est de toute
façon jamais écrite par les femmes. Sur le premier
point, ils n'avaient pas tort. Etre une journaliste
femme, dans les pays les plus fermés, présente le
merveilleux avantage d'avoir accès à toute la société,

et pas seulement à sa population masculine. Il m'avait donc suffi de quelques jours et d'une multitude de rencontres pour comprendre que le rôle des femmes, dans la révolution libyenne, n'avait pas seulement été important : il avait été crucial. Les femmes, me dit un chef rebelle, avaient constitué « l'arme secrète de la rébellion ». Elles avaient encouragé, nourri, caché, véhiculé, soigné, équipé, renseigné les combattants. Elles avaient mobilisé de l'argent pour acheter des armes, espionné les forces kadhafistes au profit de l'OTAN, détourné des tonnes de médicaments, y compris dans l'hôpital dirigé par la fille adoptive de Mouammar Kadhafi (oui, celle qu'il avait – faussement – fait passer pour morte, après le bombardement américain de sa résidence en 1986). Elles avaient pris des risques fous : celui d'être arrêtées, torturées, et violées. Car le viol – considéré en Libye comme le crime des crimes – était pratique courante et fut décrété arme de guerre. Elles s'étaient engagées corps et âme dans cette révolution. Enragées, stupéfiantes, héroïques. « Il est vrai que les femmes, me dit l'une d'elles, avaient un compte personnel à régler avec le Colonel. »

Un compte personnel… Je n'ai pas tout de suite compris la signification de ce propos. L'ensemble du peuple libyen qui venait d'endurer quatre décennies de dictature n'avait-il pas un compte commun à régler avec le despote ? Confiscation des droits et libertés individuels, répression sanglante des opposants, détérioration des systèmes de santé et d'éducation, état désastreux des infrastructures, paupérisation de la population, effondrement de la culture, détournement des recettes pétrolières, isolement sur la scène internationale... Pourquoi ce « compte personnel » des femmes ? L'auteur du *Livre Vert* n'avait-il pas sans cesse clamé l'égalité entre hommes et femmes ? Ne s'était-il pas systématiquement présenté comme leur défenseur acharné, fixant à vingt ans l'âge légal du mariage, dénonçant la polygamie et les abus de la société patriarcale, octroyant plus de droits à la femme divorcée que dans nombre de pays musulmans, et ouvrant aux postulantes du monde entier une Académie militaire des femmes ? « Balivernes, hypocrisie, mascarade ! me dira plus tard une juriste renommée. Nous étions toutes potentiellement ses proies. »

C'est à ce moment-là que j'ai rencontré Soraya. Nos chemins se sont croisés le matin du 29 octobre. Je bouclais mon enquête et devais quitter Tripoli le lendemain, pour rejoindre Paris, via la Tunisie. Je rentrais à regret. J'avais certes obtenu une réponse à ma première question sur la participation des femmes à la révolution et revenais avec une foule d'histoires et de récits détaillés illustrant leur combat. Mais tant d'énigmes demeuraient en suspens ! Les viols perpétrés en masse par les mercenaires et forces de Kadhafi constituaient un tabou insurmontable et enfermaient autorités, familles et associations féminines dans un silence hostile. La

Cour pénale internationale qui avait déclenché une enquête affrontait elle-même les pires difficultés à rencontrer les victimes. Quant aux souffrances endurées par les femmes avant la révolution, elles n'étaient évoquées que sous forme de rumeurs, avec force soupirs et regards fuyants. « A quoi bon ressasser des pratiques et des crimes si avilissants et si impardonnables ? » entendrai-je souvent. Jamais de témoignage à la première personne. Pas le moindre récit de victime mettant en cause le Guide.

Et puis est arrivée Soraya. Elle portait un châle noir qui couvrait une masse de cheveux épais assemblés en chignon, de grandes lunettes de soleil, un pantalon fluide. De grosses lèvres lui donnaient un faux air d'Angelina Jolie et quand elle a souri, une étincelle d'enfance a brusquement éclairé son beau visage déjà griffé par la vie. « Quel âge me donnez-vous ? » a-t-elle demandé, retirant ses lunettes. Elle attendit, anxieuse, et puis m'a devancée : « J'ai l'impression d'avoir quarante ans ! » Cela lui paraissait vieux. Elle en avait vingt-deux.

C'était un jour lumineux dans Tripoli fébrile. Mouammar Kadhafi était mort depuis plus d'une semaine ; le Conseil national de transition avait officiellement proclamé la libération du pays ; et la place Verte, rebaptisée de son ancien nom place des Martyrs, avait une nouvelle fois rassemblé la veille au soir des foules de Tripolitains euphoriques scandant les noms d'Allah et de la Libye dans un concert de chants révolutionnaires et de rafales de kalachnikovs. Chaque quartier avait acheté et égorgé devant une mosquée un dromadaire afin de le partager avec les réfugiés des villes saccagées par la guerre. On se disait « unis » et « solidaires », « heureux comme jamais de mémoire humaine ». Groggy aussi, sonnés. Incapables de reprendre le travail et le cours normal de la vie. La Libye sans Kadhafi… C'était inimaginable.

Des véhicules bariolés continuaient de sillonner la ville, dégorgeant de rebelles assis sur le capot, le toit, les portières, drapeaux au vent. Ils klaxonnaient, brandissaient chacun leur arme comme une amie précieuse qu'on emmène à la fête, qui mérite un hommage. Ils hurlaient « Allah Akbar », s'enlaçaient, faisaient le V de la victoire, un foulard rouge, noir, vert noué en pirate sur la tête ou porté en brassard, et qu'importe si tous ne s'étaient pas battus depuis la première heure, ou avec le même courage. Depuis la chute de Syrte, dernier bastion du Guide, et sa mise à mort fulgurante, tout le monde, de toute façon, se proclamait rebelle.

Soraya les observait de loin, et elle avait le cafard.
Etait-ce l'atmosphère d'allégresse tapageuse qui rendait plus amer le malaise qu'elle ressentait depuis la mort du Guide ? Etait-ce la glorification des « martyrs » et « héros » de la révolution qui la renvoyait à son triste statut de victime clandestine, indésirable, honteuse ? Prenait-elle soudain la mesure du désastre de sa vie ? Elle n'avait pas les mots, elle ne

pouvait expliquer. Elle sentait juste la brûlure du sentiment d'injustice absolue. Le désarroi de ne pouvoir exprimer son chagrin et hurler sa révolte. La terreur que son malheur, inaudible en Libye et donc inracontable, passe par pertes et fracas. Ça n'était pas possible. Ça n'était pas moral.

Elle mordillait son châle en couvrant nerveusement le bas de son visage. Des larmes sont apparues qu'elle a vite essuyées. « Mouammar Kadhafi a saccagé ma vie. » Il lui fallait parler. Des souvenirs trop lourds encombraient sa mémoire. « Des souillures », disait-elle, qui lui donnaient des cauchemars. « J'aurai beau raconter, personne, jamais, ne saura d'où je viens ni ce que j'ai vécu. Personne ne pourra imaginer. Personne. » Elle secouait la tête d'un air désespéré. « Quand j'ai vu le cadavre de Kadhafi exposé à la foule, j'ai eu un bref plaisir. Puis dans la bouche, j'ai senti un sale goût. J'aurais voulu qu'il vive. Qu'il soit capturé et jugé par un tribunal international. Je voulais lui demander des comptes. »

Car elle était victime. De ces victimes dont la société libyenne ne veut pas entendre parler. De ces victimes dont l'outrage et l'humiliation rejaillissent sur l'ensemble de la famille et de la nation tout entière. De ces victimes si encombrantes et perturbantes qu'il serait plus simple d'en faire des coupables. Coupables d'avoir été victimes… Du haut de ses vingt-deux ans, Soraya le refusait avec force. Elle rêvait de justice. Elle voulait témoigner. Ce qu'on lui avait fait, à elle et à d'autres, ne lui semblait ni anodin ni pardonnable. Son histoire ? Elle va la raconter : celle d'une fille d'à peine quinze ans repérée lors d'une visite de son école par Mouammar Kadhafi et enlevée dès le lendemain pour devenir, avec d'autres, son esclave sexuelle. Séquestrée plusieurs années dans la résidence fortifiée de Bab al-Azizia, elle y avait été battue, violée, exposée à toutes les perversions d'un tyran obsédé par le sexe. Il lui avait volé sa virginité et sa jeunesse, lui interdisant ainsi tout avenir respectable dans la société libyenne. Elle s'en apercevait amèrement. Après l'avoir pleurée et plainte, sa famille la considérait désormais comme une traînée. Irrécupérable. Elle fumait. Ne rentrait plus dans aucun cadre. Ne savait où aller. J'étais abasourdie.

Je suis revenue en France, bouleversée par Soraya. Et dans une page du *Monde*, j'ai conté son histoire sans dévoiler ni son visage ni son identité. Trop dangereux. On lui avait fait suffisamment de mal comme ça. Mais l'histoire fut reprise et traduite dans le monde entier. C'était la première fois que parvenait un témoignage d'une des jeunes femmes de Bab al-Azizia, ce lieu si plein de mystères. Des sites kadhafistes le démentirent avec violence, indignés qu'on casse ainsi l'image de leur héros supposé avoir tant fait pour « libérer » les femmes. D'autres, pourtant sans illusions sur les mœurs du Guide, le jugèrent si terrifiant qu'ils eurent peine à le croire. Les médias internationaux tentèrent de retrouver Soraya. En vain.

Je ne doutais pas une seconde de ce qu'elle m'avait dit. Car des histoires me parvenaient, très ressemblantes, qui me prouvaient l'existence de bien d'autres Soraya. J'apprenais que des centaines de jeunes femmes avaient été enlevées pour une heure, une nuit, une semaine ou une année et contraintes, par la force ou le chantage, de se soumettre aux fantaisies et violences sexuelles de Kadhafi. Qu'il disposait de réseaux impliquant des diplomates, des militaires, des gardes du corps, des employés de l'administration et de son service du protocole, qui avaient pour mission essentielle de procurer à leur maître des jeunes femmes – ou jeunes hommes – pour sa consommation quotidienne. Que des pères et des maris cloîtraient leurs filles et leurs femmes afin de les soustraire au regard et à la convoitise du Guide. Je découvrais que le tyran, né dans une famille de Bédouins très pauvres, gouvernait par le sexe, obsédé par l'idée de posséder un jour les épouses ou les filles des riches et des puissants, de ses ministres et généraux, des chefs d'Etat et des souverains. Il était prêt à y mettre le prix. N'importe quel prix. Il n'avait aucune limite.

Mais de cela, la nouvelle Libye n'est pas prête à parler. Tabou ! On ne se prive guère, pourtant, d'accabler Kadhafi et d'exiger que la lumière soit faite sur ses quarante-deux ans de turpitudes et de pouvoir absolu. On recense les sévices causés aux prisonniers politiques, les exactions contre les opposants, les tortures et meurtres de rebelles. On ne se lasse pas de dénoncer sa tyrannie et sa corruption, sa duplicité et sa folie, ses manipulations et ses perversions. Et on exige réparation pour toutes les victimes. Mais des centaines de jeunes filles qu'il a asservies et violées, on ne veut pas entendre parler. Il faudrait qu'elles se terrent ou qu'elles émigrent, ensevelies sous un voile, leur douleur empaquetée dans un baluchon. Le plus simple serait qu'elles meurent. Certains hommes de leurs familles sont d'ailleurs prêts à s'en charger.

Je suis retournée en Libye revoir Soraya. J'ai glané d'autres histoires et tenté de décortiquer les réseaux de complicité à la botte du tyran. Enquête sous haute pression. Victimes et témoins vivent encore dans la terreur d'aborder le sujet. Certains sont l'objet de menaces et d'intimidations. « Dans votre intérêt et celui de la Libye, abandonnez cette recherche ! » m'ont conseillé nombre d'interlocuteurs avant de déconnecter brusquement leur téléphone. Et de sa prison de Misrata où il passe désormais ses journées à lire le Coran, un jeune barbu – qui a participé au trafic des jeunes filles – m'a lancé, exaspéré : « Kadhafi est mort ! Mort ! Pourquoi voulez-vous déterrer ses scandaleux secrets ? » Le ministre de la Défense, Oussama Jouili, n'est pas loin de partager cette idée : « C'est un sujet de honte et d'humiliation nationale. Quand je pense aux offenses faites à tant de jeunes gens, y compris des soldats, je ressens un tel dégoût ! Je vous assure, le mieux est de se taire. Les Libyens se sentent collectivement salis et veulent tourner la page. »

Ah oui ? Il y aurait des crimes à dénoncer et d'autres à camoufler comme de sales petits secrets ? Il y aurait de belles et nobles victimes et il y en aurait de honteuses ? Celles qu'il faudrait honorer, gratifier, compenser et celles sur lesquelles il serait urgent de « tourner la page » ? Non. C'est inacceptable. L'histoire de Soraya n'est pas anecdotique. Les crimes contre les femmes – sur lesquels existe de par le monde tant de désinvolture sinon de complaisance – ne constituent pas un sujet dérisoire.

Le témoignage de Soraya est courageux et devrait être lu comme un document. Je l'ai écrit sous sa dictée. Elle raconte bien, elle a aussi une excellente mémoire. Et elle ne supporte pas l'idée d'une conspiration du silence. Il n'y aura sans doute pas de cour pénale pour lui rendre justice un jour. Peut-être même la Libye n'acceptera-t-elle jamais de reconnaître la souffrance des « proies » de Mouammar Kadhafi et d'un système créé à son image. Mais au moins y aura-t-il son témoignage pour prouver que pendant qu'il se pavanait à l'ONU avec des airs de maître du monde, pendant que les autres nations lui déroulaient le tapis rouge et l'accueillaient en fanfare, pendant que ses amazones étaient sujet de curiosité, fascination ou amusement, chez lui, dans sa vaste demeure de Bab al-Azizia, ou plutôt dans ses sous-sols humides, Mouammar Kadhafi séquestrait des jeunes filles qui, en arrivant, n'étaient encore que des enfants.

PREMIÈRE PARTIE

LE RÉCIT DE SORAYA

1

ENFANCE

Je suis née à Marag, une bourgade de la région du Djebel Akhdar, la Montagne Verte, pas très loin de la frontière égyptienne. C'était le 17 février 1989. Oui, le 17 février ! Impossible pour les Libyens d'ignorer désormais cette date-là : c'est le jour où a démarré la révolution qui a chassé Kadhafi du pouvoir en 2011. Autant dire un jour destiné à devenir fête nationale, et cette idée m'est agréable.

Trois frères m'avaient précédée à la maison, deux autres naîtront après moi ainsi qu'une petite sœur. Mais j'étais la première fille et mon père était fou de joie. Il voulait une fille. Il voulait une Soraya. Il pensait à ce nom bien avant son mariage. Et il m'a souvent raconté son émotion au moment où il a fait ma connaissance. « Tu étais jolie ! Si jolie ! » m'a-t-il souvent répété. Il était tellement heureux que le septième jour après ma naissance, la célébration qu'il est coutume d'organiser a pris l'ampleur d'une fête de mariage. Des invités plein la maison, de la musique, un grand buffet… Il voulait tout pour sa fille, les mêmes chances, les mêmes droits que pour mes frères. Il dit même aujourd'hui qu'il me rêvait médecin. Et c'est vrai qu'il m'a poussée à m'inscrire en sciences de la nature, au lycée. Si ma vie avait suivi un cours normal, peut-être aurais-je en effet étudié la médecine. Qui sait ? Mais qu'on ne me parle pas d'égalité de droits avec mes frères. Ça non ! Pas une Libyenne ne peut croire à cette fiction. Il suffit de voir combien ma mère, pourtant si moderne, a fini par devoir renoncer à la plupart de ses rêves.

Elle en a eu d'immenses. Et tous se sont brisés. Elle est née au Maroc, chez sa grand-mère qu'elle adorait. Mais ses parents étaient tunisiens. Elle disposait de beaucoup de libertés puisque, jeune fille, elle est venue faire un stage de coiffeuse à Paris. Le rêve, non ? C'est là qu'elle a rencontré papa, lors d'un grand dîner, un soir de ramadan. Il était alors employé à l'ambassade de Libye et lui aussi adorait Paris. L'atmosphère y était si légère, si joyeuse, en comparaison avec le climat d'oppression libyen. Il aurait pu suivre des cours à l'Alliance française comme on le lui proposait, mais il était trop insouciant et préférait sortir, se balader, grappiller chaque minute de liberté pour s'en mettre plein les yeux. Il regrette aujourd'hui de ne pas pouvoir parler français. Ç'aurait sans doute changé notre vie. En tout cas, dès qu'il a rencontré maman, il s'est vite décidé. Il a demandé sa main, le mariage a eu lieu à Fez, où habitait encore sa grand-mère, et hop ! il l'a ramenée, tout fiérot, en Libye.

Quel choc pour ma mère ! Elle n'avait jamais imaginé vivre au Moyen Age. Elle qui était si coquette, si soucieuse d'être à la mode, bien coiffée, bien maquillée, a dû se draper du voile blanc traditionnel et limiter au maximum ses sorties hors de la maison. Elle était comme un lion en cage. Elle se sentait flouée, et elle était piégée. Ce n'était pas du tout la vie que papa lui avait laissé envisager. Il avait parlé de voyages entre la France et la Libye, de son travail qu'elle pourrait développer à cheval sur les deux pays... En quelques jours, elle se retrouvait au pays des Bédouins. Et elle a déprimé. Alors papa s'est débrouillé pour déménager la famille à Benghazi, la deuxième ville de Libye, à l'est du territoire. Une cité provinciale mais toujours considérée un peu frondeuse par rapport au pouvoir installé à Tripoli. Il ne pouvait pas l'emmener à Paris où il continuait de voyager fréquemment, mais au moins, elle vivrait dans une grande ville, échapperait au port du voile et même, pourrait développer son activité de coiffeuse dans le salon familial. Comme si cela pouvait la consoler !

Elle a continué à broyer du noir et rêver de Paris. A nous, les petits, elle racontait ses promenades sur les Champs-Elysées, le thé avec ses copines à la terrasse des cafés, la liberté dont disposent les Françaises, et puis la protection sociale, les droits des syndicats, les audaces de la presse. Paris, Paris, Paris... Ça finissait par nous casser les pieds. Mais mon père culpabilisait.

Il a envisagé de lancer une petite affaire à Paris, un restaurant dans le XVe arrondissement que maman aurait pu tenir. Hélas, il s'est rapidement disputé avec son associé et le projet est tombé à l'eau. Il a aussi failli acheter un appartement à la Défense. Ça coûtait 25 000 dollars à l'époque. Il n'a pas osé et le regrette toujours.

C'est donc à Benghazi que j'ai mes premiers souvenirs d'école. C'est déjà flou dans ma mémoire, mais je me rappelle que c'était très joyeux. L'école s'appelait « Les lionceaux de la Révolution » et j'y avais quatre copines inséparables. J'étais la comique du groupe et ma spécialité était d'imiter les professeurs dès qu'ils quittaient la classe, ou de singer le directeur de l'école. Il paraît que j'ai un don pour capter les allures et les expressions des gens. On pleurait de rire ensemble. J'avais zéro en maths, mais j'étais la meilleure en langue arabe.

Papa ne gagnait pas bien sa vie. Et le travail de maman est devenu indispensable. C'est même sur elle qu'ont bientôt reposé les finances de la famille. Elle bossait jour et nuit, continuant d'espérer que quelque chose allait se passer qui nous emmènerait loin de la Libye. Je la savais différente des autres mères et il arrivait qu'à l'école on me traite avec mépris de « fille de Tunisienne ». Ça me blessait. Les Tunisiennes étaient réputées modernes, émancipées, et à Benghazi, croyez-moi, ce n'était vraiment pas considéré comme des qualités. Sottement, j'en étais dépitée. J'en voulais presque à mon père de n'avoir pas choisi comme épouse une fille du pays. Qu'avait-il eu besoin d'épouser une étrangère ? Avait-il seulement pensé à ses enfants ?... Mon Dieu que j'étais stupide !

*

L'année de mes onze ans, papa nous a annoncé qu'on partait vivre à Syrte, une ville située aussi sur la côte méditerranéenne, entre Benghazi et Tripoli. Il voulait se rapprocher du berceau familial, de son père – un homme très traditionnel marié à quatre épouses –, de ses frères, de ses cousins. C'est ainsi, en Libye. Toutes les familles tentent de rester groupées autour d'un même bastion supposé leur donner de la force et un soutien inconditionnel. A Benghazi, sans racines ni relations, nous étions comme des orphelins. C'est en tout cas ce que nous a expliqué papa. Mais moi, j'ai pris cette nouvelle comme une pure catastrophe. Quitter mon école ? Mes copines ? Quel drame ! J'en ai été malade. Vraiment malade. Au lit pendant deux semaines. Incapable de me lever pour aller à la nouvelle école.

Et puis j'y suis finalement allée. Avec des semelles de plomb. Et en comprenant très vite que je n'y serais pas heureuse. D'abord, il faut savoir qu'on arrivait dans la ville natale de Kadhafi. Je n'ai pas encore parlé

du personnage parce que ce n'était ni une préoccupa-
tion ni un sujet de conversation à la maison. Maman le
détestait, très clairement. Elle changeait de chaîne dès
qu'il apparaissait à la télévision. Elle l'appelait « le
décoiffé » et répétait, en secouant la tête : « Franche-
ment, est-ce que ce type a une tête de président ? »
Papa, je pense, en avait peur et restait sur sa réserve.
Nous sentions tous, intuitivement, que moins on
parlait de lui, mieux ça valait, le moindre propos tenu
hors du cadre familial pouvant être rapporté et nous
valoir de gros ennuis. Pas de photo de lui à la maison,
surtout pas de militantisme. Disons qu'instinctive-
ment, nous étions tous prudents.

A l'école en revanche, c'était l'adoration. Son image
était omniprésente ; nous chantions l'hymne national
chaque matin devant son immense poster accolé au
drapeau vert ; on criait : « Tu es notre Guide, on
marche derrière Toi, blablabla » ; et en classe ou à la
récréation, les élèves se gargarisaient de « mon cousin
Mouammar », « mon tonton Mouammar », tandis que
les profs en parlaient comme d'un demi-dieu. Non,
comme d'un dieu. Il était bon, il veillait sur ses enfants,
il avait tous les pouvoirs. Nous devions tous l'appeler
« papa Mouammar ». Sa stature nous paraissait gigantesque.

Nous avions eu beau déménager à Syrte pour nous
rapprocher de la famille et nous sentir plus intégrés au
sein d'une communauté, la greffe n'a pas pris. Les gens

de Syrte, auréolés de leur parenté ou proximité avec Kadhafi, se sentaient les maîtres de l'univers. Disons des aristos, familiers de la cour, face aux ploucs et aux manants issus des autres villes. Vous arrivez de Zliten ? Grotesque ! De Benghazi ? Ridicule. De Tunisie ? La honte ! Maman, décidément, et quoi qu'elle fasse, était source d'opprobre. Et quand elle a ouvert, au centre-ville, pas loin de notre immeuble de la rue de Dubaï, un joli salon de coiffure dans lequel les élégantes de Syrte se sont pressées, le mépris n'a fait que croître. Elle avait du talent, pourtant. Tout le monde reconnaissait son habileté à faire les plus jolies coiffures de la ville, et des maquillages fabuleux. Je suis même certaine qu'on l'enviait. Mais vous n'avez pas idée comme Syrte est écrasée par la tradition et la pudibonderie. Une femme non voilée peut se faire insulter dans la rue. Et même voilée, elle est suspecte. Que diable fait-elle dehors ? Ne cherche-t-elle pas l'aventure ? N'entretient-elle pas une liaison ? Les gens s'espionnent, les voisins observent les allées et venues de la maison d'en face, les familles se jalousent, protègent leurs filles et cancanent sur les autres. La machine à ragots est perpétuellement en marche.

A l'école, c'était donc double peine. J'étais non seulement « la fille de la Tunisienne » mais en plus « la fille du salon ». On me mettait toute seule sur un banc, toujours à l'écart. Et je n'ai jamais pu avoir une copine libyenne. Un peu plus tard, j'ai heureusement sympathisé avec la fille d'un Libyen et d'une Palestinienne.

Puis avec une Marocaine. Puis avec la fille d'un Libyen et d'une Egyptienne. Mais avec les filles du coin, jamais. Même quand j'ai menti, un jour, en disant que ma mère était marocaine. Cela me semblait moins grave que tunisienne. Mais ce fut pire. Alors, ma vie a essentiellement tourné autour du salon de coiffure. C'est devenu mon royaume.

J'y courais, dès les cours terminés. Et là, je revivais. Quel plaisir ! D'abord parce que j'aidais maman, et c'était un sentiment délicieux. Ensuite parce que ce travail me plaisait. Ma mère n'arrêtait pas et courait d'une cliente à l'autre, même si elle avait quatre employées. On faisait coiffure, soins, maquillage. Et je vous assure qu'à Syrte, les femmes ont beau se cacher sous leurs voiles, elles sont d'une exigence et d'une sophistication incroyables. Moi, ma spécialité, c'était l'épilation du visage et des sourcils avec un fil de soie, oui, un simple fil que je laçais entre mes doigts et que j'actionnais très vite pour coincer les poils. Bien mieux que la pince ou la cire. Je préparais aussi les visages pour le maquillage, soignais le fond de teint ; ma mère prenait le relais et travaillait les yeux, avant de crier : « Soraya ! La touche finale ! » Alors j'accourais pour mettre le rouge à lèvres, contrôler l'ensemble et ajouter une once de parfum.

Le salon est vite devenu le rendez-vous des femmes chic de la ville. Donc du clan Kadhafi. Lorsque avaient lieu, à Syrte, de grands sommets internationaux, les femmes des différentes délégations venaient se faire belles, les épouses de présidents africains, celles des chefs d'Etat européens et américains. C'est drôle, mais je me rappelle surtout celle du chef du Nicaragua qui voulait qu'on lui dessine des yeux immenses sous un énorme chignon... Un jour, Judia, la chef du protocole de l'épouse de Guide, est venue chercher maman en voiture pour coiffer et maquiller sa patronne. C'était la preuve que maman avait acquis une sacrée réputation ! Elle y est donc allée, a passé plusieurs heures à s'occuper de Safia Farkash, et a été payée d'une somme ridicule, très en dessous du tarif normal. Elle était furieuse et se sentait humiliée. Alors quand Judia est revenue plus tard la chercher, elle a tout bonnement refusé, prétextant être surchargée de travail. D'autres fois, elle s'est même cachée, me laissant le soin d'expliquer qu'elle n'était pas là. Elle a du caractère, ma mère. Elle n'a jamais courbé l'échine.

Les femmes de la tribu de Kadhafi étaient en général odieuses. Si je m'avançais vers l'une d'elles en lui demandant par exemple si elle souhaitait une coupe ou une teinture, elle me lançait avec dédain : « Tu es qui, toi, pour me parler ? » Un matin, l'une de ces femmes est arrivée au salon, élégante, somptueuse. J'étais fascinée par son visage. « Ce que vous êtes belle ! » ai-je dit spontanément. Elle m'a giflée. D'abord pétrifiée, j'ai couru vers maman qui a murmuré entre ses dents : « Tais-toi. La cliente a toujours raison. » Trois mois plus tard, j'ai vu avec

angoisse la même dame pousser la porte du salon. Elle
s'est avancée vers moi, m'a dit que sa fille qui avait
mon âge venait de mourir d'un cancer, et m'a
demandé pardon. C'était encore plus inouï que sa
gifle.

Une autre fois, une future mariée a réservé le salon
pour une mise en beauté le jour de son mariage. Elle a
versé un petit acompte puis elle a annulé. Comme
maman refusait de lui rembourser la somme, elle s'est
transformée en diablesse. Elle a hurlé, s'est mise à
casser tout ce qu'elle pouvait, a prévenu le clan
Kadhafi qui a débarqué en force et a saccagé le salon.
Un de mes frères est arrivé à la rescousse et s'est fait
tabasser. Quand la police est intervenue, c'est mon
frère qui a été arrêté et jeté en prison. Les Kadhafi ont
tout fait pour qu'il y reste le plus longtemps possible,
et il a fallu une longue négociation entre tribus pour
qu'un accord suivi d'un pardon puisse avoir lieu. Il est
sorti au bout de six mois, le crâne rasé, le corps couvert
de bleus. On l'avait torturé. Et malgré l'accord tribal,
les Kadhafi, qui dirigeaient toutes les institutions de
Syrte, y compris la mairie, se sont ligués pour imposer
la fermeture du salon pendant encore un mois. J'étais
révoltée.

Mon frère aîné, Nasser, me faisait un peu peur et
entretenait avec moi un rapport d'autorité. Mais Aziz,
né un an avant moi, était comme mon jumeau, un vrai
complice. Comme on allait à la même école, je le

sentais à la fois protecteur et jaloux. Et je lui servais de messagère pour quelques amourettes. Moi je ne songeais pas à l'amour. Mais alors pas du tout. Totalement inconsciente. La page était vierge. Peut-être me suis-je moi-même censurée, sachant ma mère stricte et très sévère. Je n'en sais rien. Pas le moindre amoureux. Pas le moindre frémissement. Pas même le moindre rêve. Je crois que j'aurai toute ma vie le regret de n'avoir pas vécu d'amours adolescentes. Je savais qu'un jour je me marierais, puisque c'est le sort des femmes, et que je devrais alors me maquiller et me faire belle pour mon mari. Mais je ne savais rien d'autre. Ni de mon corps, ni de la sexualité. Quelle panique quand j'ai eu mes règles ! J'ai couru le dire à ma mère qui ne m'a rien expliqué. Et c'est devenu la honte quand passait à la télévision une publicité pour les serviettes hygiéniques. Quel embarras soudain de voir ces images en compagnie des garçons de la famille... Je me souviens que maman et mes tantes me disaient : « Quand tu auras dix-huit ans, on te racontera des choses. » Quelles choses ? « La vie. » Elles n'ont pas eu le temps. Mouammar Kadhafi les a devancées. En me broyant.

Un matin d'avril 2004 – je venais d'avoir quinze ans –, le directeur du lycée s'est adressé à toutes les élèves réunies dans la cour : « Le Guide nous fait le

grand honneur de nous rendre visite demain. C'est
une joie pour toute l'école. Alors, je compte sur vous
pour être à l'heure, disciplinées, la tenue impeccable.
Vous devez donner l'image d'une école magnifique,
comme il les aime et le mérite ! » Quelle nouvelle !
Quelle histoire ! Vous n'imaginez pas l'excitation.
Voir Kadhafi en vrai... Son image m'accompagnait
depuis ma naissance. Ses photos étaient partout, sur les
murs de la ville, des administrations, des salles munici-
pales, des commerces. Sur des T-shirts, des colliers,
des cahiers. Sans compter les billets de banque. Nous
vivions en permanence sous son regard. Dans son
culte. Et malgré les remarques acerbes de maman, je
lui vouais une vénération craintive. Je n'imaginais pas
sa vie puisque je ne le classais pas parmi les humains. Il
était au-dessus de la mêlée, dans un Olympe inattei-
gnable où régnait la pureté.

Le lendemain, donc, l'uniforme frais et repassé
– pantalon et tunique noirs, écharpe blanche enserrant
le visage –, j'ai couru à l'école, attendant avec impatience qu'on nous explique le déroulement de la
journée. Mais à peine le premier cours était-il
commencé, qu'un professeur est venu me chercher en
me disant que j'avais été choisie pour remettre au Guide
des fleurs et des cadeaux. Moi ! La fille du « salon » !
L'élève qu'on tenait à l'écart ! Vous parlez d'un choc !
J'ai d'abord ouvert de grands yeux incrédules, puis me
suis levée, radieuse et consciente du nombre
d'envieuses que je faisais dans ma classe. On m'a

conduite dans une grande salle où j'ai retrouvé une poignée d'élèves également sélectionnées et l'on nous a ordonné de nous changer très vite afin de revêtir la tenue traditionnelle libyenne. Les habits étaient là, disposés sur des cintres. Rouges. Tunique, pantalon, voile, et petit chapeau à ajuster sur les cheveux. Comme c'était grisant ! On se pressait en pouffant de rire, aidées par les professeurs qui ajustaient les voiles, mettaient des épingles, sortaient un séchoir pour lisser les cheveux rebelles. Je demandais : « Dites-moi comment le saluer, je vous en supplie ! Que dois-je faire ? Me prosterner ? Lui embrasser la main ? Réciter quelque chose ? » Mon cœur battait à cent à l'heure tandis que tout le monde s'affairait à nous rendre magnifiques. Quand je repense aujourd'hui à cette scène, j'y vois la préparation des brebis qu'on mène au sacrifice.

La salle des fêtes de l'école était bondée. Enseignants, élèves, personnel administratif, tout le monde attendait nerveusement. Le petit groupe de filles prédisposées à l'accueil du Guide avait été aligné devant la porte d'entrée, et nous nous lancions des coups d'œil complices, du genre : « Quelle chance, tout de même ! On se souviendra toute notre vie d'un moment comme celui-là ! » Je m'accrochais à mon bouquet de fleurs en tremblant comme une feuille. Mes jambes me semblaient en coton. Un professeur m'a lancé un regard sévère : « Enfin Soraya, tiens-toi bien ! »

Et soudain Il est arrivé. Dans un crépitement de
flashes, entouré d'une nuée de gens et de femmes gardes
du corps. Il portait une tenue blanche, le torse recou-
vert d'insignes, drapeaux et décorations, un châle beige
sur les épaules de la même couleur que le petit bonnet
posé sur sa tête et d'où émergeaient des cheveux très
noirs. Ça s'est passé très vite. J'ai tendu le bouquet, puis
j'ai pris sa main libre dans les miennes et l'ai embrassée
en me courbant. J'ai senti alors qu'il comprimait étrangement ma paume. Puis il m'a jaugée, de haut en bas,
d'un regard froid. Il a pressé mon épaule, posé une main
sur ma tête en me caressant les cheveux. Et ce fut la fin
de ma vie. Car ce geste, je l'ai appris plus tard, était un
signe à l'adresse de ses gardes du corps signifiant :
« Celle-là, je la veux ! »

Pour le moment, j'étais sur un petit nuage. Et sitôt la
visite terminée, j'ai volé plus que je n'ai couru au salon
de coiffure pour raconter l'événement à ma mère.
« Papa Mouammar m'a souri, maman. Je te jure ! Il m'a
caressé la tête ! » A vrai dire, je conservais le souvenir
d'un rictus plutôt glacial, mais j'avais le cœur en fête et
voulais que tout le monde le sache. « N'en fais pas toute
une affaire ! a lâché maman en continuant de tirer les
bigoudis sur la tête d'une cliente.
    — Mais enfin, maman ! C'est le chef de la Libye !
Ce n'est pas rien quand même !
    — Ah oui ? Il a plongé ce pays dans le Moyen Age,
il entraîne son peuple dans un gouffre ! Tu parles d'un
chef ! »

J'étais dégoûtée et suis rentrée à la maison pour savourer toute seule ma joie. Papa était à Tripoli, mais mes frères ont semblé un peu épatés. Sauf Aziz à qui sa tête ne revenait pas.

Le lendemain matin, en arrivant à l'école, j'ai noté un changement radical dans le comportement des professeurs à mon égard. D'habitude, ils étaient cassants, voire méprisants. Et voilà qu'ils étaient presque tendres, disons attentionnés. Quand l'un m'a appelée « Petite Soraya », j'ai relevé mes sourcils. Et quand un autre m'a demandé : « Alors, tu reprends les cours ? », comme si c'était une option, je me suis dit que ce n'était pas normal. Mais enfin, c'était lendemain de fête, je ne me suis pas inquiétée. A la fin des cours, à 13 heures, j'ai foncé à la maison pour changer de tenue et à 13 h 30, j'étais au salon pour aider maman.

Les femmes de Kadhafi ont poussé la porte vers 15 heures. D'abord Faïza, puis Salma et enfin Mabrouka. Salma était dans son uniforme de garde du corps, un révolver au ceinturon. Les autres portaient des tenues classiques. Elles ont regardé autour d'elles – c'était un jour d'affluence – et ont demandé à une employée : « Où se trouve la mère de Soraya ? » Et elles ont marché droit vers elle.

« Nous faisons partie du Comité de la Révolution et nous étions avec Mouammar, hier matin, quand il a visité l'école. Soraya y a été remarquée. Elle était superbe dans l'habit traditionnel, elle s'est bien acquittée de sa tâche. On aimerait qu'elle offre à nouveau un bouquet à papa Mouammar. Il faudrait qu'elle vienne tout de suite avec nous.

— Ce n'est pas un très bon moment ! Vous voyez, le salon est plein. J'ai besoin de ma fille !

— Ça ne prendra pas plus d'une heure.

— Il s'agit uniquement d'offrir des fleurs ?

— Il se pourrait qu'elle doive aussi maquiller des femmes de l'entourage du Guide.

— Dans ce cas, c'est différent. C'est à moi d'y aller !

— Non non ! C'est à Soraya de remettre le bouquet. »

J'assistais à la conversation, intriguée puis excitée. Maman, c'est vrai, était débordée ce jour-là, mais j'étais un peu gênée qu'elle affiche ainsi sa réticence. Si c'était pour le Guide, on ne pouvait quand même pas dire non ! Ma mère a fini par acquiescer – elle n'avait pas le choix – et j'ai suivi les trois femmes. Un gros 4 × 4 était garé devant la boutique. Le chauffeur a démarré le moteur avant même qu'on s'installe. Mabrouka à l'avant ; moi, coincée à l'arrière entre Salma et Faïza. Nous sommes partis en trombe, suivis par deux voitures de gardes que j'ai tout de suite repérées. Je pouvais dire adieu à mon enfance.

2

PRISONNIÈRE

Nous avons roulé longtemps. Je n'avais pas idée de l'heure mais cela m'a semblé interminable. Nous avions quitté Syrte et foncions à travers le désert. Je regardais droit devant moi, je n'osais pas poser de questions. Et puis nous sommes arrivés à Sdadah, dans une sorte de campement. Il y avait plusieurs tentes, des 4 × 4, et une immense caravane, ou plutôt un camping-car extrêmement luxueux. Mabrouka s'est dirigée vers le véhicule en me faisant signe de la suivre, et j'ai cru apercevoir, dans une voiture faisant demi-tour, l'une des écolières qui avaient été choisies comme moi, la veille, pour accueillir le Guide. Cela aurait dû me rassurer et pourtant, au moment d'entrer dans la caravane, j'ai été prise d'une angoisse indescriptible. Comme si tout mon être refusait la situation. Comme s'il savait, intuitivement, que quelque chose de très négatif se tramait.

Mouammar Kadhafi était à l'intérieur. Assis sur un fauteuil de massage rouge, la télécommande à la main.

Impérial. Je me suis avancée pour embrasser sa main qu'il a tendue mollement en regardant ailleurs. « Où sont Faïza et Salma ? » a-t-il demandé à Mabrouka d'une voix irritée. « Elles arrivent. » J'étais stupéfaite. Pas le moindre regard vers moi. Je n'existais pas. Plusieurs minutes se sont écoulées. Je ne savais pas où me mettre. Il a fini par se lever et m'a demandé : « D'où est ta famille ?

— De Zlinten. »

Son visage est resté impassible. « Préparez-la ! » a-t-il ordonné et il a quitté la pièce. Mabrouka m'a fait signe d'aller m'asseoir sur la banquette d'un coin aménagé en salon. Les deux autres femmes sont entrées, à l'aise comme si c'était chez elles. Faïza m'a souri, s'est approchée de moi et m'a pris familièrement le menton : « Ne t'inquiète pas, petite Soraya ! » et elle est repartie dans un éclat de rire. Mabrouka était au téléphone. Elle donnait des instructions et des détails pratiques pour l'arrivée de quelqu'un, peut-être une fille comme moi, puisque j'ai entendu : « Amenez-la ici. »

Elle a raccroché et s'est tournée vers moi : « Viens ! On va prendre tes mesures pour te procurer des vêtements. Quelle est ta taille de soutien-gorge ? » J'étais stupéfaite. « Je… Je ne sais pas. C'est maman qui m'achète toujours mes vêtements. » Elle a eu l'air agacée et a appelé Fathia, une autre femme, enfin, un drôle de personnage, la voix et la carrure d'un homme, mais la poitrine imposante d'une femme. Elle m'a jaugée puis m'a tapé dans la main en m'adressant un gros clin d'œil. « Alors, c'est la nouvelle ? Et elle vient d'où celle-là ? » Elle a passé un mètre à ruban autour de ma taille et de ma poitrine en me collant la sienne sous le menton. Puis elles ont noté mes mensurations et ont quitté la caravane. Je suis restée toute seule, n'osant ni appeler, ni bouger. La nuit tombait. Et je ne comprenais rien. Qu'allait penser maman ? L'avait-on prévenue du retard ? Qu'allait-il se passer ici ? Et comment rentrerais-je ?

Au bout d'un long moment, Mabrouka est réapparue. J'étais soulagée de la voir. Elle m'a prise par le bras, sans un mot, et m'a menée dans un coin laboratoire où une infirmière blonde m'a fait une prise de sang. Puis Fathia m'a entraînée dans une salle de bains : « Déshabille-toi ! Tu es poilue. Il va falloir retirer tout ça ! » Elle m'a étalé une crème dépilatoire sur les bras et les jambes, puis a passé le rasoir, précisant : « On laisse les poils du sexe. » J'étais ahurie et gênée, mais comme il fallait bien trouver un sens à tout ça, je me suis dit que c'était sans doute un truc de santé pour tous ceux qui approchaient le Guide. On m'a enveloppée dans un peignoir et je suis revenue au salon. Mabrouka et Salma – son révolver toujours à la ceinture – se sont assises près de moi.

« On va t'habiller comme il faut, te maquiller, et tu pourras entrer voir papa Mouammar.

— Tout ça pour saluer papa Mouammar ? Mais je vais rentrer quand chez mes parents ?

— Après ! Il faut d'abord saluer ton maître. »

On m'a passé un string – je n'avais jamais vu une
telle chose –, une robe blanche satinée, fendue sur les
côtés et décolletée sur la poitrine et dans le dos. Mes
cheveux, dénoués, me tombaient sur les fesses. Fathia
m'a maquillée, parfumée, rajoutant un peu de gloss sur
mes lèvres, ce que maman ne m'aurait jamais autorisé.
Mabrouka a inspecté l'ensemble, la mine sévère. Puis
elle m'a prise par la main et conduite dans le couloir.
Elle s'est arrêtée devant une porte, l'a ouverte et m'a
poussée en avant.

Kadhafi était nu sur son lit. Quel effroi ! Je me suis
caché les yeux en reculant, abasourdie. J'ai pensé :
« C'est une horrible erreur ! Ce n'était pas le
moment ! Ah mon Dieu ! » Je me suis retournée,
Mabrouka était là, sur le seuil de la porte, le visage dur.
« Il n'est pas habillé ! » ai-je murmuré, totalement
affolée et pensant qu'elle ne s'en était pas rendu
compte. « Entre ! » a-t-elle dit en me refoulant. Il m'a
alors attrapé la main et forcée à m'asseoir à côté de lui
sur le lit. Je n'osais pas le regarder. « Tourne-toi,
putain ! »

Ce mot. Je ne savais pas bien ce qu'il signifiait, mais
je présumais que c'était un mot horrible, un mot
vulgaire, un mot qui désignait une femme méprisable.
Je n'ai pas bougé. Il a tenté de me tourner vers lui. J'ai
résisté. Il a tiré mon bras, mon épaule. Tout mon corps
s'est tendu. Alors il m'a forcée à bouger la tête en tirant
sur mes cheveux. « N'aie pas peur. Je suis ton papa,

c'est comme ça que tu m'appelles, non ? Mais je suis aussi ton frère, et puis ton amoureux. Je vais être tout ça pour toi. Parce que tu vas rester vivre avec moi pour toujours. » Son visage s'est approché du mien, j'ai senti son souffle. Il a commencé à m'embrasser, le cou, les joues. Je restais aussi raide qu'un bout de bois. Il a voulu m'enlacer, je me suis éloignée. Il m'a rapprochée. J'ai tourné la tête et commencé à pleurer. Il a voulu la prendre. Je me suis levée d'un bond, il m'a tirée par le bras, alors je l'ai repoussé, il s'est énervé, a voulu m'allonger de force et nous nous sommes battus. Il rugissait.

Mabrouka est apparue. « Regarde-moi cette pute ! a-t-il crié. Elle refuse de faire ce que je veux ! Apprends-lui ! Eduque-la ! Et ramène-la-moi ! »

Il s'est dirigé vers une petite salle de bains attenante à la chambre pendant que Mabrouka m'entraînait vers le labo. Elle était blanche de rage :
« Comment as-tu pu te comporter comme ça avec ton maître ? Ton rôle est de lui obéir !
— Je veux rentrer à la maison.
— Tu ne bougeras pas ! Ta place est ici !
— Donnez-moi mes affaires, je veux aller voir maman. »
Sa gifle m'a fait chanceler. « Obéis ! Sinon papa Mouammar te le fera payer très cher ! » La main sur ma joue en feu, je l'ai regardée, stupéfaite. « Tu te fais passer pour une petite fille, espèce d'hypocrite, alors

que tu sais parfaitement de quoi il s'agit ! Désormais tu
vas nous écouter, papa Mouammar et moi. Et tu vas
obéir aux ordres. Sans discuter ! Tu entends ? »

Puis elle a disparu, me laissant seule, dans cette robe
indécente, le maquillage défait, les cheveux sur le
visage. J'ai pleuré des heures, roulée en boule dans le
salon. Je ne comprenais rien, rien. Tout était détraqué.
Qu'est-ce que je faisais là ? Que voulaient-ils de moi ?
Maman devait être morte d'inquiétude, elle avait dû
téléphoner à papa à Tripoli, peut-être était-il même
revenu à Syrte. Il devait l'accabler de reproches pour
m'avoir laissée partir, lui qui ne tolérait pas que je
quitte la maison. Mais comment pourrais-je leur
raconter cette scène atroce avec papa Mouammar ?
Mon père deviendrait fou. J'étais encore secouée de
sanglots quand l'infirmière blonde, que je n'oublierai
jamais, s'est assise près de moi et m'a caressée doucement. « Que s'est-il passé ? Raconte-moi. » Elle
parlait avec un accent étranger, j'ai su plus tard qu'elle
était ukrainienne, au service du Guide, et qu'elle
s'appelait Galina. Je n'ai rien pu lui dire, mais elle a
deviné et je la sentais furieuse. « Comment peut-on
faire ça à une fillette ? Comment osent-ils ? » répétait-
elle en effleurant mon visage.

*

J'ai fini par m'endormir et c'est Mabrouka qui m'a réveillée le lendemain matin vers 9 heures. Elle me tendait une tenue de jogging et j'ai repris espoir.

« Alors je rentre chez moi maintenant ?

— Je t'ai dit non ! Es-tu sourde ? On t'a pourtant bien expliqué que ta vie d'avant était définitivement terminée. On l'a dit aussi à tes parents qui ont très bien compris !

— Vous avez téléphoné à mes parents ? »

J'étais sonnée. J'ai avalé un thé en grignotant quelques biscuits. Et j'ai regardé autour de moi. Des tas de filles en uniforme de soldat entraient et sortaient, me jetaient un coup d'œil curieux – « C'est ça, la nouvelle ? » – et évoquaient le Guide, apparemment occupé sous une tente. Salma s'est approchée de moi. « Je vais te dire les choses clairement : Mouammar va coucher avec toi. Il va t'ouvrir. Tu seras désormais sa chose et tu ne le quitteras plus. Alors cesse de faire la tête. La résistance et les caprices, ça ne marche pas avec nous ! »

Fathia, l'imposante, est arrivée à son tour, a allumé la télévision, et m'a glissé : « Laisse-toi faire, ce sera tellement plus simple. Si tu acceptes, tout ira bien pour toi. Il faut simplement obéir au doigt et à l'œil. »

J'ai pleuré, et suis restée prostrée. J'étais donc prisonnière. Quelle faute avais-je bien pu commettre ?

Vers 13 heures, Fathia est venue m'habiller d'une robe bleue en satin, très courte. En fait, c'était plutôt un déshabillé. Dans la salle de bains, elle a mouillé mes cheveux puis les a fait gonfler avec de la mousse. Mabrouka a vérifié l'allure, m'a pris fermement la main et conduite de nouveau vers la chambre de Kadhafi. « Cette fois, tu vas satisfaire les désirs de ton maître, sinon je te tue ! » Elle a ouvert la porte et m'a poussée en avant. Le Guide était bien là, assis sur le lit, en jogging et tricot de corps. Il fumait une cigarette et rejetait lentement la fumée en me regardant avec froideur. « Tu es une putain, dit-il. Ta mère est tunisienne, tu es donc une putain. » Il prenait son temps, me détaillant de haut en bas, de bas en haut, et lançant la fumée dans ma direction. « Assieds-toi près de moi. » Il indiquait une place sur le lit. « Tu vas faire tout ce que je te demande. Je t'offrirai des bijoux et une belle villa, je t'apprendrai à conduire et tu auras une voiture. Tu pourras même partir un jour faire des études à l'étranger si tu le souhaites, je t'emmènerai moi-même où tu voudras. Tu te rends compte ? Tes désirs seront des ordres !

— Je veux rentrer chez maman. »

Il s'est figé, a écrasé sa cigarette et élevé la voix. « Ecoute-moi bien ! C'est fini, tu entends ? Fini, cette histoire de retour à la maison. Désormais tu es avec moi ! Et tu oublies tout le reste ! »

Je ne pouvais pas croire ce qu'il disait. C'était hors de toute compréhension. Il m'a tirée vers le lit et m'a mordu le haut du bras. Ça m'a fait mal. Puis il a cherché à me déshabiller. Je me sentais déjà tellement nue dans cette minirobe bleue, c'était horrible, je ne pouvais pas laisser faire ça. J'ai résisté, me suis cramponnée aux bretelles. « Enlève ça, sale pute ! » Il m'a écarté les bras, je me suis mise debout, il m'a rattrapée, m'a flanquée sur le lit, je me suis débattue. Alors il s'est levé, rageur, et a disparu dans la salle de bains. Mabrouka était là dans la seconde (je n'ai compris que plus tard qu'il avait une petite sonnette près du lit pour l'appeler).

« C'est la première fois qu'une fille me résiste ainsi ! C'est de ta faute ! Je t'avais dit de lui apprendre ! Débrouille-toi, sinon c'est toi qui le paieras !

— Mon maître, laissez tomber cette fille ! C'est une tête de mule. On la jette chez sa mère et je vous en apporte d'autres.

— Prépare celle-là. Je la veux ! »

On m'a conduite dans la pièce laboratoire, et je suis restée là, dans l'obscurité. Galina s'est glissée un instant et m'a donné une couverture avec un sourire de pitié. Mais comment pouvais-je dormir ? Je revivais la scène et ne trouvais pas la moindre explication à ce que je vivais. Qu'avait-on dit à mes parents ? Sûrement pas la vérité, ce n'était pas possible. Mais quoi alors ? Papa ne voulait déjà pas que j'aille chez les voisins et je devais toujours être rentrée avant la tombée de la nuit. Alors que pensait-il ? Qu'imaginait-il ? Me croirait-on un jour ? Quelle explication avait-on donnée à l'école

pour expliquer mon absence ?… Je n'ai pas fermé l'œil
de la nuit. A l'aube, au moment où je commençais à
m'écrouler, Mabrouka est arrivée. « Allez, debout !
Enfile cet uniforme. On part à Syrte. » Oh, le soulagement ! « Alors on va chez maman ?

— Non ! On va ailleurs ! »

Au moins, on quittait cet affreux endroit au milieu
de nulle part pour se rapprocher de la maison. J'ai
couru me laver un peu, j'ai revêtu l'uniforme kaki
semblable à celui des gardes du corps de Kadhafi, et j'ai
rejoint le salon où cinq autres filles, également en
uniforme, regardaient distraitement la télévision. Elles
avaient des téléphones portables à la main et je brûlais
d'envie de leur demander d'appeler maman, mais
Mabrouka surveillait et l'ambiance était glaciale. Le
camping-car a démarré, je me laissais porter, cela
faisait longtemps que je ne contrôlais plus rien.

*

Au bout d'environ une heure de voyage, le camion
s'est arrêté. On nous a fait descendre et on nous a
réparties dans différentes voitures. Quatre par véhicule. C'est à ce moment-là que j'ai compris que nous
formions un immense convoi et qu'il y avait plein de
filles-soldats. Enfin, quand je dis soldats… Disons
plutôt aux allures de soldats. La plupart n'avaient ni
galons, ni armes. Peut-être, me disais-je, n'étaient-
elles pas plus militaires que moi. J'étais en tout cas la

plus jeune, ce qui faisait sourire certaines qui se retournaient pour m'observer. Je venais d'avoir quinze ans, il m'arrivera plus tard de croiser des filles qui n'en avaient que douze.

A Syrte, le convoi s'est engouffré dans la katiba Al-Saadi, la caserne portant le nom d'un des fils Kadhafi. On nous a vite attribué des chambres et j'ai compris que je partagerais la mienne avec Farida, l'une des gardes du corps de Kadhafi âgée de vingt-trois ou vingt-quatre ans. Salma a déposé sur mon lit une valise. « Allez, ouste ! Va prendre une douche ! » a-t-elle crié en claquant des mains. « Et enfile la chemise de nuit bleue ! » Dès qu'elle a tourné les talons j'ai regardé Farida.

« C'est quoi ce cirque ? Tu veux bien m'expliquer ce que je fais là ?

— Je ne peux rien te dire. Je suis soldat, moi. J'exécute les ordres. Fais la même chose. »

La discussion était close. Je l'ai regardée ranger méticuleusement ses affaires, incapable de me décider à faire la même chose. Et surtout pas à enfiler les vêtements trouvés dans la valise, un enchevêtrement de strings, soutiens-gorge et nuisettes, plus un peignoir. Mais Salma est revenue. « Je t'avais dit de te préparer ! Ton maître t'attend ! » Elle est restée jusqu'à ce que je revête le déshabillé bleu et j'ai dû la suivre à l'étage. Elle m'a fait patienter dans un couloir. Mabrouka est arrivée, l'air mauvais, et m'a brutalement poussée dans une chambre en refermant la porte dans mon dos.

Il était nu. Allongé sur un grand lit aux draps beiges, dans une chambre sans fenêtre et de la même couleur, il donnait l'impression d'être enfoui dans du sable. Le bleu de ma chemisette contrastait avec l'ensemble. « Viens donc, ma pute ! » a-t-il dit en ouvrant les bras. « Arrive, n'aie pas peur ! » Peur ? J'étais au-delà de la peur. J'allais à l'abattoir. Je rêvais de m'enfuir mais je savais Mabrouka en embuscade derrière la porte. Je restais immobile, alors il s'est levé d'un bond, et avec une force qui m'a surprise, m'a attrapé le bras et lancée sur le lit avant de se coucher sur moi. J'ai tenté de le repousser, il était lourd, je n'y arrivais pas. Il m'a mordu le cou, les joues, la poitrine. Je me débattais en criant. « Ne bouge pas, sale putain ! » Il m'a donné des coups, m'a écrasé les seins, et puis ayant relevé ma robe, et immobilisé mes bras, il m'a violemment pénétrée.

Je n'oublierai jamais. Il profanait mon corps mais c'est mon âme qu'il a transpercée d'un coup de poignard. La lame n'est jamais ressortie.

J'étais anéantie, je n'avais plus de force, je ne bougeais même plus, je pleurais. Il s'est redressé pour prendre une petite serviette rouge à portée de sa main, l'a passée entre mes cuisses et a disparu dans la salle de bains. J'apprendrai bien plus tard que ce sang lui était précieux pour une cérémonie de magie noire.

J'ai saigné pendant trois jours. Galina venait à mon chevet me prodiguer des soins. Elle me caressait le front, me disait que j'étais blessée de l'intérieur. Je ne me plaignais pas. Je ne posais plus de questions. « Comment pouvez-vous faire ça à une enfant ? C'est horrible ! » avait-elle dit à Mabrouka lorsque celle-ci m'avait conduite vers elle. Mais Mabrouka s'en fichait. Je touchais peu à la nourriture qu'on m'apportait dans la chambre. J'étais une morte-vivante. Farida m'ignorait.

Le quatrième jour, Salma est venue me chercher : le maître me réclamait. Mabrouka m'a introduite dans sa chambre. Et il a recommencé, usant de la même violence et des mêmes mots dégradants. J'ai saigné abondamment et Galina a prévenu Mabrouka : « Qu'on ne la touche plus ! Cette fois ce serait dangereux. »

Le cinquième jour, on m'a conduite dans sa chambre au petit matin. Il prenait son petit-déjeuner : des gousses d'ail et du jus de pastèque, des biscuits dans un thé au lait de chamelle. Il a glissé une cassette dans un vieux magnétophone, des chansons de Bédouins anciennes, et il m'a lancé : « Allez, danse, putain ! Danse ! » J'ai hésité. « Allez ! Allez ! » Il claquait des mains. J'ai esquissé un mouvement, et puis j'ai continué, timidement. Le son était affreux, les chants ringards, il me fixait d'un regard lubrique. Des femmes entraient pour desservir ou lui glisser un mot, indifférentes à ma présence. « Continue, salope ! » disait-il sans me lâcher des yeux. Son sexe s'est raidi ; il s'est levé pour m'attraper, m'a donné des tapes sur les cuisses : « Quelle salope ! » ; puis il s'est vautré sur moi. Le même soir, il m'a forcée à fumer. Il aimait, a-t-il dit, le geste des femmes aspirant une cigarette. Je ne voulais pas. Il en a allumé une et me l'a mise dans la bouche. « Aspire ! Avale la fumée ! Avale ! » Je toussais, ça le faisait rire. « Allez ! Une autre ! »

Le sixième jour, il m'a accueillie avec du whisky. « Il est temps que tu commences à boire, ma putain ! » C'était du Black Label, une bouteille avec un trait noir que je reconnaîtrais n'importe où. J'avais toujours entendu dire que le Coran interdisait de boire de l'alcool et que Kadhafi était un grand religieux. A l'école et à la télévision, on le présentait comme le meilleur défenseur de l'islam, il se référait sans cesse au Coran, il menait des prières devant des foules. Le voir ainsi boire du whisky était donc inouï. Un choc comme vous n'en avez pas idée. Celui qu'on nous présentait comme le père des Libyens, édificateur du droit, de la justice et détenteur de l'autorité absolue, violait donc toutes les règles qu'il professait ! Tout était faux. Tout ce que mes professeurs enseignaient. Tout ce en quoi mes parents croyaient. Oh ! me disais-je, s'ils savaient ! Il m'a servi un verre. « Bois, salope ! » J'ai trempé mes lèvres, senti une brûlure, et détesté le goût. « Allez bois ! Comme un médicament ! »

Le soir même, nous partions tous, en convoi, pour Tripoli. Une dizaine de voitures, le gros camping-car et une camionnette chargée de matériel, notamment des tentes. Toutes les filles étaient à nouveau en uniforme. Et toutes avaient l'air ravies de partir. Moi j'étais désespérée. Quitter Syrte signifiait m'éloigner encore plus de mes parents, perdre toute chance de revenir à la maison. J'essayais d'imaginer comment m'enfuir mais cela n'avait aucun sens. Y avait-il un seul endroit, en Libye, où l'on puisse échapper à Kadhafi ? Sa police, ses milices, ses espions étaient partout. Les voisins surveillaient les voisins. Même au sein des familles il pouvait y avoir des dénonciations. J'étais sa prisonnière. J'étais à sa merci. La fille assise à côté de moi dans la voiture a remarqué mes larmes. « Oh ma petite ! On m'a dit qu'on t'avait prise à l'école… » Je n'ai pas répondu. Je regardais Syrte s'éloigner par la vitre, j'étais incapable de parler. « Oh ça va ! s'est écriée la fille près du chauffeur. On est toutes dans la même galère ! »

3

BAB AL-AZIZIA

« Ah ! Enfin à Tripoli ! » Ma voisine avait l'air tellement ravie d'apercevoir les premières maisons de la
ville que je me suis sentie un peu rassérénée. « Ras
l'bol de Syrte ! » a lâché l'autre fille. Je ne savais quelle
conclusion tirer de leurs remarques, mais j'enregistrais
tout, concentrée et avide de capter la moindre information. Nous avions roulé pendant près de quatre
heures, à grande vitesse, effrayant les voitures et
passants qui se rangeaient pour laisser passer le convoi.
La nuit était maintenant tombée et la ville se présentait au loin comme un enchevêtrement de routes, de
tours et de lumières. Soudain, nous avons ralenti pour
passer l'immense porte d'entrée d'une vaste enceinte
fortifiée. Des soldats étaient au garde-à-vous mais la
décontraction des filles dans la voiture indiquait
qu'elles rentraient à la maison. L'une d'elles m'a
simplement dit : « Voilà Bab al-Azizia. »

Je connaissais le nom bien sûr. Qui, en Libye, ne
le connaissait pas ? C'était le lieu du pouvoir par

excellence, symbole de l'autorité et de la toute-puis-
sance : la résidence fortifiée du colonel Kadhafi. Le
nom signifie en arabe la « porte d'Azizia », la région
s'étendant à l'ouest de Tripoli ; mais dans la tête des
Libyens, il était surtout synonyme de terreur. Papa
m'en avait montré un jour l'immense porte, sur-
montée d'une affiche gigantesque du Guide, ainsi que
le mur d'enceinte long de plusieurs kilomètres. Il ne
serait venu l'idée à personne de marcher le long de la
muraille. On se serait fait arrêter au motif d'espionnage et tirer dessus au moindre mouvement suspect.
On nous a même raconté qu'un malheureux chauffeur de taxi dont un pneu avait malencontreusement
crevé au pied du mur est mort dans l'explosion de sa
voiture, avant même d'avoir pu sortir du coffre une
roue de secours. Et dans tout le quartier alentour, les
téléphones portables ne passaient pas.

Nous avons franchi le portail principal, pénétrant
dans un domaine qui m'apparut immense. Des rangées
de bâtiments sévères avec des ouvertures étroites, de
simples fentes, en guise de fenêtres, qui devaient être
des logements pour soldats. Des pelouses, des palmiers,
des jardins, des dromadaires, des bâtiments austères,
quelques villas nichées dans de la végétation. Hormis les
nombreuses portes de sécurité que nous franchissions
les unes après les autres et une succession de murailles
dont je ne comprenais pas l'agencement, l'endroit ne
m'a pas semblé trop hostile. La voiture a fini par se garer
devant une grande demeure. Mabrouka a surgi aussitôt,

telle la maîtresse des lieux. « Entre ! Et mets tes affaires dans ta chambre. » J'ai suivi les filles qui ont emprunté une entrée en forme de pente douce en béton, suivie de quelques marches à descendre et d'un porche de détecteur de métal. L'air y était frais, très humide. Nous étions en fait au sous-sol. Amal, ma voisine de voiture, m'a indiqué une petite pièce sans fenêtre : « Ce sera ta chambre. » J'ai poussé la porte. Un miroir recouvrait les murs si bien qu'il était impossible d'échapper à son image. Deux petits lits occupaient chacun un coin de la pièce équipée d'une table, d'une minitélévision, et d'une petite salle de bains attenante. Je me suis déshabillée, ai pris une douche et me suis allongée pour dormir. Mais c'était impossible. J'ai allumé la télé et pleuré doucement en écoutant des chansons égyptiennes.

Au milieu de la nuit, Amal est entrée dans ma chambre. « Enfile vite une jolie nuisette ! On monte toutes les deux voir le Guide. » Amal était une vraie beauté. En short et en petit débardeur de satin, elle avait vraiment de l'allure ; moi-même, j'étais impressionnée. J'ai mis la chemisette rouge qu'elle m'a indiquée, nous avons pris un petit escalier que je n'avais pas encore remarqué, situé juste à droite de ma pièce, et nous nous sommes retrouvées devant la chambre du maître, exactement au-dessus de la mienne. Une chambre immense, entourée en partie de miroirs, avec un grand lit à baldaquin encadré d'un voile de tulle rouge, comme celui des sultans des *Mille et Une Nuits*, une table ronde, des étagères avec quelques livres et DVD et une collection de fioles de parfums orientaux dont il se tamponnait fréquemment le cou, un bureau où reposait un gros ordinateur. Face au lit, une porte coulissante donnait sur une salle de bains dotée d'un grand jacuzzi. Ah, j'oubliais ! Près du bureau, était installé un petit coin réservé à la prière avec quelques éditions précieuses du Coran. Je le mentionne parce que cela m'intriguait et que je n'ai jamais vu Kadhafi prier. Jamais. Sauf une fois en Afrique, lorsque lui-même devait prononcer une grande prière publique. Quand j'y pense : quel cinéma !

Lorsque nous sommes entrées dans sa chambre, il était assis sur son lit dans une tenue de jogging rouge. « Ah ! a-t-il rugi. Venez donc danser, mes salopes ! Allez ! Hop ! Hop ! » Il a mis la même vieille cassette dans un magnétophone et il a claqué des doigts en se balançant un peu. « Tu as des yeux perçants qui pourraient bien tuer… » Combien de fois, depuis, ai-je entendu cette chanson ridicule ! Il ne s'en lassait pas. Amal s'appliquait, entrant totalement dans son jeu, lui envoyant des œillades, terriblement allumeuse. Je n'en revenais pas. Elle ondulait, faisait frémir ses fesses, ses seins, fermait les yeux en remontant lentement ses cheveux pour les faire retomber et tournoyer, la tête renversée. Moi je restais sur mes gardes, souple comme un bâton, le regard hostile. Alors elle s'est rapprochée de moi pour m'inclure dans sa danse, frôlant ma hanche, glissant une cuisse entre mes jambes, m'incitant à jumeler nos mouvements. « Oh oui mes salopes ! » criait le Guide.

Il s'est déshabillé, m'a fait signe de continuer à danser et a appelé Amal auprès de lui. Elle s'est avancée et a commencé à lui sucer le sexe. Je ne pouvais pas croire ce que je voyais. J'ai demandé avec espoir : « Je sors maintenant ?

— Non ! Viens ici salope ! »

Il m'a tirée par les cheveux, forcée à m'asseoir et il m'a embrassée ou plutôt bouffé la figure pendant qu'Amal continuait. Puis, me tenant toujours par les cheveux : « Regarde et apprends ce qu'elle fait. Tu devras faire la même chose. » Il a remercié Amal et lui a demandé de fermer la porte derrière elle. Puis il s'est jeté sur moi et s'est acharné un bon moment. Mabrouka entrait et sortait comme si de rien n'était. Elle lui communiquait des messages – « Leila Trabelsi demande que vous la rappeliez » – jusqu'au moment où elle a dit : « Terminez, maintenant. Vous avez autre chose à faire. » J'étais sidérée. Elle pouvait tout lui dire. Je crois même qu'il en avait peur. Il est allé dans la salle de bains, s'est plongé dans le jacuzzi dont elle avait fait couler l'eau et m'a crié : « Tends-moi une serviette. » Elles étaient à portée de sa main, mais il voulait que je le serve. « Parfume-moi le dos. » Puis il m'a indiqué une sonnette près du magnétophone. J'ai appuyé. Et Mabrouka est entrée illico. « Donne des DVD à cette petite salope pour qu'elle apprenne son boulot ! »

Salma débarquait dans ma chambre cinq minutes plus tard, avec un lecteur de DVD, pris à une autre pensionnaire, et une pile de disques. « Tiens, voilà du porno. Regarde bien et apprends ! Le maître sera furieux si tu n'es pas au point. C'est ton devoir d'école ! »

Mon Dieu, l'école... C'était déjà si loin. Je me suis douchée. Amal, qui avait pourtant sa propre chambre, s'est installée dans le lit d'à côté. Cela faisait une semaine que je n'avais parlé à personne et je n'en pouvais plus d'angoisse et de solitude. « Amal, je ne sais pas ce que je fais ici. Ce n'est pas ma vie, ce n'est pas normal. Maman me manque à chaque instant. Est-ce que je peux au moins lui téléphoner ?

— Je vais en parler à Mabrouka. »

Je me suis endormie, épuisée.

On a cogné à la porte de ma chambre et Salma est entrée brusquement. « Monte telle que tu es ! Vite ! Ton maître veut te voir ! » Il était 8 heures du matin, je n'avais dormi que quelques heures. Kadhafi, visiblement, venait lui aussi de se réveiller. Il était encore au lit, les cheveux ébouriffés, et s'étirait. « Viens dans mon lit, salope ! » Salma m'a poussée violemment. « Et toi, apporte-nous le petit-déjeuner au lit. » Il m'a arraché mon jogging et m'a sauté dessus avec rage. « Tu as regardé les films, salope ? Tu dois savoir faire maintenant ! » Il rugissait et me mordait partout. Il m'a violée une nouvelle fois. Puis il s'est levé pour manger sa gousse d'ail qui lui donnait en permanence une haleine détestable. « Fous l'camp maintenant, salope. » En sortant, j'ai croisé Galina et deux autres infirmières ukrainiennes qui entraient dans sa chambre. Et j'ai compris ce matin-là que j'avais affaire à un fou.

Mais qui le savait ? Papa, maman, les Libyens... Tout le monde ignorait ce qui se passait à Bab al-Azizia. Ils avaient tous une peur bleue de Kadhafi parce que lui résister ou le critiquer valait une condamnation à la prison ou à la mort et qu'il était réellement terrifiant, même quand on l'appelait papa Mouammar et qu'on chantait l'hymne devant sa photo. De là à imaginer ce qu'il m'avait fait... C'était si humiliant, si outrageant, si incroyable. Voilà ! C'était incroyable ! Donc personne ne me croirait ! Je ne pourrais jamais raconter mon histoire. Parce que c'était Mouammar et qu'en plus d'être déshonorée, c'est moi qui serais prise pour une folle.

*

Je ruminais toutes ces idées quand Amal a passé une tête dans ma chambre : « Allez, ne reste pas là, viens faire un tour ! » On a pris le couloir, grimpé quatre marches et nous nous sommes retrouvées dans une grande cuisine, bien équipée, dont un mur était orné par le poster d'une jeune fille brune, un peu plus âgée que moi, qu'Amal m'a présentée comme étant Hanaa Kadhafi, la fille adoptive du Colonel. Je n'ai appris

que bien plus tard que sa mort avait été faussement
annoncée, en 1986, à la suite du bombardement américain sur Tripoli décidé par Reagan. Mais ce n'était un
secret pour personne, à Bab al-Azizia, qu'elle était non
seulement en vie mais l'enfant préférée du Guide. Amal
a préparé un café et sorti un petit téléphone portable.
J'ai ouvert des yeux ronds. « Comment se fait-il que tu
puisses avoir un téléphone ?

— Ma puce ! Je te signale que ça fait plus de dix ans
que je suis dans ces murs ! »

La cuisine se prolongeait par une sorte de cafétéria
qui, peu à peu, s'est remplie de jeunes filles très belles,
bien maquillées, accompagnées par deux garçons
portant le badge du service du protocole. Ça piaillait,
ça riait. « C'est qui ? ai-je demandé à Amal.

— Des invitées de Mouammar. Il en a en permanence. Mais je t'en prie, sois discrète et ne pose plus de
questions ! »

Il y avait du mouvement et j'ai vu les infirmières
ukrainiennes, en blousons blancs ou gilets turquoise,
faire des allers-retours. Je me suis dit que toutes les
invitées, décidément, devaient subir une prise de
sang… Amal ayant disparu, j'ai préféré retourner dans
ma chambre. Que dire à ces filles qui avaient l'air de
frétiller à l'idée de rencontrer le Guide ? Faites-moi
sortir d'ici ? Avant même que j'aie pu expliquer mon
histoire, je serais ceinturée et jetée dans un trou.

J'étais allongée sur mon lit quand Mabrouka a poussé la porte (j'avais interdiction de la fermer totalement) : « Regarde les DVD qu'on t'a donnés ! C'est un ordre ! » J'ai mis un disque sans la moindre idée de ce que j'allais voir. C'était la première fois que j'avais un rapport avec le sexe. J'étais en territoire inconnu, à la fois désemparée et totalement écœurée. Je me suis vite endormie. Amal m'a réveillée pour m'emmener déjeuner à la cuisine. C'est incroyable comme on mangeait mal chez le président de la Libye ! On était servi dans des gamelles en métal blanc et c'était dégueulasse. Ma surprise a fait sourire Amal qui, en sortant, m'a proposé de visiter sa chambre. C'est là que Mabrouka nous a surprises. Elle a hurlé : « Chacune dans sa chambre ! Tu le sais parfaitement, Amal. Vous n'avez pas le droit de vous rendre visite ! Ne refais jamais ça ! »

Au milieu de la nuit, la patronne est venue me chercher : « Ton maître te demande. » Elle a ouvert sa porte et m'a jetée vers lui. Il m'a fait danser. Et puis fumer. Puis il a utilisé une carte de visite pour assembler de la poudre blanche très fine. Il a pris un papier fin, l'a roulé en cornet et a aspiré par le nez. « Allez, fais comme moi ! Sniffe salope ! Sniffe ! Tu vas voir le résultat ! »

Cela m'a irrité la gorge, le nez, les yeux. J'ai toussé, je me suis sentie nauséeuse. « C'est parce que tu n'en as pas pris assez ! » Il a humidifié une cigarette avec sa salive, l'a roulée dans la poudre de cocaïne et l'a fumée lentement en m'obligeant à prendre des bouffées et à avaler la fumée. Je n'étais pas bien. Consciente, mais sans aucune force. « Danse maintenant ! »

La tête me tournait, je ne savais plus où j'étais, tout devenait flou, brumeux. Il se levait pour claquer des mains, marquer le rythme et me remettre la cigarette dans la bouche. Je me suis écroulée et il m'a violée sauvagement. Encore. Et encore. Il était excité et violent. Il s'arrêtait d'un coup, chaussait des lunettes et prenait un livre pendant quelques minutes puis revenait à moi, mordait, écrasait mes seins, me reprenait avant d'aller vers son ordinateur vérifier ses mails ou dire un mot à Mabrouka et m'assaillir encore. J'ai à nouveau saigné. Vers 5 heures du matin, il m'a dit : « Va-t'en ! » Je suis rentrée pleurer.

*

Amal est venue me proposer de déjeuner en fin de matinée. Je ne voulais pas sortir de ma chambre, envie de ne voir personne, mais elle a insisté et nous avons mangé dans la cafétéria. C'était vendredi, jour de prière. On nous a servi un couscous. Puis j'ai vu débarquer un groupe de jeunes hommes souriants et particulièrement à l'aise. « C'est la nouvelle ? » ont-ils demandé à Amal en m'apercevant. Elle a fait un signe de tête et ils se sont présentés, décidément affables : Jalal, Faisal, Abdelhaïm, Ali, Adnane, Houssam.

Ensuite, ils se sont dirigés vers la chambre du Guide. C'est ce jour-là que j'ai eu le deuxième choc de ma vie. Et le regard souillé à jamais. Je ne vous raconte pas cela de gaieté de cœur. Je m'y contrains parce que je m'y suis engagée et qu'il vous faut comprendre pourquoi ce monstre jouissait d'une totale impunité. Car les scènes sont tellement crues et embarrassantes à décrire, tellement humiliantes et honteuses pour le témoin qu'il transformait insidieusement en complice, que personne n'aurait pu prendre le risque de narrer les perversions d'un type qui avait droit de vie ou de mort sur quiconque et salissait tous ceux qui avaient la malchance de l'approcher.

Mabrouka m'a appelée : « Habille-toi, ton maître te demande. » Dans son langage, cela signifiait : Déshabille-toi et monte. Elle a une nouvelle fois poussé la porte et une scène folle est apparue devant mes yeux. Le Guide, nu, sodomisait le garçon appelé Ali, tandis que Houssam dansait, grimé en femme, au son de la même chanson langoureuse. J'ai voulu faire demi-tour, mais Houssam a crié : « Maître, Soraya est là ! » et il m'a fait signe de danser avec lui. J'étais paralysée. Alors Kadhafi a appelé : « Viens, salope. » Il a jeté Ali et s'est emparé de moi avec rage. Houssam dansait, Ali regardait et pour la deuxième fois en quelques jours, j'aurais voulu mourir. On n'avait pas le droit de me faire ça.

Et puis Mabrouka est entrée, a ordonné aux garçons de sortir, et au maître d'arrêter car il avait une urgence. Il s'est retiré aussitôt et m'a dit : « Fous l'camp ! » J'ai couru dans ma chambre en sanglotant et je suis restée toute la soirée sous la douche. Je me lavais et je pleurais. Je ne pouvais plus m'arrêter. Il était fou, ils l'étaient tous, c'était une maison de dingues, je ne voulais pas en être. Je voulais mes parents, mes frères, ma sœur, je voulais ma vie d'avant. Et ce n'était plus possible. Il avait tout gâché. Il était dégueulasse. Et c'était le président.

Amal est venue me voir et je l'ai suppliée : « Je t'en prie, parle à Mabrouka. Je n'en peux plus, je veux ma mère… » Je l'ai vue émue pour la première fois. « Oh ma petite chérie ! » m'a-t-elle dit en me prenant dans ses bras. « Ton histoire ressemble tellement à la mienne. Moi aussi on m'a prise à l'école. Et j'avais quatorze ans. » Elle en avait aujourd'hui vingt-cinq et sa vie lui faisait horreur.

4

RAMADAN

J'ai appris un matin que Kadhafi et sa clique devaient partir en voyage officiel à Dakar et que je ne faisais pas partie du voyage. Quel soulagement. Pendant trois jours, j'ai pu souffler et naviguer sans contrainte entre ma chambre et la cafétéria où je retrouvais Amal et quelques filles, dont Fathia, restées de garde à Bab al-Azizia. Elles fumaient, buvaient des cafés et papotaient. Moi, je restais silencieuse, à l'affût du moindre renseignement sur le fonctionnement de cette communauté désaxée. Rien, hélas, ne se disait de substantiel. J'ai juste appris, fortuitement, qu'Amal pouvait sortir dans la journée avec un chauffeur de Bab al-Azizia ! Et cela m'a sidérée. Elle était libre… et elle rentrait ? Comment était-ce possible ? Pourquoi ne fuyait-elle pas comme je rêvais de le faire à chaque instant depuis que j'étais dans ces murs ? Tant de choses m'échappaient.

J'ai découvert aussi que la plupart des filles, considérées comme des « gardes révolutionnaires », étaient titulaires d'une carte, que je prenais pour un badge, mais qui était en réalité un véritable document d'identité. Il y avait leur photo, un nom, un prénom et le titre : « Fille de Mouammar Kadhafi » écrit en gros, au-dessus de la signature personnelle du Guide et de sa petite photo. Ce titre de « fille » me semblait extravagant. Mais la carte était visiblement un sésame pour se déplacer dans l'enceinte de Bab al-Azizia, et même sortir en ville en franchissant les nombreuses portes de sécurité tenues par des soldats armés. J'ai su, bien plus tard, que personne n'était dupe sur le statut de ces « filles » et leur fonction véritable. Mais elles tenaient à leur carte. Certes, on les prenait pour des putains. Mais attention ! Celles du Guide suprême. Cela leur valait partout des égards.

Le quatrième jour, la clique était de retour et le sous-sol en ébullition. Dans ses bagages, le Guide avait ramené de nombreuses Africaines, des très jeunes et des plus âgées, maquillées, décolletées, en boubous ou en jeans moulants. Mabrouka jouait les maîtresses de maison et s'empressait auprès d'elles. « Amal ! Soraya ! Venez vite apporter le café et les gâteaux ! » Nous avons donc fait la navette entre la cuisine et les salons, slalomant entre ces filles rieuses et impatientes de voir le Colonel. Il était encore dans son bureau, s'entretenant avec quelques messieurs africains à l'air important. Mais quand ils sont partis, j'ai observé les femmes monter l'une après l'autre dans la chambre du Guide. Je les regardais de loin, crevant d'envie de leur dire :

« Attention, c'est un monstre ! » mais aussi : « Aidez-moi à sortir ! » Mabrouka a surpris mon regard et paru contrariée qu'on soit restées dans la pièce alors qu'elle avait demandé à Faisal de servir. « Rentrez chacune dans votre chambre », a-t-elle ordonné en claquant ses mains d'un coup sec.

Au milieu de la nuit, Salma est venue me chercher et m'a conduite à la porte de mon « maître ». Il m'a fait fumer une cigarette, une autre, et une autre, puis il m'a... Quel mot utiliser ? C'était si dégradant. Je n'étais plus qu'un objet, qu'un trou. Je serrais les dents et redoutais les coups. Puis il a mis une cassette de Nawal Ghachem, la chanteuse tunisienne, et a exigé que je danse, encore et encore, toute nue cette fois. Salma est arrivée, lui a murmuré quelques mots et il m'a dit : « Tu peux partir, mon amour. » Qu'est-ce qui lui prenait ? Il ne s'était jamais adressé à moi autrement qu'avec des insultes.

Une policière de vingt-trois ans, avec un petit grade, a débarqué le lendemain dans ma chambre. « C'est Najah, a dit Mabrouka. Elle va passer deux jours avec toi. » La fille avait l'air plutôt gentille, directe, un brin insolente. Et elle avait très envie de parler. « Tu sais que ce sont vraiment tous des salopards ! » a-t-elle commencé le premier soir. « Ils ne tiennent aucune promesse. Ça fait sept ans que je suis avec eux et je n'ai toujours pas été récompensée ! Je n'ai rien eu ! Rien ! Pas même une maison ! »

Méfiance, me suis-je dit. Surtout ne pas embrayer.
Peut-être veut-elle me piéger. Mais elle a continué,
d'un ton complice, et je me suis laissé amadouer.

« J'ai appris que tu étais la petite nouvelle. Tu
t'habitues à la vie de Bab al-Azizia ?

— Tu n'as pas idée combien ma mère me manque.

— Ça passera…

— Si au moins je pouvais la contacter !

— Elle saura bien assez tôt ce que tu fais !

— Tu n'as pas un conseil pour la joindre ?

— Si j'ai un conseil à te donner, c'est surtout de ne
pas rester ici !

— Mais je suis captive ! Je n'ai pas le choix !

— Moi, je reste deux jours, je couche avec
Kadhafi, ça me fait un peu de fric et je rentre chez moi.

— Mais je ne veux pas de ça non plus ! Ce n'est pas
ma vie !

— Tu veux sortir ? Eh bien joue les emmerdeuses !
Résiste, sois bruyante, crée des problèmes.

— On me tuerait ! Je sais qu'ils en sont capables !
Quand j'ai résisté, il m'a tabassée et violée.

— Dis-toi qu'il aime les fortes têtes. »

Là-dessus, elle a regardé un DVD porno, allongée
sur son lit en mangeant des pistaches. « Tu vois, il faut
toujours apprendre ! » m'a-t-elle dit en m'encourageant à regarder avec elle. Cela m'a rendue perplexe.
Apprendre ? Alors qu'elle venait de me recommander
de résister ? J'ai préféré dormir.

Nous étions toutes deux convoquées, le soir suivant, dans la chambre du Guide. Najah était tout excitée à l'idée de le revoir. « Pourquoi ne mets-tu pas une nuisette noire ? » m'a-t-elle suggéré avant de monter. Lorsqu'on a ouvert la porte, il était à poil et Najah s'est jetée sur lui : « Mon amour ! Comme tu m'as manqué ! » Il a eu l'air satisfait : « Viens donc, salope ! » Puis il s'est tourné vers moi, furibard : « Qu'est-ce que c'est que cette couleur dont j'ai horreur ? Fous l'camp ! Va te changer ! » J'ai foncé dans l'escalier, aperçu Amal dans sa chambre et lui ai piqué une cigarette. Puis arrivée dans ma chambre, j'ai fumé. C'était la première fois que j'en prenais l'initiative. La première fois que je ressentais le besoin de fumer. Salma ne m'en a pas laissé le temps. « Qu'est-ce que tu fous ? Ton maître t'attend ! » Elle m'a réintroduite dans la chambre au moment où Najah rejouait consciencieusement les scènes de la vidéo. « Mets la cassette et danse ! » m'a ordonné Kadhafi. Mais il a sauté du lit, m'a arraché ma chemisette et m'a plaquée au sol pour me pénétrer brutalement. « Va-t'en ! » m'a-t-il dit ensuite en me congédiant d'un geste de la main. Je suis sortie le corps plein d'ecchymoses.

Quand Najah est rentrée à son tour, je lui ai demandé pourquoi elle m'avait suggéré une couleur qu'il détestait. « C'est bizarre, a-t-elle répondu sans même me regarder. D'habitude il aime le noir. Peut-être que ça n'allait pas sur toi… Mais au fond, n'est-ce pas ce que tu souhaitais ? Un truc pour le détourner de toi ? » Je me suis demandé soudain s'il pouvait y avoir de la jalousie entre les filles de Kadhafi. Quelle idée folle. Qu'elles se le gardent !

Je me suis réveillée le lendemain avec une envie de cigarette. J'ai retrouvé Amal qui buvait un café avec une autre fille et je lui en ai demandé. Elle a pris son téléphone et passé commande : « Tu peux aller nous chercher des Marlboro Light et des Slims ? » Je ne pouvais pas croire que ce fût si simple ! En fait, il suffisait d'appeler un chauffeur qui allait s'approvisionner, remettait les courses au garage où un employé de la résidence allait les chercher. « Ce n'est pas bon à ton âge, m'a dit Amal. Ne tombe pas dans le piège de la cigarette.

— Mais vous fumez bien, vous ! Et on a la même vie ! »

Elle m'a jeté un long regard avec un sourire triste.

*

Le ramadan approchait. Un matin, j'ai appris que toute la maison se déplaçait à Syrte. On m'a redonné un uniforme, assigné une voiture du convoi, et j'ai senti, l'espace de quelques secondes, le soleil caresser mon visage. Cela faisait des semaines que je n'avais pas quitté le sous-sol. J'étais contente de revoir un peu de ciel. A l'arrivée dans la katiba Al-Saadi, Mabrouka s'est approchée de moi : « Tu voulais voir ta mère, eh bien tu vas la voir. » Mon cœur s'est arrêté. J'avais pensé à elle chaque minute depuis mon enlèvement. Je rêvais de disparaître dans ses bras. La nuit, le jour, j'imaginais ce que j'allais lui dire, je butais sur les mots, reprenais mon histoire et essayais de me rassurer en me disant qu'elle comprendrait sans que je donne de détails. Oh mon Dieu ! Revoir mes parents, mes frères, ma petite sœur Noura…

La voiture s'est garée en face de notre immeuble tout blanc. Le trio originel – Mabrouka, Salma et Faïza – m'a accompagnée devant le porche d'entrée et je me suis engouffrée dans l'escalier. Maman m'attendait dans notre appartement du deuxième étage. Les petits étaient à l'école. On a pleuré toutes deux en s'enlaçant très fort. Elle m'embrassait, me regardait, riait, secouait la tête, écrasait ses larmes. « Oh Soraya ! Tu m'as brisé le cœur. Raconte ! Raconte ! » Je ne pouvais pas. Je faisais non de la tête, me serrais contre sa poitrine. Alors elle a dit, doucement : « Faïza m'a expliqué que Kadhafi t'avait ouverte. Ma toute petite fille ! Tu es si jeune pour devenir une femme… » Faïza montait l'escalier. J'entendais sa voix forte : « Ça suffit ! Descends ! » Maman s'est accrochée à moi. « Laissez-moi mon enfant ! » L'autre était déjà là, qui prenait l'air sévère. « Que Dieu nous aide, dit maman. Que puis-je dire à tes frères ? Tout le monde se demande où tu es. Je réponds que tu es partie en Tunisie visiter la famille ou bien à Tripoli avec ton papa. A tous je raconte des mensonges. Comment faire, Soraya ? Que vas-tu devenir ? » Faïza m'a

arrachée à elle. « Quand me la ramènerez-vous ? » a
demandé maman en pleurs. « Un jour ! » Et nous
sommes reparties vers la katiba.

Fathia m'attendait. « Ton maître te demande. »
Quand je suis rentrée dans cette chambre couleur
sable où il m'avait violée des semaines auparavant, j'y
ai trouvé Galina et quatre autres Ukrainiennes. Galina
massait Kadhafi, les autres étaient assises autour. J'ai
attendu près de la porte, sanglée dans mon uniforme,
encore bouleversée par ma visite à maman. Comme il
me dégoûtait, ce monstre qui se prenait pour Dieu,
puait l'ail et la sueur, et ne songeait qu'à baiser. Les
infirmières parties, il a ordonné : « Déshabille-toi ! »
J'aurais voulu hurler « pauvre type ! » et partir en
claquant la porte, mais je me suis exécutée, désespérée.
« Monte-moi ! Tu as bien appris tes leçons, non ? Et
arrête de manger ! Tu as pris du poids, je n'aime pas
ça ! » A la fin, il a fait quelque chose qu'il n'avait
encore jamais fait. Il m'a entraînée près du jacuzzi, m'a
fait grimper sur le bord de la douche et a uriné sur moi.

Je partageais ma chambre avec Farida, la même fille
qu'à mon premier séjour dans la katiba. Elle était
allongée, nauséeuse et très pâle. « J'ai une hépatite,
m'a-t-elle annoncé.
— Une hépatite ? Mais je croyais que le Guide
avait la phobie des maladies !
— Oui, mais il paraît que celle-ci n'est pas transmissible par le sexe. »

Transmissible par quoi alors ? Je me suis mise à avoir peur. Le soir même, Kadhafi nous faisait appeler toutes les deux. Il était nu, impatient, et il a d'emblée avisé Farida : « Viens, salope. » J'en ai profité : « Alors je peux partir ? » Il m'a lancé un regard de fou : « Danse ! » Je me disais : « Il baise une malade et il va me baiser ! » Et c'est ce qu'il a fait en demandant à Farida de danser à son tour.

Nous sommes restés trois jours à Syrte. Il m'a appelée de nombreuses fois. Nous pouvions être deux, trois, quatre filles en même temps. Nous ne nous parlions pas. A chacune son histoire. Et son malheur.

Enfin est arrivé le ramadan. Pour ma famille, c'était une période sacrée. Ma mère était très stricte là-dessus. Il n'était pas question de manger du lever au coucher du soleil, on respectait les prières, et le soir, on mangeait des choses délicieuses. On y pensait toute la journée avant de se retrouver en famille. Maman nous avait même parfois emmenés au Maroc et en Tunisie pour partager ce moment avec ma grand-mère et la sienne. C'était vraiment merveilleux. Depuis l'âge de deux ans, je n'avais jamais raté le ramadan ni même imaginé qu'on puisse en violer les règles. Or la nuit précédente, celle où l'on doit se préparer spirituellement à entrer dans cette période particulière, à faire taire les désirs et les sens, Kadhafi s'est acharné sur moi.

Cela a duré des heures et j'étais mortifiée. « C'est interdit, c'est ramadan ! » ai-je imploré au petit matin. Hormis ses ordres et ses insultes, il ne m'adressait jamais la parole. Cette fois, il a pourtant daigné répondre, entre deux rugissements : « C'est uniquement manger qui est interdit. » J'ai eu un sentiment de blasphème.

Il ne respectait donc rien. Même pas Dieu ! Il violait tous ses commandements. Il le défiait ! Je suis descendue dans ma chambre, bouleversée. Il fallait que je parle rapidement à quelqu'un. Amal ou une autre fille. J'étais vraiment sous le choc. Mais je n'ai trouvé personne. J'avais l'interdiction de m'aventurer dans les couloirs et le labyrinthe du sous-sol éclairé par des néons. Mon périmètre était strictement limité : ma chambre, sa chambre, la cuisine, la cafétéria, éventuellement les salons de réception proches de son bureau et de sa petite salle de sport personnelle. C'est tout. J'ai entendu des pas et bruits de portes au-dessus de moi et compris qu'Amal et d'autres filles s'engouffraient chez le Guide. Le jour du ramadan ! En les rencontrant au repas du soir, je leur ai dit ma stupéfaction. Ce qu'on faisait était très grave, non ? Elles ont éclaté de rire ! Tant qu'il ne jouissait pas, leur avait-il expliqué, tant qu'il n'éjaculait pas, cela ne comptait pas aux yeux d'Allah… J'ai ouvert des yeux énormes. Cela a accru leurs rires. « C'est ramadan à la mode Kadhafi » a conclu une des filles.

Il m'a fait monter dans sa chambre tout au long de ce mois de ramadan. A n'importe quelle heure du jour ou de la nuit. Il fumait, baisait, me tabassait en rugissant. Et peu à peu, je me suis autorisée à manger sans me soucier de l'heure. A quoi bon respecter des règles dans un univers qui n'avait ni cadre, ni loi, ni logique. J'ai même fini par me demander pourquoi ma mère faisait une telle histoire du ramadan.

La vingt-septième nuit que nous considérons comme « la nuit du Destin » commémore le début de la récitation du Coran au Prophète. C'est souvent l'occasion de grandes fêtes nocturnes et j'ai appris qu'en effet, Kadhafi allait recevoir une foule d'invités prestigieux dans ses salons et une tente contiguë. Mabrouka nous a toutes convoquées pour qu'on dispose gâteaux et fruits dans des plats et qu'on fasse le service. Je portais un jogging noir avec une bande rouge sur le côté, et je me souviens que mes cheveux, longs jusqu'à la taille, n'étaient pas retenus par un bandeau ou un chignon comme je le faisais parfois. Les invités sont arrivés en masse et les trois grands salons se sont remplis. Beaucoup de femmes africaines, spectaculaires par leur beauté. Des hommes cravatés, des militaires. Moi, hélas, je ne reconnaissais personne. Sauf un ! Nouri Mesmari, le directeur général du protocole, les cheveux et la barbiche étrangement blonds, un œil de verre derrière de fines lunettes. Je l'avais déjà vu à la télévision, et cela m'a fait un drôle d'effet de le voir papillonner entre les invités. Un autre homme est arrivé, Saad al-Fallah, qui avait l'air de connaître personnellement les filles et a distribué à chacune une enveloppe de 500 dinars. Argent de poche, m'a-t-on dit. J'avais senti, en croisant plusieurs fois son regard, qu'il m'avait remarquée. Il est venu vers moi en souriant : « Ah ! Voilà donc la petite nouvelle ! Mais dites-moi, c'est qu'elle est mignonne ! » Il riait en me pinçant la joue, d'un air mi-dragueur, mi-paternel. La scène n'a pas échappé à Mabrouka qui l'a appelé instantanément : « Saad, viens me voir ! » Amal qui était près de moi m'a murmuré à l'oreille : « Elle a vu ! Rentre vite chez toi. Je t'assure, c'est grave. »

J'ai donc filé, un peu anxieuse. Une heure ou deux plus tard, Mabrouka poussait la porte de ma chambre : « Monte ! » Je me suis présentée à la porte du Guide, Mabrouka sur mes pas. Il était en train d'enfiler un jogging couleur brique et m'a regardée d'un œil mauvais. « Viens ici, salope… Alors, tu t'amuses avec tes cheveux pour aguicher tout le monde ? Tu fais la belle et joues les enjôleuses ? Remarque, c'est normal : ta mère est tunisienne !

— Je vous promets que je n'ai rien fait, mon maître !

— Tu n'as rien fait, salope ? Tu oses dire que tu n'as rien fait ?

— Rien ! Qu'est-ce que j'ai pu faire ?

— Quelque chose que tu ne feras plus, espèce de putain ! »

Là-dessus, m'attrapant par les cheveux d'un geste puissant, il m'a forcée à me mettre à genoux, et a ordonné à Mabrouka : « Donne-moi un couteau ! » J'ai cru qu'il allait me tuer. Ses yeux étaient déments, je le savais prêt à tout. Mabrouka lui a tendu une lame. Il l'a saisie et, tenant toujours mes cheveux dans sa poigne de fer, il a taillé avec fureur dans la masse à l'aide de grands coups secs et de grognements effrayants. « Tu croyais pouvoir jouer avec ça, hein ? Eh bien c'est terminé ! » Des pans de cheveux noirs tombaient à côté de moi. Il continuait, coupait, tranchait. Puis il s'est brusquement détourné : « Termine ! » a-t-il lancé à Mabrouka.

Je sanglotais, traumatisée, incapable de maîtriser les tremblements de mon corps. Il m'avait semblé, à chaque coup de lame, qu'il allait me trancher la gorge ou me fendre le crâne. J'étais à terre, comme une bête qu'il pouvait décider d'abattre. Des paquets de cheveux m'arrivaient à hauteur d'épaule, d'autres étaient plus courts, puisque je ne sentais plus rien sur ma nuque. C'était un vrai carnage. « Ce que tu es devenue moche ! » s'est exclamée Farida en me croisant un peu plus tard, indifférente à la raison de ce massacre. Je n'ai plus vu le Guide pendant plusieurs jours. En revanche, j'ai aperçu sa femme.

C'était pour la fête de l'Aïd al-Fitr, le jour de rupture du jeûne, la fin officielle du ramadan. Une jolie fête familiale normalement, avec prières le matin, petit tour à la mosquée et puis visite aux parents et aux amis. Un jour que j'adorais lorsque j'étais petite fille. Mais qu'attendre ou plutôt que redouter de cette fête à Bab al-Azizia ? Je n'en avais aucune idée. Mabrouka, le matin, nous a réunies : « Vite, habillez-vous correctement. Et tenez-vous bien ! La femme du Guide va venir ici. » Safia ? L'épouse ? J'avais vu sa photo dans le passé mais ne l'avais encore jamais croisée depuis mon enlèvement. J'avais cru entendre qu'elle avait sa propre maison quelque part sur l'espace de Bab al-Azizia mais Kadhafi n'y dormait jamais et ils ne se croisaient que très rarement lors de manifestations publiques. Le Guide, « ennemi de la polygamie », vivait avec de nombreuses femmes, mais pas avec la sienne. Tout juste savait-on qu'il allait rencontrer ses filles chaque vendredi, dans sa villa du bois El-Morabaat, sur la route de l'aéroport. L'annonce a donc provoqué un petit électrochoc : les esclaves sexuelles devaient se grimer en domestiques et bonnes à tout faire ! Quand Safia, après de nombreux autres visiteurs, est entrée dans la maison, imposante, l'air hautain, en prenant la direction de la chambre du Guide, j'étais donc à la cuisine avec les autres filles, occupée à laver la vaisselle, nettoyer le four, brosser le sol. Une Cendrillon. A peine fut-elle partie que Mabrouka annonça à la cantonade : « Tout redevient normal ! »

En effet. Le « maître » m'a immédiatement appelée. « Danse ! » Il convoqua également Adnane, un ancien garde des forces spéciales, marié (à une de ses maîtresses quasi officielles), père de deux enfants, qu'il contraignait à des rapports sexuels fréquents. Il l'a sodomisé devant moi et a crié : « A ton tour, salope ! »

5

HAREM

Voilà qu'il s'envolait six jours au Tchad, Mabrouka, Salma, Faïza et de nombreuses filles dans les bagages. Peut-être est-ce l'occasion d'essayer de voir maman, me suis-je dit. Et j'ai tenté ma chance auprès de Mabrouka en la suppliant de me laisser lui rendre visite le temps de leur absence. « Il n'en est pas question ! a-t-elle répondu. Tu restes dans ta chambre et tu te tiens prête à venir nous rejoindre à tout moment au cas où ton maître te réclame. J'enverrai un avion te chercher. » Un avion...

J'ai donc mis mon corps au repos. Un corps constamment couvert de bleus et de morsures qui ne cicatrisaient pas. Un corps fatigué, qui n'était que souffrance et que je n'aimais pas. Je fumais, grignotais, somnolais, allongée sur mon lit en regardant des clips sur le petit téléviseur de ma chambre. Je crois que je ne pensais à rien. La veille de leur retour, j'ai cependant eu une bonne surprise : un chauffeur de Bab al-Azizia a reçu l'autorisation de me faire sortir une demi-heure, le temps d'aller en ville dépenser les 500 dinars reçus pendant le ramadan. C'était inouï. Je découvrais la douceur du printemps, j'étais éblouie par la lumière, comme une aveugle qui découvrait le soleil. Mon sous-sol dépourvu de fenêtres était tellement humide que Mabrouka y faisait brûler des herbes pour chasser l'odeur de moisi.

Le chauffeur m'a conduite dans un quartier chic et j'ai acheté un jogging, des chaussures, une chemise. Je ne savais pas quoi prendre. Je n'avais jamais disposé d'argent personnel et j'étais complètement désorientée. Et puis comment m'habiller ? Entre sa chambre et la mienne, je n'avais besoin de quasiment rien et n'avais donc aucune idée. Ce que j'étais stupide quand j'y pense ! J'aurais dû penser à un livre, à quelque chose qui m'aurait fait rêver, m'évader ou apprendre la vie. Ou bien à un carnet et un crayon, pour dessiner ou écrire, car je n'avais accès à rien de tout cela à Bab al-Azizia. Seule Amal avait quelques romans d'amour dans sa chambre, et un livre sur Marilyn Monroe qui me faisait rêver, et qu'elle refusait de me prêter. Mais non, je n'ai rien imaginé d'intelligent ni d'utile. Je regardais autour de moi avec avidité et affolement. Et mon sang bouillonnait. La situation n'était-elle pas vertigineuse ? J'étais une séquestrée lâchée quelques minutes dans une ville qui ne savait rien de moi, où les promeneurs me croisaient sur le trottoir sans rien deviner de mon histoire, où le vendeur me tendait mon paquet en souriant comme à une cliente ordinaire, où un petit groupe de lycéennes en uniforme chahutait près de moi sans penser que j'aurais dû, moi aussi, être à l'école et ne songer qu'à étudier et rire. Mabrouka, pour une fois, n'était pas sur mon dos ; le chauffeur était gentil, mais je me sentais traquée. Fuir n'était pas une option. Mes trente minutes de pseudo-liberté m'ont paru trente secondes.

Le lendemain, la clique était déjà de retour. J'ai entendu du boucan dans le sous-sol, des pas, des portes, des éclats de voix. Je me suis bien gardée de sortir de ma chambre, mais Mabrouka est vite apparue sur le seuil et m'a ordonné : « Là-haut ! » avec un mouvement du menton. Elle ne disait même plus « Tu dois monter ». Le minimum de mots. Le maximum de mépris. Oui, j'avais le traitement d'une esclave. Et cet ordre odieux de rejoindre la chambre du maître a provoqué dans tout mon corps un courant de stress et d'électricité.

« Ah mon amour ! Viens donc ! » a-t-il lancé en me voyant. Puis il s'est rué sur moi en criant « Salope » et en rugissant. J'étais un pantin qu'il pouvait manipuler et rouer de coups. Je n'étais plus un être humain. Fathia l'a interrompu en entrant : « Mon maître, on a besoin de vous, c'est urgent. » Il m'a repoussée, a sifflé entre ses dents : « Dégage ! » Et je suis redescendue dans ma chambre humide. Ce jour-là, et pour la première fois, j'ai regardé une vidéo porno et me suis interrogée sur le sexe. Le peu que j'en savais n'était que violence, horreur, domination, cruauté, sadisme. C'était une séance de torture. Avec le même bourreau. Je n'imaginais même pas que ce puisse être autre chose. Or, les actrices des vidéos ne jouaient pas des rôles d'esclaves ou de victimes. Elles élaboraient même des stratégies pour avoir des rapports sexuels qu'elles avaient l'air d'apprécier autant que leurs partenaires. C'était bizarre et intriguant.

Deux jours plus tard, Faïza est arrivée dans ma chambre avec un petit papier. « Voici le numéro de ta mère, tu peux l'appeler du bureau. » Maman a tout de suite décroché : « Oh Soraya ! Comment vas-tu ma petite fille ? Oh mon Dieu, que je suis heureuse d'entendre ta voix ! Où es-tu ? Quand puis-je te voir ? Tu es en bonne santé ?... » Je n'avais droit qu'à une minute. Comme les prisonniers. Faïza a dit : « Ça suffit. » Et d'un doigt sur l'appareil a interrompu la communication.

*

Et puis un jour, est arrivé quelque chose d'étrange. Najah, la policière qui n'avait pas froid aux yeux, est venue passer deux jours à Bab al-Azizia, comme cela lui arrivait de temps en temps. Et à nouveau, elle a partagé ma chambre. Je me méfiais toujours un peu de ses confidences et de sa rouerie, mais son culot me distrayait. « J'ai un plan pour te faire prendre l'air hors de Bab al-Azizia, me dit-elle. J'ai comme l'impression que ça te ferait du bien !

— Tu plaisantes ?

— Pas du tout. Il suffit d'être malin. Ça te dirait, une petite excursion avec moi, en toute liberté ?

— Mais on ne me laissera jamais partir !

— Ce que tu es défaitiste ! Il faut juste que tu prétendes être malade, et je me charge du reste.

— Cela n'a pas de sens ! Si j'étais réellement malade, je serais soignée ici par les infirmières ukrainiennes.

— Laisse-moi faire ! Je vais élaborer un scénario, il faudra juste que tu acquiesces. »

Elle est allée voir Mabrouka, je ne sais pas ce qu'elle lui a dit, mais elle est revenue en me disant que nous avions le feu vert. C'était ahurissant. Un chauffeur appelé Amar est venu nous prendre pour nous conduire hors de l'enceinte de Bab al-Azizia. Je ne pouvais pas en croire mes yeux. « Mais qu'as-tu dit à Mabrouka ?

— Chut ! On va d'abord chez moi, puis je t'amènerai chez quelqu'un.

— C'est dingue ! Comment as-tu fait ?

— Hé ! Je ne m'appelle pas Najah pour rien !

— Je n'ai rien à me mettre !

— Ne t'inquiète pas ! On va partager mes fringues ! »

On est allées chez elle, on s'est changées, et sa sœur nous a conduites en voiture dans une très belle villa d'Enzara, un quartier à la périphérie de Tripoli. Le propriétaire avait l'air ravi de nous accueillir. « Voici Soraya, dont je t'ai parlé », a dit Najah. L'homme m'a bien regardée et fait mine de beaucoup s'intéresser à moi. « Alors raconte ! Ce chien te fait du mal ? » J'étais tétanisée. Qui était ce type ? Quelle confiance pouvais-je lui accorder ? J'ai eu un sale pressentiment et n'ai presque rien répondu. Et puis le téléphone de Najah a sonné. C'était Mabrouka. Najah a levé les yeux au ciel et reposé le portable. « Tu ne la prends pas ? » Elle n'a pas répondu, se contentant de tendre son verre où le type a versé abondamment du whisky. J'hallucinais. Dans ce pays où la religion et la loi interdisaient l'alcool, des gens se permettaient d'en boire effrontément ? Et ils critiquaient Kadhafi qui, lui-même, en consommait constamment ? Voilà d'ailleurs que l'homme me tendait un verre, s'offusquait de mon refus, et insistait : « Bois, mais bois donc ! Tu es libre, ici ! » Najah et sa sœur ne se faisaient pas fait prier. Elles se sont mises à danser, marquant le signal de la fête. Elles buvaient, elles riaient, fermaient les yeux en ondulant. L'homme les regardait avec appétit. Un autre homme est arrivé, m'a jaugée, et souri. J'ai aussitôt senti le piège mais Najah n'était d'aucun secours. Elle se saoulait avec détermination. J'ai fait comprendre que j'étais fatiguée. Mais il n'était visiblement pas question de rentrer, alors on m'a indiqué une chambre. Je me tenais sur mes gardes. Et très vite, j'ai entendu Najah monter dans la pièce d'à côté avec les hommes. Tandis que son téléphone sonnait dans le vide.

On m'a fichu la paix, mais je me suis réveillée avec une boule d'angoisse. Je suis allée secouer Najah, totalement dans le brouillard, presque comateuse, qui ne se souvenait de rien. Son téléphone a sonné. Mabrouka hurlait : « Le chauffeur vous cherche depuis hier. Vous allez voir ce que vous allez prendre avec votre maître ! » Najah a paniqué. Elle m'avait menti, trahie, entraînée dans un piège foireux pour m'offrir en gibier à des hommes. J'étais écœurée. Avoir été enlevée par Kadhafi ne faisait pas de moi automatiquement une pute.

Le retour fut violent. Mabrouka n'était pas là mais Salma nous a ordonné de monter toutes les deux chez le Guide. Il écumait de colère. Il a donné une gifle magistrale à Najah en hurlant : « Maintenant tu sors, je ne veux plus jamais te voir ! » Moi, il m'a jetée sur le lit et a déversé toute sa rage sur mon corps. Quand il s'est détourné, il a marmonné entre ses dents : « Toutes les femmes sont des putes ! » Ajoutant : « Aïcha aussi était une sacrée pute ! » Je crois qu'il parlait de sa mère.

Un mois est passé sans qu'il me touche. Deux nouvelles filles issues de villes de l'Est venaient d'arriver : celle de Baïda avait treize ans ; celle de Darnah en avait quinze. Je les ai vues monter dans la chambre, belles, avec l'air innocent et naïf que je devais avoir un an plus tôt. Je savais exactement ce qui les attendait. Mais je ne pouvais ni leur parler ni leur adresser le moindre signe. « Tu as vu les nouvelles ? » m'a demandé Amal… Elles ne sont pas restées longtemps. Il lui fallait des filles tous les jours. Il les essayait puis les jetait ou bien, m'a-t-on dit, les « recyclait ». Je ne savais pas encore ce que cela signifiait.

*

Les jours passaient, les saisons, les fêtes nationales et religieuses, les ramadans. Je perdais peu à peu la notion du temps. Le jour, la nuit, l'éclairage était le même dans le sous-sol. Et ma vie se limitait à cet étroit périmètre, dépendante des désirs et humeurs du Colonel. Quand nous en parlions entre nous, nous ne lui donnions ni nom ni titre. « Il », « Lui », suffisaient amplement. Notre vie gravitait autour de la sienne. Il ne pouvait y avoir de confusion.

Je ne savais rien de la marche du pays ni des tremblements du monde. Parfois, une rumeur me signalait un sommet de dirigeants africains, ou la visite d'un chef d'Etat important. La plupart des rencontres avaient alors lieu sous la tente officielle où « Il » se rendait en minivoiture de golf. Avant les interviews et entretiens importants comme avant toute intervention publique, il fumait du hachich ou prenait de la cocaïne. Il était presque toujours sous substance. Des fêtes et des cocktails étaient souvent organisés dans les salons de la maison. S'y pressaient les dignitaires du régime et de multiples délégations étrangères. Nous repérions d'emblée les femmes car bien sûr, c'est ce qui l'intéressait, la mission de Mabrouka étant de les attirer dans sa chambre. Des étudiantes, des artistes, des journalistes, des mannequins, des filles ou femmes de notables, de militaires, de chefs d'Etat. Plus les pères ou maris étaient prestigieux, plus leurs cadeaux devaient être somptueux. Une petite pièce attenante à son bureau servait de caverne d'Ali Baba où Mabrouka entreposait les présents. J'y ai vu des Samsonite pleines de liasses de dollars et d'euros, des coffrets de bijoux, des parures d'or généralement offertes pour les mariages, des colliers de diamants. La plupart des femmes devaient subir la prise de sang. Elle était faite discrètement par les Ukrainiennes, dans un petit salon aux sièges rouges, situé en face du bureau des gardes. Sans doute les femmes de chefs d'Etat y échappaient-elles, je ne sais pas. Ce qui m'amusait, c'était de les voir se diriger vers sa chambre, tirées à quatre épingles, leur sac de marque à la main, avant de ressortir, le rouge à lèvres bavant et le chignon défait.

Leila Trabelsi, la femme du dictateur tunisien Ben Ali, était à l'évidence une intime. Elle est venue de nombreuses fois et Mabrouka l'adorait. « Mon amour de Leila ! » s'exclamait-elle, toujours heureuse de l'avoir au téléphone ou d'annoncer sa venue. Rien n'était trop beau pour elle. Je me souviens notamment d'une boîte, comme un coffret magique, recouverte d'or. Au fil du temps, j'ai vu passer à la résidence de nombreuses épouses de chefs d'Etat africains dont je ne connaissais pas le nom. Et aussi Cécilia Sarkozy, l'épouse du président français, jolie, hautaine, que les autres filles se sont empressées de me signaler. A Syrte, sortant de la caravane du Guide, j'ai aperçu Tony Blair. « Hello girls ! » nous a-t-il lancé, avec un signe amical et un sourire joyeux.

A partir de Syrte, nous allions parfois dans le désert. Kadhafi aimait y faire planter sa tente, entourée de troupeaux de dromadaires, au milieu de nulle part. Il s'y installait pour boire du thé, palabrer pendant des heures avec des anciens de sa tribu, lire et faire des siestes. Il n'y dormait jamais la nuit, il préférait le confort de son camping-car. C'est là qu'il nous appelait à le rejoindre. Le matin, nous devions l'accompagner à la chasse, toutes en uniforme. Le mythe des gardes du corps était entretenu et Zorha, une vraie militaire, veillait à ce que je me comporte comme une professionnelle. Elle a d'ailleurs été chargée, un jour, de m'apprendre à manier une kalachnikov : la démonter, la charger, l'armer, la nettoyer. « Tire ! » m'a-t-elle crié quand j'avais l'arme contre l'épaule. J'ai refusé. Jamais je n'ai tiré un coup de feu.

J'ai découvert aussi sa dépendance à la magie noire. C'était l'influence directe de Mabrouka. C'est ainsi, disait-on, qu'elle le tenait. Elle allait consulter des marabouts et des sorciers dans toute l'Afrique et les amenait parfois au Guide. Il ne portait pas de talisman, mais il se mettait des onguents mystérieux sur le corps qu'il avait toujours gras, récitait des formules incompréhensibles, et gardait à proximité sa petite serviette rouge...

Où qu'il aille, la petite équipe d'infirmières était de la partie. Galina, Elena, Claudia... Habillées strictement en uniformes blancs et bleus, pas maquillées, elles travaillaient dans le petit hôpital de Bab al-Azizia mais pouvaient arriver à sa demande en moins de cinq minutes. Elles étaient préposées non seulement aux prises de sang obligatoires avant les rencontres sexuelles du Guide mais aussi à ses soins personnels et à la surveillance quotidienne de sa santé et de son alimentation. Quand je me suis inquiétée des questions de contraception, il m'a été répondu que Galina faisait des injections au Guide qui le rendaient infertile. Je n'en sais guère plus et n'ai pas été confrontée, comme d'autres avant moi, à la question de l'avortement. Elles l'appelaient toutes « papa » même s'il avait des rapports sexuels avec la plupart d'entre elles. Galina s'en est d'ailleurs plainte devant moi. Mais y avait-il une seule femme qu'il n'ait voulu posséder au moins une fois ?

6

AFRIQUE

Un jour, Jalal est tombé amoureux de moi. Enfin, a cru tomber amoureux de moi. Il me lançait des regards insistants, me souriait dès qu'il me croisait près de la cuisine, me glissait un compliment. Cela m'a troublée. J'avais tellement envie de compter pour quelqu'un. Je ne savais pas qu'il était homo. Il se faisait sodomiser par Kadhafi, mais mon ignorance était telle que je pensais que c'était une pratique choquante mais peut-être habituelle entre hommes. Le Guide avait de si nombreux partenaires, y compris chez les haut gradés de l'armée. Moi, j'avais besoin de tendresse, et l'idée qu'un homme doux me manifeste de la gentillesse m'a presque enflammée. Alors il a multiplié les occasions de contact, effleurait ma main au passage, me murmurant qu'il m'aimait et même qu'il songeait au mariage. « Tu n'avais pas remarqué que je te regarde depuis le premier jour ? » Non, je n'avais pas remarqué, tout à ma détresse et à ma solitude. Les liens de complicité étaient de toute façon proscrits dans notre espace.

Mais Jalal s'est enhardi et est allé déclarer au Guide qu'il avait l'intention de m'épouser. Kadhafi nous a convoqués tous les deux. Il ricanait, l'air moqueur. « Alors comme ça vous prétendez être amoureux ? Et vous avez le culot de me le dire à moi, votre maître ! Mais comment oserais-tu, salope, aimer quelqu'un d'autre ? Et toi, minable, comment oses-tu seulement la regarder ? » Jalal se tortillait. On fixait le sol tous les deux, aussi piteux que des enfants de huit ans. Le Guide nous a foutus dehors. Jalal, qui faisait partie de la garde, a été interdit dans la maison pendant deux mois.

Mabrouka a déboulé dans ma chambre : « Sale race ! Tu penses au mariage alors que cela ne fait même pas trois ans que tu es ici ! Tu n'es décidément qu'une saloperie ! » Amal aussi est venue me faire la leçon. « Enfin, ma puce, ils ont raison ! Tu ne peux pas aimer ce pédé ! Ce n'est pas pour toi ! » Leurs propos ne faisaient que renforcer mon attirance. Jalal était gentil. Et c'était le premier homme qui me disait qu'il m'aimait. Qu'est-ce que j'en avais à faire de leurs sarcasmes, eux qui étaient tous détraqués ?

*

Quelques mois plus tard, a été annoncée une grande tournée du Guide en Afrique. Deux semaines, cinq pays, une foule de chefs d'Etat. Visiblement, l'enjeu était de taille, je le sentais à la fébrilité de Mabrouka. Et toute la maison était du voyage. Les « filles » de

Kadhafi, parées de leur bel uniforme, devaient lui faire honneur. Y compris moi ! A 5 heures du matin, ce 22 juin 2007, j'ai donc pris place dans un immense convoi qui a filé vers l'aéroport de Matiga. Aucune attente, aucune formalité. Les barrières étaient grandes ouvertes et les voitures ont foncé sur le tarmac pour nous déposer directement au pied de la passerelle. La moitié de l'avion était rempli de filles. Uniformes kaki, beiges, bleus. Le bleu était celui des forces spéciales, réservées aux vraies femmes-soldats, tête droite, regard glacial, bien entraînées. Enfin, c'est ce qu'on m'avait dit. Moi, j'étais en kaki, comme Amal. Faux soldat. Vraie esclave. Au fond de l'avion, avec plaisir, j'ai aperçu Jalal. Le Guide voyageait dans un autre appareil.

On a débarqué à Bamako, la capitale du Mali, et je n'aurais jamais pu imaginer pareille réception. Du délire ! Il y avait le tapis rouge pour Kadhafi qui plastronnait en costume blanc, une carte verte de l'Afrique cousue sur la poitrine. Le président malien, des ministres et une brassée d'officiels rivalisaient d'égards pour « le roi des rois d'Afrique ». Surtout, une foule joyeuse, excitée, comme en extase, chantait, criait, dansait en hurlant « Bienvenue à Mouammar ». Il y avait des troupes folkloriques, des danses traditionnelles, des masques dogons. Ça vibrait et ça chaloupait. Je n'en croyais ni mes yeux ni mes oreilles. Très vite, Mabrouka a pris le contrôle des opérations. Elle nous a fait signe de nous regrouper sur le côté et de rejoindre un groupe de 4 × 4 prêts à démarrer et conduits par nos chauffeurs libyens habituels. Tout Bab al-Azizia semblait s'être déplacé. La foule était massée sur le passage du convoi et continuait de s'agiter et de scander le nom de Kadhafi. J'étais éber-luée. Comment est-ce possible qu'il soit aimé ainsi ? me disais-je. Est-ce qu'ils sont sincères ? Est-ce qu'on leur a lavé le cerveau comme on le fait en Libye ?

On est arrivé à l'hôtel Libya où une femme chargée du protocole, Saana, nous a fait attendre dans un salon où l'on a pu fumer tranquillement. Et puis nous sommes repartis en convoi. Près d'une centaine de voitures, des tentes et de la nourriture, une logistique insensée. Les routes étaient barrées, les Africains applaudissaient sur notre passage, les filles riaient dans la voiture. Oui, l'atmosphère était joyeuse, presque carnavalesque. J'étais au cinéma. Mais en rendant leurs sourires aux foules qui nous adressaient des saluts, je ne pouvais pas m'empêcher de trouver cette situation follement ironique. On nous sortait d'un sous-sol pour nous exhiber sous le soleil et contribuer à sa gloire !

Je ne savais rien de notre destination, des prési-dents, ministres et ambassadeurs rencontrés. Rien du programme personnel du Guide. On suivait, comme une cour, sans se poser de questions. Le début du voyage fut éprouvant car on a roulé près de mille kilo-mètres pour traverser la Guinée du nord au sud et rejoindre Conakry, la capitale. La seule curiosité des filles autour de moi était celle du logement. Elles espéraient des hôtels luxueux, avec discothèque et piscine. Mais j'ai vite compris que je n'aurais pas cette chance. Tandis qu'Amal et les autres partaient dans un hôtel, Mabrouka me faisait signe de suivre le maître qui devait être logé dans une résidence officielle, une sorte de château. Je devais partager ma chambre avec Affaf, une autre fille, mais au milieu de la nuit, j'ai été appelée pour rejoindre le Guide. Il ne dormait pas, et arpentait sa chambre, nu, l'air sombre, angoissé. Il tournait, prenait la serviette rouge que je lui connaissais et s'y essuyait les mains, concentré, ignorant ma présence. Au petit matin, il s'est jeté sur moi.

Dans la journée, j'ai retrouvé le reste du groupe, Amal, Jalal et tous les autres. Ils étaient dans un hôtel superbe et l'ambiance était à la fête. Je n'avais jamais connu ça. Mabrouka avait exigé que je rentre le soir au château mais je n'ai pas pu m'empêcher de suivre tout le monde à la discothèque. Les lumières clignotaient, les filles fumaient et buvaient de l'alcool, dansaient corps à corps avec des Africains. Syrte et ma famille me paraissaient si loin. J'avais atterri sur une planète où les valeurs et croyances de mes parents n'avaient pas leur place. Où ma survie ne dépendait que de qualités ou de stratagèmes qu'ils avaient en horreur. Où tout était sens dessus dessous. Jalal m'observait de loin. Je croisais son regard et cela suffisait à mon plaisir. Mais il s'est rapproché. « Surtout ne bois pas », m'a-t-il conseillé. Et cela m'a profondément touchée. C'était un gentil. Les autres filles n'avaient de cesse, au contraire, de me recommander de l'alcool. La musique était de plus en plus forte, la discothèque bondée, l'atmosphère fiévreuse. Jalal a déposé un baiser sur ma bouche. Oh là là... Tout cela était incroyable.

Je suis restée dormir à l'hôtel dans la chambre d'une autre fille. Quelqu'un avait bien voulu appeler Mabrouka pour lui en demander l'autorisation, elle avait curieusement accepté. Le « maître » devait être pris. Tant de femmes l'avaient suivi et je sais qu'on en ramassait sur la route. Mais le lendemain matin, ce fut branle-bas de combat. « Toutes en uniforme, apprêtées et impeccables, a crié la femme du protocole. Le Guide va faire un discours dans un stade immense. Chacune doit jouer son rôle ! » Les 4 × 4 nous ont acheminées vers le stade de Conakry où affluaient des hordes de gens, des jeunes, des vieux, des familles avec enfants. Il y avait des orchestres, des banderoles, des costumes et des boubous splendides. Avant de nous diriger vers la tribune officielle, Nouri Mesmari, le grand patron du protocole, s'est adressé à nous : « Vous n'êtes pas des militaires, mais vous devez agir comme si vous étiez réellement chargées de la sécurité du Guide. Mettez-vous dans la peau de vraies gardes du corps. Ayez l'air sérieuses, préoccupées, attentives à tout ce qui se passe autour de vous. » J'ai donc joué les gardes et imité Zorha, qui affichait une mine rébarbative et jetait des regards circulaires comme si elle recherchait des terroristes.

Quand on est entrés dans le stade, quand j'ai entendu la clameur et découvert cette foule de plus de 50 000 personnes applaudissant Kadhafi et chantant ses louanges, j'en ai eu le souffle coupé. Des groupes de femmes hurlaient son nom et tentaient de s'approcher de lui, de toucher son vêtement ou même de l'embrasser. C'était dingue. « Mes pauvres ! » me disais-je. « Vous feriez mieux de ne pas vous faire remarquer. C'est un homme dangereux. » Je pensais à maman qui m'apercevrait peut-être sur les images tournées par la télévision nationale et serait sûrement émue, malgré son aversion pour Kadhafi. Peut-être se dirait-elle que, quand même, je vivais ce jour-là un truc pas anodin. Mais j'ai aussi pensé à mes frères. Que savaient-ils ? Que penseraient-ils ? Cela m'a fait peur. J'ai tourné la tête et cherché à cacher mon visage. Leur réaction prévisible m'a glacé le sang.

Kadhafi semblait dopé par la foule. Il l'interpellait, jouait avec elle. Et il se rengorgeait, brandissait le poing comme un champion sportif ou comme le maître de l'univers. Des filles en uniforme étaient fascinées. Pas moi, je vous l'assure. Pas une seconde. Pas un millième de seconde. Sur son front, entre son bonnet marron et ses lunettes de soleil noires, je voyais écrit : malade, fou dangereux !

Et puis nous avons repris la route, roulé encore des heures vers la Côte-d'Ivoire via la Sierra Leone. A l'hôtel suivant, je devais partager ma chambre avec Farida et Zorha, ce n'était pas un problème, le lit était immense. Tout le monde était plutôt joyeux et s'apprêtait à aller à la piscine. Evidemment, j'en crevais d'envie, je n'avais jamais vu pareilles installations. Mais le Colonel pouvait me réclamer à tout moment. « Tu n'auras qu'à dire que tu as tes règles, m'a conseillé Farida. Tu sais que c'est la seule chose qui l'effraie. Mais fais gaffe car ils vérifient ! Mets du rouge à lèvres sur une serviette hygiénique. » J'ai trouvé cela malin. Deux heures plus tard, Fathia, de sa voix épaisse, m'ordonnait de rejoindre la résidence du Guide. J'ai pris l'air accablé et affirmé que j'étais décidément trop fatiguée. Elle a soulevé les sourcils comme si je me moquais d'elle. « J'ai mes règles.

— Tiens donc ! Je veux voir !

— Vous n'allez quand même pas me contrôler !

— Montre ! »

Le geste était humiliant mais la vue de la serviette humectée d'eau et colorée de rouge à lèvres l'a convaincue. Farida est allée seule chez le Guide.

Alors bêtement, libérée et légère, je suis allée rejoindre les autres filles – et Jalal – dans la piscine. Il y avait de la musique, des boissons, du narguilé. Personne ne se faisait de confidences, mais il y avait comme une pulsion collective de revanche. Pour quelques heures, nous avions droit au luxe. Nous étions la communauté de Kadhafi, non plus des moins que rien, et le personnel de l'hôtel était aux petits soins. Nos souffrances et humiliations quotidiennes trouvaient soudain une infime compensation. Elle était illusoire. Elle était éphémère. Mais elle servait de soupape et j'ai compris plus tard que ces très rares moments empêchaient certains d'entre nous de crever.

Soudain j'ai entendu hurler : « Soraya ! » Fathia m'avait repérée. Elle s'est dirigée vers moi, hors d'elle. « Tu es censée avoir tes règles et tu vas à la piscine ? » J'étais tellement penaude que je n'ai rien trouvé à répondre. Alors elle m'a giflée. « Menteuse ! » Farida m'avait dénoncée. J'ai immédiatement été conduite à la résidence. La punition du maître, m'a-t-on prévenue, serait à la mesure de ma rouerie. Mais tandis que j'attendais dans une petite chambre, Galina est venue me voir. « Soraya ! Comment as-tu pu te faire prendre ainsi ? Papa Mouammar est fou de rage et m'a chargée de vérifier… Mon petit amour ! Tu me mets dans une position horrible ! Que vais-je pouvoir dire ? » Rien. Elle n'a rien dit. Ou plutôt, elle a menti afin de me protéger. On m'a laissée seule le reste de la journée.

Le lendemain, nous reprenions la route vers le Ghana, dernière étape pour la réunion des chefs d'Etat de l'Union africaine à Accra. Des heures et des heures de route. Ce voyage n'en finissait pas. Le deuxième

soir, Fathia est venue à nouveau me « contrôler ».
Aucune trace de règles. Elle m'a dévisagée froidement, n'a rien dit, mais a prévenu Mabrouka qui m'a
asséné un soufflet magistral avant de me conduire chez
Kadhafi. A quoi bon les détails ? Il m'a giflée, tabassée,
craché dessus, insultée. Je suis ressortie le visage bour-
souflé et l'on m'a enfermée dans une chambre tandis
que Galina, je l'ai appris plus tard, était sur-le-champ
renvoyée en Libye. « Tu voudrais fuir, hein ? m'a
narguée Mabrouka sur le seuil de la pièce. Où que tu
puisses aller un jour, Mouammar te retrouvera et te
tuera. »

7

HICHAM

Le voyage en Afrique n'a pas marqué la fin de mes souffrances, mais celle de ma totale réclusion. Le Guide se lassait-il ? Avais-je passé la date de péremption ? Je ne sais pas. Il n'y avait jamais ni logique ni explication. Je vivais au jour le jour, selon son bon vouloir et dans sa totale dépendance, sans aucun horizon. Mais le jour de son retour de la tournée africaine, il m'a fait appeler par Mabrouka et, avec une moue dégoûtée, m'a lancé : « Je ne veux plus de toi, salope ! Je vais t'intégrer parmi les gardes révolutionnaires. Tu habiteras avec elles. Allez ! Dégage ! »

Là-dessus, Mabrouka m'a donné un téléphone portable : « S'il te prend l'envie de contacter ta mère... » C'était tellement inattendu ! J'ai aussitôt appelé maman. Elle m'avait aperçue à la télévision nationale, en uniforme derrière Kadhafi dans le stade de Conakry et paraissait presque heureuse de me le dire. « Comme j'aimerais te voir, ma chérie. Tu me manques tellement ! » Je me suis enhardie à exprimer une nouvelle demande à Mabrouka et contre toute attente, elle m'a répondu que maman pouvait passer me voir le surlendemain. Oui, à Bab al-Azizia.

L'imaginer débarquant dans cet univers avait bien sûr quelque chose de terrifiant. Mais j'avais un tel besoin d'elle. Je lui ai donc expliqué comment parvenir jusqu'au garage, d'où quelqu'un la conduirait vers la résidence du Guide. J'espérais que tout le monde serait gentil à son égard. Ce que je pouvais être naïve ! Mabrouka, Salma, Fathia se sont montrées odieuses et méprisantes. « Vous voulez voir votre fille ? C'est en bas ! » Amal, heureusement, l'a embrassée, m'a prévenue et j'ai couru dans ses bras où j'ai pleuré longuement. Je ne pouvais même pas parler. Que lui dire ? Que raconter ? Par où commencer ? Ce sous-sol parlait de lui-même. Et mes sanglots devaient être insoutenables. Mabrouka s'est moquée. Maman en a été blessée. Et puis on nous a séparées.

Quelques jours après, Galina a surgi dans ma chambre, blême. Le Guide nous réclamait toutes les deux, il allait encore exiger des explications sur l'incident africain. J'étais soufflée qu'il n'ait pas d'autres sujets plus importants à régler.

« Pourquoi as-tu menti en affirmant qu'elle avait ses règles ? a-t-il demandé à l'infirmière.

— Je n'ai pas menti ! Chez une jeune fille, les cycles peuvent être irréguliers et les règles précaires.

— Tu n'es qu'une menteuse et une fourbe ! C'est Farida qui m'a dit la vérité. Quant à toi, la petite salope, descends dans ta chambre. Tu ne perds rien pour attendre ! »

C'est la dernière fois que j'ai vu Galina à Bab al-Azizia. Ce n'est que bien plus tard, au début de la révolution, que je l'apercevrai avec stupeur à la télévision, filmée au moment de son retour chez elle en Ukraine, le secret sur son expérience en Libye enfoui au fond d'elle-même. Quelques jours après l'entrevue orageuse, Kadhafi m'a à nouveau fait appeler, et s'est acharné sur mon corps avec une telle violence que j'en suis sortie groggy et couverte de bleus. Amal G., une autre fille de la maison d'ordinaire assez indifférente à mon sort, s'en est émue. « Toi, il faut que je te sorte un peu d'ici ! » Je n'ai même pas relevé, je n'avais plus d'espoir, les jours se succédaient, je sombrais doucement. Mais elle est revenue dans ma chambre, l'air triomphant. « Mabrouka est d'accord pour que je t'emmène dans ma famille ! » Elle m'a aussitôt embarquée pour passer la journée chez elle, ou plutôt dans son autre « chez-elle », là où l'attendaient sa mère et sa petite sœur, devant un bon couscous.

Trois jours plus tard, elle a encore obtenu l'autorisation de me sortir. C'était incroyable, cette nouvelle liberté conditionnelle, et je ne savais pas comment interpréter ce retournement de mes geôliers. Mais ces quelques heures hors de la cave étaient une telle

bouffée d'air que j'ai filé sans poser de questions. Je ne
songeais même plus à fuir. Je n'avais plus d'espoir. Plus
le moindre rêve. J'étais une enterrée privée de tout
avenir hors Bab al-Azizia. Une de ces femmes, parmi
tant d'autres femmes, qui appartenaient pour toujours
à leur maître. Je ne pouvais pas prévoir qu'un autre
homme entrerait dans ma vie ce jour-là.

*

Amal G. m'avait emmenée déjeuner dans le vieux
quartier des poissonniers, près de la mer. Nous allions
repartir, elle faisait une marche arrière, quand un
homme a crié : « Mais faites attention ! » Il est sorti de
sa voiture que nous avions failli emboutir, la mine
exaspérée. Mais il s'est vite calmé. On a échangé un
regard, puis un sourire. Et voilà. Le coup de foudre. Je
ne savais même pas que ça existait. Un séisme, avec un
avant et un après. Il avait une trentaine d'années ; il
était carré, vigoureux, musclé, le regard aussi noir que
ses cheveux, mais chargé d'énergie. Mieux : de
hardiesse. J'étais bouleversée. Mais Amal G. a
démarré, pris directement la route de Bab al-Azizia, et
la vie a repris son cours entre sous-sol et chambre du
maître, entre torpeur et soumission.

Un après-midi, j'ai de nouveau été autorisée à sortir
avec elle. Elle voulait emmener sa jeune sœur dans une
fête foraine et m'a entraînée sur des manèges. L'un
d'eux ressemblait à un grand tamis. Le public s'asseyait

à l'intérieur du cercle, s'accrochait sur les bords, et l'installation était secouée dans tous les sens. On riait et hurlait en essayant de maintenir un équilibre quand j'ai découvert que celui qui actionnait le manège était l'homme de l'autre jour. Nos regards se sont à nouveau trouvés et il a accéléré le rythme des secousses du tamis. Quelle frayeur et quelle excitation ! Plus je riais en me cramponnant, plus il accroissait la cadence. « On s'est déjà vus, non ? a-t-il crié.

— Oui, je me souviens. Tu t'appelles comment ?

— Hicham. Tu as un numéro de téléphone ? »

C'était inouï ! Tellement interdit et tellement fabuleux ! Il n'avait pas de papier à portée de main, mais m'a énoncé son numéro que j'ai aussitôt composé afin que le mien s'inscrive sur son écran. Amal G. m'a vite entraînée plus loin.

En rentrant à Bab al-Azizia, j'étais dans une douce euphorie. La vie reprenait des couleurs. Je l'ai appelé de ma chambre. Je savais que c'était dingue, mais il a aussitôt décroché.

« Tu es où ? a-t-il dit.

— Chez moi.

— Ça m'a fait plaisir de te revoir sur ce manège. Jolie coïncidence, non ?

— Je t'aurais reconnu n'importe où.

— J'aimerais bien te revoir. Tu fais quoi dans la vie ? »

Oh cette question ! J'aurais dû m'y attendre. Que pouvais-je répondre ? Je ne faisais rien dans la vie. Je

ne faisais rien de ma vie. D'ailleurs je n'avais pas de vie.
Un gouffre. J'ai fondu en larmes.

« Rien. Je ne fais rien du tout.

— Mais pourquoi pleures-tu ? Raconte-moi !

— Je ne peux pas. »

J'ai raccroché en pleurs. J'avais maintenant dix-huit
ans. Les filles de mon école étaient diplômées
aujourd'hui. Certaines déjà mariées. D'autres inscrites
pour des études. Je me rappelais que je m'étais rêvée
dentiste, au début du collège. J'en avais parlé avec
maman. Les dents et le sourire étaient la première
chose que je regardais chez les gens et je ne pouvais pas
m'empêcher de donner des conseils pour les entretenir, les soigner, les blanchir. Dentiste ! C'en était
presque risible. Quelles moqueries si je disais ça dans
mon sous-sol. On avait détruit mes rêves, volé ma vie.
Et je ne pouvais même pas le dire. Car ce qu'on
m'avait fait était si honteux que c'est moi qui, dehors,
devenais pestiférée. Que répondre à Hicham ?... Je
n'ai pas eu le temps de réfléchir trop longtemps. On
m'a appelée à l'étage.

« Déshabille-toi salope ! »

C'était la fois en trop. J'ai éclaté en sanglots. « Pourquoi me dites-vous ça ? Pourquoi ? Je ne suis pas une
salope ! » Cela l'a rendu fou. Il a rugi : « Tais-toi
salope » et m'a violée en me faisant comprendre que je
n'étais qu'une chose qui n'avait aucun droit à la
parole. Quand je suis redescendue dans ma chambre,
j'ai vu, sur le portable caché sous mon oreiller,

qu'Hicham m'avait appelée vingt-cinq fois. J'existais au moins pour quelqu'un.

La nuit suivante, Kadhafi m'a fait appeler et s'est encore défoulé sur mon corps. Puis il m'a obligée à sniffer de la cocaïne. Je ne voulais pas. J'en avais peur. Mon nez a saigné et il m'en a mis sur la langue. J'ai perdu connaissance.

Je me suis réveillée avec un masque à oxygène sur le visage, dans l'infirmerie des Ukrainiennes. Elena me caressait la main, Alina me regardait avec inquiétude. Elles ne disaient pas un mot mais je voyais qu'elles compatissaient. On m'a ramenée dans ma chambre, et je suis restée deux jours sur mon lit, incapable de tenir debout. Il n'y avait que l'image d'Hicham qui me retenait en vie.

Amal G. n'a appris que le surlendemain ce qui m'était arrivé. J'allais mieux et n'avais guère envie de parler, mais elle m'a prise par la main, hors d'elle, et m'a entraînée chez le Guide. Il était assis devant son ordinateur. « Mon maître ! Ce n'est pas sérieux de donner de la drogue à la petite ! C'est criminel ! Dangereux ! Qu'est-ce qui vous a pris ? » Elle lui faisait face avec une audace sidérante. Sa main dans la mienne, l'autre sur sa hanche, elle exigeait une réponse. Elle osait lui demander des comptes ! « Fous l'camp ! a-t-il hurlé en lui montrant la porte. Et laisse-la ! »

Il a bondi sur moi, m'a écrasé la poitrine, crié :
« Danse ! » en mettant de la musique. Puis il m'a
plaquée au sol : « Pourquoi as-tu parlé, salope ?
— Je n'ai rien dit ! Elles ont deviné toutes seules ! »
Il m'a battue et violée, a uriné sur moi et crié, alors
qu'il allait se doucher : « Va-t'en ! » Je suis descendue
mouillée et misérable, convaincue qu'aucune douche
ne pourrait jamais plus me laver.

*

Amal G. ne décolérait pas. Elle avait pourtant pour
le Guide une vraie fascination. Peut-être même
l'aimait-elle, aussi invraisemblable cela me parût-il.
Elle disait lui devoir la maison qui hébergeait sa
famille, sa voiture, une sorte de confort de vie. Je ne
posais pas de questions, j'étais trop dans la haine.
Mais quand elle disait : « Je le jure sur la tête de
Mouammar », je savais que je pouvais la croire. Elle
n'hésitait pas à remettre tout le monde à sa place à Bab
al-Azizia. A l'affreux Saad al-Fallah, du protocole, qui
la traitait de salope, elle criait : « Tu ferais mieux de te
taire, pédé ! » Elle râlait, jurait, accueillante comme un
porc-épic et peu soucieuse des autres. Mais ma
détresse lui a fait peur. Elle a débarqué dans ma
chambre au matin et m'a dit : « Viens, je t'emmène
chez moi. J'ai la permission. Prends des affaires pour
quelques jours. »

Je lui ai sauté au cou. « Ça va, ça va ! » a-t-elle dit en
se dégageant, toujours un peu braque, mais elle avait
les larmes aux yeux. Et nous sommes parties dans sa
famille. Oh, comme cette impression de vie normale
était douce au départ : une maison, des parents, des
repas. J'ai eu la nostalgie de ma propre famille et j'ai
téléphoné à maman. « Il faut venir me chercher. »
Amal G. a bondi. « Ne dis pas que tu es chez moi ! Je
te l'interdis ! Si tu le racontes à ta mère, je te ramène
illico à Bab al-Azizia ». Elle m'a fait peur. Tout, plutôt
que rentrer dans mon sous-sol, revoir Kadhafi et
Mabrouka. Tout, y compris mentir à maman, ce que
je n'avais encore jamais fait.

J'ai découvert alors la drôle de seconde vie
d'Amal G. Ses réseaux pour se procurer de l'alcool, ses
virées nocturnes en voiture, sa familiarité avec les policiers qu'elle croisait – « Comment ça va, Amal ? » – et
ce mélange de RedBull et vodka qu'elle absorbait au
volant avant de s'asperger de parfum pour rentrer à la
maison. J'ai compris qu'elle avait soif d'argent, était en
relation avec des hommes d'affaires qui lui versaient
des commissions. Et j'ai réalisé assez vite qu'elle
m'utilisait pour aguicher des hommes puissants et
riches. Je me suis retrouvée à des soirées où Amal avait
amené d'autres filles, où l'alcool et la drogue étaient
omniprésents, où se pressaient des dignitaires et célé-
brités du pays, et où l'argent circulait en échange de
faveurs sexuelles. C'était donc ça qu'on voulait de
moi ? Ma richesse n'était que dans ce corps que je

détestais ? Même à l'extérieur du harem, c'était là toute ma valeur ? A moins que ce lien avec Bab al-Azizia ne me confère, aux yeux de certains hommes, un prix supplémentaire ? Une nuit dans la riche demeure d'un cousin célèbre de Kadhafi m'a valu une enveloppe de 5 000 dinars, qu'Amal G. s'est empressée d'empocher et que je n'ai jamais osé réclamer. Elle me tenait.

*

Un jour, maman dont je prenais des nouvelles au téléphone m'a dit qu'Inas, mon amie d'enfance de Benghazi, était à Tripoli et rêvait de me revoir. Elle m'a donné son numéro de téléphone que j'ai aussitôt composé. J'avais envie de renouer avec des gens normaux, ceux de ma vie d'avant, sans savoir si cela était encore possible. Inas a tout de suite répondu avec enthousiasme. Je lui ai demandé son adresse en proposant de venir la voir tout de suite. « Ah bon ? Tu peux sortir de Bab al-Azizia ? » Elle savait ! J'étais stupéfaite. Comment maman avait-elle osé lui dire la vérité, elle qui mentait depuis le début à toute la famille ?

J'ai pris un taxi et ai demandé à Inas de le payer à l'arrivée. « Comment est-ce possible qu'une fille qui habite chez le Président n'ait pas de quoi payer son taxi ? » a-t-elle plaisanté. J'ai souri sans répondre. Que savait-elle vraiment ? Que signifiait pour elle « habiter chez le Président » ? Croyait-elle que c'était mon choix ? Un statut et un vrai travail ? J'allais devoir marcher sur des œufs. Nous sommes entrées dans la maison et toute la famille est venue m'embrasser. « On va appeler ta mère pour qu'elle se joigne à nous, a dit Inas, soudain très excitée.

— Non !

— Pourquoi ?

— Il ne faut pas !… J'habite temporairement chez une autre fille, hors de Bab al-Azizia, et elle ne veut pas que ça se sache. »

Tout le monde m'a regardée en silence, avec un air dubitatif. La petite Soraya mentait donc à sa mère… Voilà qui cassait l'ambiance. « Quelle est ta relation avec Bab al-Azizia ? a demandé quelqu'un.

— Je n'ai pas envie d'en parler. Maman vous a sûrement raconté mon histoire. »

Là-dessus, j'ai allumé une cigarette, provoquant un mélange d'effroi et de désapprobation dans le regard de la famille. Soraya avait bien mal tourné.

Je suis restée dormir chez Inas. Cela m'a fait une pause. Un petit retour en enfance. Et c'était doux. Amal G. devait être folle de rage et d'inquiétude. Je n'avais pris aucun de ses multiples appels. Quand j'ai fini par répondre, le lendemain matin, elle hurlait.

« Comment as-tu pu sortir sans me prévenir ?

— J'avais besoin d'air, tu peux comprendre ? Chez toi je me sens dans une nouvelle prison. Merci de m'avoir sortie de Bab al-Azizia ; maintenant, laisse-moi respirer un peu. »

Elle a continué de crier, je me suis mise à pleurer et c'est Inas qui a pris l'appareil. « Je suis son amie d'enfance, ma famille veille sur elle, ne vous inquiétez pas. » Mais Amal G. a insisté. Je me mettais dans une situation gravissime dont je ne mesurais pas les conséquences, disait-elle. Inas a donc fini par lui donner son adresse. « J'arrive ! » C'était ce que je redoutais. Le seul refuge qui me restait, celui auquel personne à Bab al-Azizia n'aurait jamais pensé, allait être découvert. Je me suis sentie traquée. Et j'ai appelé Hicham. « Je t'en supplie, viens me chercher. Je ne veux plus voir personne d'autre que toi. »

Il est arrivé en quelques minutes. Et il m'a quasiment enlevée. La voiture a foncé dans les rues de Tripoli, puis dans la banlieue, puis vers la campagne. Il était crispé sur son volant, attentif à la route. Moi, je le regardais de profil, la tête en arrière sur mon siège et détendue comme je ne l'avais pas été depuis des lustres. Je ne réfléchissais pas, je n'avais aucun plan, je souriais et faisais simplement confiance à cet homme que je ne voyais que pour la troisième fois. Je ne m'étais pas trompée. Il avait de la force. Et de la fougue. Il m'a conduite dans un petit bungalow de vacances. « Repose-toi, m'a-t-il dit. Je connais ton histoire. Désormais, je ne laisserai personne te faire de mal. » Amal G. était allée le voir à mon insu pour lui raconter mon lien à Bab al-Azizia et le prévenir : « Ce n'est pas une fille pour toi. » La voilà d'ailleurs qui appelait sur mon téléphone. Elle avait déjà essayé une dizaine de fois. « Prends-la, m'a dit Hicham. Tu ne dois plus avoir peur d'elle. Dis-lui la vérité. »

J'ai décroché en tremblant. Elle éructait : « Tu es folle Soraya ! Tu cherches vraiment les ennuis. Comment as-tu osé t'enfuir alors que je venais te chercher ?

— Laisse-moi ! Je suis loin. Je loge chez une amie.

— Tu mens ! Je sais que tu es avec Hicham ! »

J'ai raccroché. Hicham m'a pris l'appareil des mains et l'a rappelée. « Laissez-la en paix. Oubliez-la. Vous lui avez déjà fait suffisamment de mal. C'est moi qui la défends désormais. Et je pourrais tuer si on cherche à lui nuire.

— Tu ne me connais pas, Hicham. Tu vas le payer très cher. Je vais te foutre en taule ! »

*

J'ai été heureuse trois jours. Les premières vingt-quatre heures, je n'ai cessé de pleurer, mais je crois que je versais simplement le trop-plein de larmes accumulées depuis cinq années. Hicham était patient, doux, apaisant. Il me faisait à manger, nettoyait, essuyait mes larmes. Je n'étais plus seule. Peut-être, après tout, y avait-il un après Bab al-Azizia. Mais l'annonce de ma fuite avait fait l'effet d'une bombe dans la maison Kadhafi. Amal G. avait emmené Inas voir ma mère, laquelle m'a aussitôt appelée : « Je suis

anéantie, Soraya. Tu m'as menti depuis deux mois !
Comment est-ce possible ? Tu es en ville, tu fumes, tu
pars avec un homme. Qu'es-tu devenue petite
Soraya ? Une traînée ! Une putain ! Plutôt te savoir
morte que t'imaginer dans une vie de débauche. Oh,
comme tu me déçois ! » J'ai accusé le coup. Les apparences étaient contre moi. Mais comment ne voyait-
elle pas que j'essayais simplement de survivre ?
Amal G. a rappelé : « Quoi que tu fasses, tu te retrou-
veras à Bab al-Azizia. » Des forces de la sécurité intérieure, venues dans deux 4 × 4, ont investi la maison
des parents d'Hicham : « Où est votre fils ? Il faut qu'il
ramène la fille qu'il a enlevée. » Ses frères l'ont appelé,
paniqués. Alors au bout de trois jours, on a rendu les
armes.

Je suis allée chez Amal G., qui m'a donné le choix :
me conduire chez mes parents ou à Bab al-Azizia. J'ai
choisi mes parents, mais avec quelle angoisse ! La
confiance, je le voyais, était rompue. Maman me dévi-
sageait d'un air dur, comme si mon visage était devenu
l'aveu de mes turpitudes. Comme si je n'étais plus son
enfant dérobé à qui l'on avait fait du mal. Comme si
j'étais une fille coupable, une fille perdue. Mon père
m'a accueillie avec plus de tendresse. Il me regardait
avec attention sans paraître tout à fait me reconnaître.
J'avais un peu grandi je crois. J'avais surtout vieilli.
Mais il devait jouer son rôle de père et, très vite, a
exigé des comptes. Qui était cet Hicham ? J'ai raconté

la chance de cette rencontre fortuite, le courage, le sang-froid, les manières de gentleman, et son désir de m'épouser. Ils m'écoutaient d'un air sceptique. Il y avait entre nous une distance inédite.

Ma mère n'a plus voulu que je sorte de la maison. Plus par crainte de ce nouveau danger que de Bab al-Azizia. J'ai dû recourir à un subterfuge pour faire semblant d'accompagner papa quelque part, et lui fausser compagnie le temps de voir Hicham qui m'a fourni une réserve de cigarettes et une nouvelle carte SIM pour mon téléphone portable. Ainsi, Amal G. ou Mabrouka ne pourraient plus me joindre. L'atmosphère était tendue à la maison. Je crevais de ne pas pouvoir fumer et me cachais parfois dans les toilettes pour griller une cigarette avant de pulvériser un désodorisant intérieur. Je n'avais pas de sujet de conversation. J'étais comme en suspens. Un petit matin, on a frappé à la porte de la maison. C'était un chauffeur de Bab al-Azizia. « Viens Soraya. On exige ta présence là-bas. »

Et je suis repartie. Mabrouka, glaciale, m'a conduite dans le coin laboratoire où une infirmière m'a fait trois prises de sang, remplissant trois flacons. J'ai attendu une heure dans un petit salon avant que Salma, la mine revêche, aboie : « Monte ! » Le Guide m'attendait, en jogging et débardeur. « Quelle salope ! Je sais que tu as couché avec d'autres ! » Il m'a craché au visage, m'a baisée, a uriné sur moi et conclu : « Tu n'as plus qu'une solution : travailler sous mes ordres. Tu dormiras chez toi, mais de 9 heures le matin à 9 heures le soir, je te veux ici, à ma disposition. Tu vas enfin apprendre la discipline des gardes révolutionnaires. »

8

FUITE

Le lendemain, un chauffeur de Bab al-Azizia sonnait chez mes parents à 8 h 30 tapantes. J'allais donc au travail. J'ignorais en quoi cela devait consister et espérais simplement ne plus avoir de contact avec le Guide. Que pouvait bien faire une « garde révolutionnaire » ? En quoi allais-je défendre la « Révolution » ? J'ai vite eu la réponse : en servant à boire, tout au long de la journée, aux invités africains du Guide ! Je me trouvais dans la même maison, avec les mêmes gens et la même patronne. Et à 3 heures du matin, j'étais encore là. « Ce n'est pas ce que m'avait dit le Guide, me suis-je plainte à Mabrouka.

— C'est pourtant bien ici que tu passeras la nuit. »

Mais je n'avais plus de chambre. Une « nouvelle » avait pris ma place. Je me suis donc préparée à dormir, comme une fille de passage, sur un canapé du salon. Et sitôt les derniers Africains partis, j'ai été appelée avec la nouvelle à l'étage du Guide. Non, rien de tout cela n'était révolutionnaire. J'étais piégée.

J'ai appelé mon père en cachette le lendemain. La conversation a été brève, je le sentais tendu. « Soraya, c'est important. Rejoins-moi le plus vite possible avec ton passeport. » Je l'avais ! C'était incroyable, mais je l'avais. Une négligence de Mabrouka à notre retour d'Afrique. J'ai prétexté une course urgente à faire avec un chauffeur de Bab al-Azizia, lui ai demandé de m'attendre un moment et j'ai sauté dans un taxi pour rejoindre papa qui m'attendait dans sa voiture. Il a démarré en trombe et m'a conduite à l'ambassade de France pour déposer une demande de visa en urgence, il fallait une photo et mes empreintes digitales. Avec un peu de chance et une complicité ancienne liant mon père à un employé de l'ambassade, on nous assurait qu'il serait disponible d'ici une semaine au lieu d'un mois. Moins d'une heure plus tard, après avoir emprunté des ruelles, évité les grands axes et regardé mille fois dans son rétroviseur, papa me déposait dans un taxi qui me ramenait auprès du chauffeur et je rentrais à Bab al-Azizia.

Le lendemain, je jouais à nouveau un rôle de serveuse. La maison était pleine de gens célèbres, même de stars que je pouvais désormais reconnaître : un réalisateur et un chanteur égyptiens, une chanteuse libanaise, des danseuses et des animateurs de télévision. Le Guide est sorti de son bureau pour les rejoindre dans le grand salon et s'asseoir parmi eux. Puis il est monté dans sa chambre. Et nombre d'entre eux l'y ont rejoint, l'un après l'autre. Une Samsonite bien garnie attendait quelques-uns avant leur départ.

J'ai pu rentrer à la maison de mes parents mais j'ai rapidement compris que je n'y avais plus ma place. J'étais une étrangère. Un mauvais exemple pour tout le monde. Maman, désormais distante, passait la plupart du temps à Syrte avec ma sœur et mon plus jeune frère. Les deux aînés étaient partis étudier à l'étranger. A Tripoli, ne vivaient donc que papa et mes deux autres frères. Mais ça n'allait pas. Un vrai désastre. « C'est quoi cette vie ? » demandait papa. « Quel exemple pour tes frères et le reste de la famille ? » C'était tellement plus simple quand ils ne me voyaient pas. Morte, j'aurais été un moindre embarras. Il s'est passé alors une chose inouïe : j'ai préféré repartir à Bab al-Azizia.

Retour au laboratoire. Prise de sang. Lit de fortune dans le salon en attendant d'être appelée dans la nuit. Puis papa m'a téléphoné : « Tiens-toi prête. Dans quatre jours, tu as ton visa pour la France. » Alors, armée de courage, je suis allée affronter Kadhafi. « Ma mère est très malade. Il me faut un congé de vingt jours. » Il m'a donné deux semaines. Je suis revenue à la maison. Mais quelle ambiance ! Je me planquais pour fumer et téléphoner à Hicham, j'énervais tout le monde. J'ai menti, prétexté un nouvel appel de Bab al-Azizia, et suis allée rejoindre mon amoureux. Je savais que c'était grave, que j'étais hors des clous, mais un peu plus, un peu moins… Toute ma vie avait déraillé depuis longtemps ! Le mensonge devenait un moyen de survie.

*

J'ai passé deux jours avec Hicham dans un bungalow prêté par un ami. « Je t'aime, me disait-il. Tu ne peux pas partir ainsi.

— C'est la seule solution. Je ne peux plus vivre en Libye. Bab al-Azizia ne me laissera jamais en paix et ma famille me voit comme une sorte de monstre. A toi, je n'apporterai que des ennuis.

— Attends un peu, nous partirons à l'étranger ensemble.

— Non. Ici, je suis traquée et je te mets en danger. Partir est mon seul espoir de me faire oublier par Kadhafi. »

Je suis rentrée à la maison préparer ma valise. J'avançais comme une somnambule, indifférente à tout ce qui se passait autour de moi. On m'avait dit que février était très rude en France, il me faudrait de vraies chaussures, un manteau bien chaud. Dans un placard, j'ai découvert un stock de vêtements achetés à mon intention par maman quand elle allait en Tunisie. « C'est pour Soraya, disait-elle à mon père. Elle va rentrer cette année, c'est sûr. » Maman… Depuis cinq ans elle attendait mon retour. Le jour, elle faisait face aux questions insidieuses et tenait la famille d'une main ferme. La nuit, elle sanglotait, priait Dieu de protéger sa petite fille et de la lui ramener. Mais je n'étais plus une petite fille et je l'avais déçue.

Papa m'a fait lever très tôt. Il était blême. Non, vert, avec les lèvres blanches. Je ne l'avais jamais vu ainsi. Mort de trouille. Il s'était mis du gel pour coiffer ses cheveux en arrière. Il portait un costume sombre que je ne connaissais pas, sous une veste de cuir. Les lunettes de soleil fumées achevaient de lui donner l'air d'un gangster ou d'un espion. Moi, j'ai vite enfilé un jean, une chemise et me suis enroulée dans un voile noir sans oublier, moi non plus, de grandes lunettes de soleil qui me bouffaient le visage. J'ai appelé maman à Syrte pour lui dire au revoir. Ce fut bref et froid. Puis nous avons filé en taxi vers l'aéroport. Papa me jetait des coups d'œil énervés. « Qu'est-ce que tu as, Soraya ? Tu as l'air de t'en foutre ! » Oh non je ne m'en foutais pas. Mais j'étais calme. Que pouvait-il m'arriver de plus grave que ce que j'avais vécu ? Etre tuée ? Au fond, ç'aurait été un soulagement.

A l'aéroport, papa était aux aguets. Il regardait sa montre, sursautait dès que quelqu'un le frôlait, je craignais que son cœur le lâche. Il avait demandé à un ami de s'arranger pour que mon nom ne figure pas sur la liste des passagers. Même pas mes initiales. Il s'en est encore assuré. Au moment de passer la sécurité, puis dans la salle d'attente, il a jeté des regards furtifs autour de lui, suspectant chaque passager isolé d'être un sbire de Kadhafi. Il était dans un film d'espionnage. Dans l'avion, jusqu'à l'instant du décollage, il a surveillé l'entrée, incapable de prononcer un mot. Plus d'air, plus de salive. Et ses mains sont restées crispées sur l'accoudoir jusqu'à l'escale de Rome. Comme si un ordre du Guide pouvait encore détourner l'avion. Ce n'est qu'à l'atterrissage qu'il a ri. La première fois, m'a-t-il avoué, depuis plusieurs années.

Il avait choisi un transit par Rome afin de brouiller les pistes. Nous avions quelques heures d'attente et je suis allée aux toilettes me délester de mon voile noir, dessiner un trait de crayon au coin de mes yeux, poser un gloss rose sur mes lèvres et me parfumer un peu. Nous allions à Paris, la ville de la beauté et de la mode. C'en était fini de ma vie misérable. Du moins je le croyais.

9

PARIS

Je rêvais de voir la tour Eiffel mais nous avons pris le RER vers la banlieue du Kremlin-Bicêtre. J'imaginais de l'exotisme ; je me suis retrouvée entourée d'Arabes. « C'est ça la France ? » ai-je dit à mon père tandis que nous allions rejoindre un de ses amis dans le restaurant d'une chaîne de poulets halal. J'étais déçue. Il faisait un froid polaire, mon nez et mes pieds étaient gelés, tout me semblait moche. « Ce sera plus beau demain », a dit papa d'un ton encourageant. Nous avons passé la nuit dans un petit hôtel de la porte d'Italie d'où l'on voyait le boulevard périphérique. Et je me suis réveillée en manque de cigarettes. C'est vite devenu une obsession.

Nous avions rendez-vous avec son copain Habib et sommes allés l'attendre dans un café tout proche. Des filles fumaient à la terrasse, décontractées, normales. Cela m'a donné de l'espoir. Ce n'était donc ni une tare ni un vice comme on voulait me le faire croire. J'ai commandé un chocolat chaud, papa un café et avant

même qu'on nous les apporte, il est sorti fumer. Il
n'était pas question que je l'accompagne, il ne l'aurait
pas toléré. Alors j'ai foncé aux toilettes fumer une
Marlboro dont j'avais planqué un paquet. Habib est
arrivé et nous a invités chez lui à la porte de Choisy.
C'est alors que maman a appelé. Soddeik, le chauffeur
de Bab al-Azizia, était passé à la maison de Tripoli :
« Où est Soraya ? Pourquoi son téléphone ne
répond-il pas ? » Parce qu'elle est à Syrte, lui avait-on
répondu. Il s'était contenté de la réponse, mais maman
était très inquiète et mon père s'est mis à trembler. Il
était blême, en état de choc. Trop d'émotions. Il s'est
écroulé devant Habib. On l'a transporté à l'hôpital. Il
en est sorti au milieu de la nuit, décidé à rentré à
Tripoli sur-le-champ. Il m'a remis 1 000 euros, ce qui
m'a semblé une fortune, une carte de téléphone SFR,
et a demandé à Habib de me louer un studio. Puis ils
sont partis tous deux à l'aéroport. Il ne m'avait pas
embrassée, juste fait un petit signe, accablé et anxieux.
« Si Dieu m'accorde vie – je savais qu'il pensait : si on
ne me tue pas – je t'enverrai plus d'argent. » J'ai pleuré
en lui disant adieu.

*

Habib m'a déniché une chambre dans un hôtel
meublé près de la porte de Choisy. Je n'étais pas au
cœur de Paris, mais enfin, ce n'était pas si mal. La
réceptionniste était marocaine, nous pouvions parler
arabe. Et j'ai vite maîtrisé la carte des bus et du métro.

Un premier exercice d'orientation m'a conduite dans le Quartier latin, près du métro Saint-Michel où je me suis offert un café en regardant les passants. J'étais libre. Libre ! Je me le répétais sans tout à fait y croire. Je n'avais aucun plan, pas le moindre projet. Pas d'amis, pas de réseaux. Mais j'étais libre. C'était étourdissant.

A la table d'à côté, deux jeunes filles et un homme d'origine arabe s'apprêtaient à aller faire la fête, tard le soir, dans une boîte. J'écoutais, envieuse et fascinée. Je brûlais de les aborder. Je n'ai pas osé. Cette ville à la fois élégante et insouciante m'intimidait. Je suis rentrée.

Le lendemain matin, j'ai pris le métro pour la station Champs-Elysées. J'en rêvais depuis toute petite. Le ciel était clair, l'avenue encore plus large que je ne l'avais imaginé, le café Le Deauville exactement à l'endroit que m'avait indiqué maman. Je l'ai appelée au téléphone : « Le Deauville est toujours bleu ! » Je savais que je touchais sa corde sensible. « Tu vois comme l'histoire se répète ? Ma fille marche sur les traces de mes vingt ans… Comme j'aimerais être avec toi Soraya ! » Je me suis dirigée vers le magasin Sephora dont j'avais entendu parler par Mabrouka qui y faisait ses courses. Au rayon parfums, j'ai tout testé, surveillée d'un sale œil par les vigiles. Une vendeuse m'a proposé d'acheter un flacon de *Paris* d'Yves Saint Laurent, mais je devais faire mes calculs. Voyons : j'avais 1 000 euros ; mon hôtel coûtait 25 euros par

jour ; et je comptais 25 euros de nourriture et de trans-
ports. Cela me laissait de quoi tenir 20 jours. Tant pis
pour le parfum. Quant aux rayons maquillage qui me
faisaient tant envie, je leur ai tourné le dos. Ce serait
pour demain. Je les sillonnerais allée après allée, j'avais
désormais tout mon temps.

C'est en croisant un couple d'amoureux qui
s'embrassaient librement que j'ai pensé à Hicham. Je
m'étais retenue de l'appeler. A quoi bon ? Je n'étais
qu'une source d'ennuis. Mais je suis vite allée acheter
des crédits pour ma carte de téléphone. Et dès que j'ai
entendu sa voix, je me suis mise à pleurer. « Deux
jours que tu es partie ! a-t-il dit. Deux jours que je
pense à toi sans cesse !... Je te rejoins dès que je peux.
J'ai commencé les démarches pour avoir un passeport. » Il était donc sérieux ? Il voulait vivre près de
moi ? Mon Dieu ! Je ne voulais plus attendre. Il fallait
accélérer le processus, lui obtenir ce fameux passeport, objet si rare et précieux en Libye. Mais avec de
l'argent, tout était possible. Vite, j'ai appelé papa : « Tu
ne m'as laissé que 1 000 euros ! C'est trop peu !
Comment veux-tu que je me débrouille ? » Le lendemain, il me transférait 2 000 euros et j'en envoyai la
moitié à Hicham.

C'est alors que j'ai fait une succession de rencontres
qui, je m'en rends compte aujourd'hui, ont conduit au
naufrage de mon séjour en France. Soyons clairs : à son
total échec. C'est terrible de devoir le reconnaître. Si

humiliant d'avouer que j'ai laissé passer ma chance.
Comment est-ce possible ? Je crois que j'ai mal placé
ma confiance. J'ai fait les mauvais choix. J'ai été d'une
naïveté consternante. Mais voilà. Je suis arrivée à Paris
en février 2009, à quelques jours de mes vingt ans, et
je ne savais rien. Hormis la veulerie, la perversité et le
cynisme du petit monde qui m'avait séquestrée. Rien
de la vie du travail, des relations en société, de la
gestion du temps et de l'argent, des rapports équilibrés
entre hommes et femmes. Et rien de la marche du
monde. Je n'avais jamais lu un journal...

J'étais assise sur un banc des Champs-Elysées quand
une jeune femme blonde s'est posée près de moi.
« Salut. Il y a de la place ?

— Bien sûr. Tu t'appelles comment ?

— Warda.

— Mais c'est un prénom arabe ! »

Elle était d'origine algérienne et on a rapidement
sympathisé. « Toi, on voit tout de suite que tu viens de
débarquer à Paris. D'où viens-tu ?

— Devine !

— Du Maroc ?

— Non. D'un pays auquel tu ne penseras jamais.

— De Tunisie ? D'Egypte ? De Jordanie ? Du
Liban ?

— Non ! Un pays méditerranéen et stratégique.
Allons !

— D'Algérie ? Comme moi ?

— Non !

— Alors je ne vois pas.

— De Libye !

— Ah ! Kadhafi ! Génial ! Ce type est un de mes héros. Tu ne peux pas savoir comme il me fascine ! Raconte-moi !

— Tu admires Kadhafi ? (J'ai eu envie de pleurer.) Mais c'est une fripouille ! Un imposteur !

— Tu plaisantes ? Tu as entendu ses discours ? Tu as vu comme il défie l'Amérique ? C'est un vrai Arabe ! Et il a un charisme fou ! »

La conversation s'est poursuivie dans un café où nous a retrouvées son ami, vigile dans une boîte de Montreuil appelée La Marquise. Comme ils prévoyaient d'y aller le soir même, ils ont proposé de m'y emmener. J'ai trouvé ça sympa. Quelle chance ! me suis-je dit. C'était un restaurant libanais qui, passé minuit, se transformait en boîte de nuit, avec orchestre et danseuse orientale. Ah ! Je n'étais certes pas dépaysée ! Tout le monde parlait arabe et l'assistance, joyeuse, extravertie, très désireuse de faire la fête, me semblait composée de riches Orientaux. « Regarde à ta droite, m'a rapidement signalé Warda. Des hommes t'observent à la table d'à côté.

— Et alors ? Je ne veux surtout pas regarder !

— Sois gentille ! Si tu es gracieuse, ils paient à boire et à manger. Viens danser ! »

Je l'ai suivie à contrecœur, perplexe. Vers quoi m'entraînait-elle ? Des hommes nous ont rejointes sur la piste, dragueurs et de plus en plus audacieux, certains nous glissant même des billets, comme on le fait à des danseuses professionnelles. J'ai bondi vers Warda. « Viens, je ne veux pas de ça ! » Mais le directeur m'a remarquée. Il s'est approché : « C'est vrai que tu es libyenne ? » Il a pris le micro. « Mesdames, messieurs, je voudrais saluer la Libye et le colonel Kadhafi ! » Je me suis liquéfiée. Et le type a continué : « Allez viens ! Viens chanter avec moi un air à la gloire du Colonel ! » Il a entonné au micro l'une de ces chansons grotesques que vomissaient les haut-parleurs et radios de Libye : « O notre Guide, nous te suivons... » J'aurais voulu disparaître. Etait-il possible qu'il me rattrape ici ? J'ai couru vers les toilettes et me suis enfermée pour pleurer.

*

Je suis restée cloîtrée dans ma chambre pendant une semaine. Bouleversée. Je ne sortais que pour acheter des cigarettes et des unités de téléphone. J'étais réveillée par l'angoisse. L'ombre de Kadhafi me poursuivait partout. Bab al-Azizia avait des yeux et des oreilles sur la planète entière. Et ses espions avaient déjà assassiné à l'autre bout du monde. Alors... Etait-ce réaliste d'espérer sortir de ses griffes ? A peine arrivée à Paris, je me sentais déjà dans une impasse. Et puis voilà qu'un soir, un rat a traversé ma chambre. Ce fut un électrochoc. J'ai pris mes cliques et mes claques, couru à la réception, payé ma note et appelé Habib en catastrophe. « Passe la nuit à la maison, on verra pour les prochains jours. » Je suis allée chez lui, il m'a installée dans une chambre mais vers 4 heures du matin, il s'est glissé dans mon lit. Le copain de papa !... J'ai hurlé, saisi mon sac, dévalé l'escalier. La rue était déserte et glacée. Où aller ? J'ai pensé à Warda et composé son numéro. En vain. J'ai marché jusqu'au métro et attendu l'ouverture de la station pour m'installer sur un banc. Un clochard ivre mort est venu m'y déranger. Je pleurais. J'ai fait sonner le téléphone d'Hicham qui n'a pas répondu. Le copain de mon père essayait de me joindre comme un fou.

Je suis remontée à la surface et me suis engouffrée dans le café de la porte de Choisy qui venait d'ouvrir ses portes. J'ai commandé un café, et soudain, une dizaine de policiers ont investi l'endroit. J'ai paniqué. Un mandat d'arrêt international lancé par Kadhafi ? Warda m'avait recommandé : « Surtout ne te fais pas contrôler ! » Je ne pouvais pas m'enfuir, ils arrivaient sur moi. J'ai tendu mon passeport en tremblant. Un policier d'origine marocaine a souri : « Pourquoi as-tu si peur ? Tu as un visa, tu es parfaitement en règle ! » J'étais paralysée, incapable de dire un mot. Il m'a glissé son numéro de portable avec un clin d'œil égrillard. Cela m'a répugné.

Un groupe de filles est entré. Elégantes, sûres d'elles. Elles travaillaient sans doute ensemble dans des bureaux. Je les ai suivies du regard, fascinée. Tout de même, me disais-je, quelle classe ces Françaises ! Elles se pomponnent et s'habillent avec chic, sortent et fument dans les cafés, ont des jobs aussi importants que ceux des hommes… Mais l'une d'elles m'a brusquement fait face et crié : « Pourquoi tu me regardes comme ça ? T'as un problème ? » Oh ! Cette phrase ! Elle me reste en tête alors que je ne l'ai pas comprise sur le coup. Mais il y avait tant de mépris et de haine sur son visage. Pourquoi m'engueulait-elle ? Je n'étais qu'admirative et si j'avais piètre mine, c'est que je n'avais pas dormi.

Le barman était sympa. Lui aussi parlait arabe. « Je dois apprendre le français, lui ai-je dit. C'est vraiment une urgence ! » Il m'a conseillé d'aller à l'Alliance française de Montparnasse et a griffonné l'adresse sur un papier. J'ai pris le métro avec ma valise, suis descendue sous la tour, me suis perdue, surprise de constater que dans ce quartier personne ne parlait arabe. Je me suis posée dans un café et qui ai-je vu ? Habib ! Il travaillait dans le coin. « Pourquoi ne réponds-tu pas au téléphone, Soraya ? J'étais mort d'inquiétude !

— Ne prononce plus jamais mon nom. Laisse-moi ou j'appelle papa ! »

Il a pris une chaise pour s'installer devant moi. « Sois gentille ! Je vais t'aider. Je vais te trouver un travail et un permis de séjour.

— Fous l'camp ! Ou plutôt conduis-moi à l'adresse de l'Alliance française. »

C'était très près. A l'intérieur des bureaux, se pressait un groupe d'Algériennes. Elles discutaient des prix et m'ont conseillé les mairies où les cours étaient gratuits. L'une d'elles a même proposé de me conduire en voiture à la mairie du VIe arrondissement. La salle d'attente était pleine d'Arabes et d'Africains. « Vous avez de la chance, m'a dit un professeur. Un cours a commencé il y a peu de temps. Entrez vite ! » Une femme, au tableau, était en train de faire ânonner à sa classe les lettres de l'alphabet écrites au tableau. A–B–C–D–E… Je connaissais déjà les lettres depuis le collège de Syrte. S'il fallait tout recommencer, j'en avais pour des mois et je n'étais pas près de me débrouiller dans la rue ! Décourageant !

C'est à ce moment-là que Warda m'a appelée. Je lui ai dit que j'étais à la rue. « Viens habiter chez moi ! a-t-elle dit spontanément. J'habite seule avec mon petit garçon. » Et voilà comment je me suis trouvé, provisoirement, un toit (porte de Montreuil), une copine (légèrement entraîneuse), un environnement (arabophone). De quoi me rassurer dans un premier temps. De quoi me perdre, au final.

*

Dès le premier soir, Warda a voulu m'emmener à La Marquise. J'ai d'abord refusé mais j'ai eu peur de me retrouver sur le palier. Dans la boîte, elle m'a présenté un Tunisien élégant et gentil, Adel, qui est tout de suite tombé amoureux de moi. J'ai été très claire : j'en aimais un autre et lui resterais fidèle. Il n'a rien brusqué, très doux, parfaitement gentleman. Il se contentait de venir aussi souvent que possible à La Marquise et de nous inviter à dîner et à boire. Warda et ses amis consommaient beaucoup d'alcool. Moi, je prenais surtout des jus de fruits. Hicham m'avait fait jurer sur le Coran de ne plus jamais toucher à une goutte d'alcool. C'est ainsi, follement, que j'ai passé les trois premiers mois de mon séjour parisien.

Puis mon visa a expiré. Et l'angoisse est réapparue. Désormais, j'étais partout sur mes gardes, je laissais mon passeport dans ma chambre, je ne voulais prendre aucun risque. Plus question d'aller à La Marquise, ai-je signifié à Warda. Mais elle a ri. « Allons ! Toutes les filles de la boîte sont dans cette situation ! Les flics se préoccupent de contrôler les garçons et les clochards. Mais pas toi ! » L'argent aussi a commencé à manquer. Et les relations avec Warda se sont détériorées. Elle en arrivait à m'interdire de toucher aux réserves du réfrigérateur : « C'est pour mon fils ! » J'ai appelé papa à la rescousse. « Mais comment dépenses-tu ton fric ? Trouve un travail Soraya ! Fais la plonge si nécessaire ! » Il m'a blessée. « Oh, si tu veux, je rentre directement à Bab al-Azizia ! Ça ne me dérange pas ! » Il m'a envoyé 500 euros. Seulement. Après un tour chez Carrefour, avec Warda, il ne m'en restait plus que 100.

Adel a alors proposé de m'accueillir. Son appartement était grand, j'y aurais ma chambre, on cohabiterait amicalement. « Super, a dit Warda. C'est la solution idéale. » En gros, cela signifiait : « Dégage ! »

J'ai ainsi vécu six mois à Bagneux dans la périphérie parisienne. Six mois dans une relative quiétude car Adel, qui gérait une petite entreprise de bâtiment, s'est employé à être un compagnon agréable et respectueux. Il partait travailler le matin et me laissait 50 euros pour que je me nourrisse et fasse les courses. Il me savait amoureuse d'un autre, je savais que ça le peinait, mais nous cohabitions harmonieusement. J'avais confiance en lui. Et quand je lui ai raconté mon drame de Bab al-Azizia, il m'a crue instantanément. Il avait des amis libyens qui lui avaient parlé des enlèvements de filles dans les écoles. Warda, elle, avait rejeté d'emblée mon histoire. Fallait-il que je sois idiote pour la lui avoir confiée ! Elle défendait Kadhafi avec la fougue d'une croyante et ça me rendait malade. « C'est l'honneur des Arabes, le seul à relever la tête, à porter notre flambeau ! C'est un Guide au sens glorieux du terme et un Guide ne saurait agir avec bassesse. C'est dégueulasse que tu fasses ton intéressante sur son dos ! » C'était insoutenable à entendre.

Mais voilà qu'un soir, en rentrant d'une fête organisée au restaurant Mazazic, près de la place de la Nation, pour son anniversaire, Adel m'a rejointe dans ma chambre et s'est fait très pressant. J'ai cédé. Il était sincère et touchant. Il avait même confié à ses copains qu'il voulait m'épouser. Enfin, je crois. Mais je suis restée ferme : je n'étais pas libre, mon ami me rejoindrait dès qu'il aurait son passeport, d'ici quelques semaines. La jalousie a commencé à le miner. Et un jour, alors que je prenais ma douche, il a répondu sur mon portable à l'appel d'Hicham. Le ton a monté. Puis les cris. Quand je suis arrivée, affolée, il raccrochait en hurlant : « Fils de pute ! » J'ai très mal pris cette trahison. De quel droit répondait-il sur mon téléphone ? J'ai rappelé Hicham qui ne voulait plus me parler. Et j'ai explosé de colère. La situation n'avait que trop duré. Je devais partir. Et trouver un travail.

Un Egyptien rencontré chez l'épicier tunisien du coin m'a présenté Manar, une Marocaine qui travaillait dans un bar-restaurant, tenu par un Kabyle, dans une petite rue de Montreuil. On m'a montré comment faire les cafés, servir la bière à la pression. Je gagnais 50 euros par jour, plus les pourboires qui pouvaient monter jusqu'à 100 euros ! Correct. D'autant qu'on m'offrait de partager le studio du dessus avec la Marocaine. J'ai travaillé un mois et demi avant de m'apercevoir que le bar était louche – le patron tirait parfois les rideaux et des femmes dansaient nues – et que, c'est ce qui m'a rendue dingue, ma colocataire me volait. Je suis partie avec mes seules affaires sur le dos. Warda, avec qui j'étais restée en contact, m'a mise alors entre les pattes d'une Tunisienne qui travaillait dans un bar de la porte des

Lilas à Paris. J'ai commencé par la plonge en cuisine avant d'apprendre à servir et enregistrer les commandes. Le gérant kabyle a remarqué que des clients venaient pour me voir et m'a ordonné de rester en salle. Ce qui a agacé la Tunisienne. L'un me prenait pour un appât, l'autre pour sa boniche. Lorsque j'ai découvert en rentrant un soir dans la chambre que je partageais avec une autre Marocaine qu'on m'avait encore volé des affaires, j'ai pris ma valise et claqué la porte.

J'étais à nouveau à la rue et ne savais plus qui appeler. J'ai repensé à l'Egyptien. Il m'a accueillie dans un grand appartement qu'il partageait avec plusieurs personnes. Il ne me demandait rien mais je me sentais mal à l'aise. J'étais un poids mort. Où était mon avenir ? Quelle place pouvais-je espérer à Paris ? Je n'avais pas appris le français. Mes papiers n'étaient pas en règle et je risquais d'être arrêtée à tout moment. Je ne construisais rien. C'est alors qu'Hicham a appelé. Voir son nom s'inscrire sur mon portable m'a donné une bouffée d'espoir. Il pensait à moi au moment même où je coulais à pic. « Quand arrives-tu ? ai-je demandé. J'ai besoin de toi !

— Jamais, tu entends ? Jamais ! Tu n'as même pas été capable de m'être fidèle ! »

J'étais sonnée. Et j'ai appelé ma mère : « Tout est de ta faute ! Ma vie est un fiasco. Je suis paumée, maman. Paumée ! Je ne sais pas comment faire, à qui faire confiance, où aller. Je suis foutue. Et c'est à cause de toi.

— A cause de moi ?

— Je ne serais pas partie si tu avais accepté Hicham !

— Oh Soraya ! Ne dis pas de bêtises. Rentre à la maison. La France ne te convient pas. Reviens chez nous. »

L'idée de rentrer en Libye ne m'avait même pas effleurée. Rentrer ? Mais je n'étais pas une touriste ! Ni même une émigrée volontaire ! J'étais en fuite ! Et recherchée par l'un des hommes les plus puissants du monde ! J'avais beau déverser ma hargne sur maman, la vraie cause de mon départ était bien Kadhafi.

« Revenir serait hyper-risqué, maman ! Ils reviendront me chercher. Ils ne me laisseront jamais en paix.

— On se débrouillera pour te cacher. Ton père a eu des ennuis mais tu vivras avec moi à Syrte. Ils t'ont beaucoup cherchée au début, je crois qu'ils se sont calmés. Je ne veux pas que tu sois malheureuse à Paris. »

Ma décision a ainsi été prise. En quelques secondes. Sur un coup de tête et un coup de blues. Je n'avais pas le mode d'emploi de la France, ce pays me fascinait mais ne me convenait pas. Je ne connaissais même pas de Français ! Je suis allée chez Warda qui a approuvé mon départ. Mais elle m'a prévenue : mon visa n'étant plus valable, il me faudrait acquitter une grosse amende à l'aéroport. D'ailleurs, pour me faciliter les démarches, elle a téléphoné elle-même à un copain, policier de Roissy-Charles-de-Gaulle. C'est lui qui, trois jours plus tard, à l'aéroport, empochera les 1 500 euros que j'avais préparés avant de m'éviter une interdiction de revenir sur le territoire français. C'est en tout cas ce que j'ai compris. Heureusement que maman, la veille, m'avait envoyé 2 000 euros.

Le 26 mai 2010, j'ai repris l'avion vers la Libye, avec une valise ultralégère. Peu de vêtements, aucun livre, pas même une photo. Il ne me restait rien de ces quinze mois passés dans la Ville lumière. Pas même le petit portrait qu'un dessinateur avait fait de moi, un jour de printemps au pied de la tour Eiffel, et qu'Adel a gardé en souvenir.

10

ENGRENAGE

Personne ne m'attendait à l'aéroport de Tripoli. Je m'étais bien gardée de prévenir qui que ce soit. Aucune connaissance dans le grand hall d'arrivée. Aucun regard suspicieux de la part des soldats et policiers. Je revenais incognito. Bab al-Azizia avait peut-être relâché la garde.

J'ai appelé Hicham. Il était stupéfait. « Tu es là ? En Libye ?… Reste où tu es, j'arrive ! » Il a vite déboulé en 4 × 4 avec deux amis. Il en est descendu en souriant, a pris ma petite valise. Il n'était pas question de s'épancher ou de s'enlacer en public. Mais je le regardais et reprenais confiance. Il avait forci un peu, paraissait légèrement plus vieux que dans mon souvenir, ça le rendait d'autant plus rassurant. Nous nous sommes dirigés vers le même bungalow que nous avait déjà prêté un de ses copains et nous nous sommes expliqués. Il a eu des mots durs pour dire sa déception à l'idée que j'aie pu vivre à Paris avec un homme. « Ce n'était qu'un ami ! ai-je insisté.

— L'amitié n'est pas possible entre un homme et une femme ! »

Et voilà ! Typiquement libyen ! Puis il m'a raconté que les gens de Bab al-Azizia étaient venus le chercher chez ses parents. Qu'ils avaient emprisonné son frère pendant que lui-même était allé en Tunisie. Qu'il avait été la cible de toutes sortes de harcèlements : menaces de mort, téléphone sur écoute, filature. Il avait fait l'objet d'une dénonciation à son travail et notre histoire, largement ébruitée, lui valait maintenant l'étiquette d'« amant d'une pute de Kadhafi ». Même ses proches amis lui disaient : tu ne peux quand même pas épouser une traînée !

J'ai alors eu peur. Et mes parents ? Qu'avaient-ils subi ? Quelles pressions, quelles menaces, quels châtiments ? Je les avais négligés, trop occupée à me débattre pour ma propre survie. Mais comment le Guide leur avait-il fait payer de m'avoir laissée fuir ? Je voulais les voir vite. « Ramène-moi à l'aéroport, ai-je dit à Hicham. J'appellerai mes parents en leur disant que je viens de débarquer. »

On a fait la route en silence. Il me jetait parfois des coups d'œil navrés. J'étais plongée dans mes pensées. Comment imaginer que Bab al-Azizia nous laisse jamais en paix ? J'ai appelé mes parents, eux aussi sidérés de mon retour impromptu et je me suis assise dans le hall en attendant leur arrivée. C'est là que je

suis tombée sur Amal G. qui partait en Tunisie avec sa
sœur aînée.

« Soraya ! Quelle surprise ! Où vas-tu ? J'ai entendu
dire que tu étais à Paris !

— Pas du tout !

— Ne mens pas ! J'ai fait mon enquête. J'ai
rencontré Hicham et un ami à l'aéroport m'a raconté
comment tu étais partie.

— Bravo la solidarité !

— Tu te trompes ! J'ai gardé mes informations
pour moi. Mais tu peux imaginer combien Mabrouka
et Mouammar sont furieux… »

Papa est arrivé avec ma petite sœur que je n'avais pas
vue depuis longtemps. Il m'a confirmé que Bab
al-Azizia m'avait cherchée avec insistance et exercé
toutes sortes de pressions pour qu'il me retrouve. Mais
il ne m'en a pas dit plus. Ma petite sœur ne devait
– théoriquement – rien savoir et il se préoccupait
surtout de ce que je raconterais à mon frère Aziz qui
venait de rentrer d'Angleterre. Surtout, ne pas faire de
gaffe : pour tout le monde, je revenais d'un long séjour
en Tunisie chez mes oncles et tantes.

Quand on s'est retrouvés seuls, il a laissé libre cours
à sa colère et à son amertume. « Pourquoi es-tu
rentrée ? Pourquoi reviens-tu te jeter dans la gueule
du loup ? Pourquoi, Soraya ? J'ai pris tous les risques
avec joie. J'étais prêt à mourir pour que tu sois sauvée.
Mais ici, il n'y a rien que je puisse faire pour te

protéger. Rien et ça me rend fou ! J'avais réussi à te mettre à l'abri dans un pays libre et tu as gâché ta chance ! C'est folie de revenir en Libye ! Folie de t'exposer aux dingueries de Bab al-Azizia ! »

Le lendemain matin, très tôt, on a pris la route de Syrte. Il y avait quatre à cinq heures de voiture et l'on a peu parlé. Mon père, je le voyais, ne décolérait pas. Nous avons rejoint maman à son salon de coiffure, elle m'a prise dans ses bras. « Tu as maigri. Tu es très belle… » Elle me regardait en reculant un peu, mes deux mains dans les siennes. « Juste un peu trop bronzée ! » Je ne lui ai pas dit que ce nouveau bronzage était dû aux UV que Warda m'avait poussée à faire, juste avant mon voyage. Je sais qu'Hicham n'avait pas aimé non plus ce nouveau teint « d'Africaine ».

« Tu continues de bosser, maman ! Tu trimes sans arrêt ! Pourquoi tu ne t'arrêtes pas ? Je te trouve l'air fatigué.

— Mais dans quel monde vis-tu, Soraya ? Comment nourrirait-on la famille ? Comment aurais-tu reçu de l'argent à Paris s'il n'y avait pas ce salon ? »

J'avais à peine posé ma valise dans notre appartement de la rue de Dubaï que le numéro de Mabrouka s'affichait sur mon portable. Ce fut comme recevoir un coup de poignard. J'ai ignoré l'appel. Mais elle a rappelé une deuxième, une troisième fois. J'étais paniquée. L'impression qu'elle était dans la pièce. Et j'ai fini par décrocher. « Allô ?

— Bonjour Princesse !

— …

— Alors, on a fait son petit tour en France ?

— Qui vous a dit que j'étais en France ?

— Tu oublies comme nous sommes l'Etat. Nos services savent tout de toi. Viens immédiatement chez ton maître !

— Je suis à Syrte.

— Mensonge ! On t'a cherchée à Syrte !

— J'y suis actuellement.

— Très bien. Nous y serons aussi la semaine prochaine avec ton maître. Crois-moi qu'il te trouvera. »

*

Quelques jours plus tard, elle téléphonait à nouveau. « Où es-tu ?

— Au salon de coiffure de ma mère.

— J'arrive. »

J'étais traquée. Juste le temps de dire un mot à maman, consternée. Et elle rappelait : « Je suis là. Sors immédiatement ! »

Sa voiture était garée devant le salon, la porte arrière ouverte. J'y suis entrée. Le chauffeur a démarré en trombe. Le cauchemar reprenait. Je savais où nous allions. Je me doutais de ce qui m'attendait. Mais que pouvais-je faire d'autre si je ne voulais pas que toute ma famille paie le prix fort ?

Salma m'a accueillie d'un sourire plein de mépris. Et Fathia m'a prise par le bras : « Viens vite dans le labo. Il nous faut des analyses complètes. » Je ne résistais pas, je ne protestais pas, ma pulsion de vie était anéantie. J'étais devenue une automate. On m'a fait attendre deux à trois heures. Puis Salma m'a lancé : « Monte chez ton maître ! » Il était en survêtement rouge, les cheveux ébouriffés, le regard satanique. Il a grogné : « Viens, salope. »

J'ai passé le reste de la nuit dans ce qui avait déjà été ma chambre de passage, à côté de Farida. J'étais meurtrie de toutes parts, je saignais, j'étais haineuse. Je me détestais d'être rentrée en Libye. Je m'en voulais d'avoir échoué en France. Je n'avais pas su me débrouiller, trouver les bonnes personnes, décrocher un emploi. Comme si, depuis mon premier jour sur les Champs-Elysées, on m'avait prise pour une fille facile, une femme-objet, une salope comme disait Kadhafi. Comme si cette étiquette était collée sur mon front. Farida a commencé à ricaner et jouer avec mes nerfs. « Je connais d'autres filles qui sont parties à l'étranger faire les putes, disait-elle. Des minables ! Sans honneur ni fidélité, sans valeurs ni colonne vertébrale. Des filles de caniveau qui reviennent voir papa la tête basse… »

J'ai craqué. J'ai bondi sur elle, je l'ai frappée et secouée avec rage. J'étais dans un état de furie comme ça ne m'était jamais arrivé. Je ne me contrôlais plus, j'explosais. Mabrouka a surgi et tenté de nous séparer. Mais j'étais comme une lionne qui ne lâchait plus sa proie. Je m'agrippais à Farida qui pleurait de frayeur, Mabrouka a élevé la voix et tenté de m'éloigner. J'ai hurlé : « Oh toi, tu te tais ! » Elle en a été pétrifiée. Personne ne lui avait jamais parlé ainsi. Toutes les filles filaient doux devant la grande patronne. Salma, aussitôt accourue, m'a donné une gifle dont j'ai longtemps gardé la trace. « Qui es-tu pour oser parler ainsi à Mabrouka ? » J'ai cru qu'elle m'avait dévissé la tête.

On m'a conduite à travers un dédale de couloirs inconnus vers une petite chambre sombre et répugnante. Il n'y avait ni fenêtre ni air conditionné alors que dehors il devait faire près de 40 degrés. Une odeur de renfermé me faisait suffoquer et j'apercevais des cafards. J'ai sangloté, me suis arraché les cheveux jusqu'à ne plus avoir de force. Et je me suis écroulée sur la paillasse.

Quelques heures plus tard, Fathia a ouvert la porte : « Ton maître te demande. » Je suis montée pour trouver Farida blottie contre le Guide, la tête sur son torse qu'elle caressait en l'embrassant. Elle gémissait : « Soraya est une méchante et une folle. Si vous saviez, mon maître, comme elle m'a frappée ! » En pointant son regard vers moi, il lui a dit : « Vas-y salope. Tu as le droit de lui donner une gifle. » Elle s'est lancée sur moi et m'en a donné deux. « Dégage ! Je t'avais dit une seule ! » Il l'a congédiée avec ses yeux de fou et s'est tourné vers moi : « Ah, ça me plaît ! Tu es une sauvageonne ! Oh que j'aime ça ! Cette fureur en toi ! Cette fougue ! » Il a arraché mes vêtements et m'a jetée sur le lit.

« Je vous en prie ! Ne faites rien ! J'ai trop mal ! Je vous en prie !

— Elle se débat, la tigresse ! J'aime ce nouveau tempérament. C'est la France, hein, qui t'a donné cette rage ! »

Comme je saignais abondamment, il a pris la serviette rouge pour recueillir le sang : « C'est bon, ça. Oh que c'est bon ! » J'ai crié : « Arrêtez ! Je vous en supplie ! J'ai trop mal ! » Il m'a attirée dans le coin douche et a uriné sur moi. J'ai hurlé de douleur. Il a pressé la sonnette et une Ukrainienne est arrivée. Claudia. Une rousse très enrobée avec un visage d'ange. Elle m'a entraînée vers le laboratoire et m'a donné des antidouleurs et une lotion apaisante. Elle avait les gestes sûrs, elle semblait habituée. J'ai voulu rejoindre ma chambre mais j'ai dû rebrousser chemin pour ne pas croiser une large délégation d'Africains venue rencontrer le Guide sous sa tente.

Le lendemain, tout le monde était supposé partir pour Tripoli. Je me suis plantée devant Mabrouka, quelque chose de dur, d'inflexible, de fêlé au fond de moi. « Je reste. Je suis malade. Il n'est pas question que je vienne avec vous.

— Tu es devenue une tête de mule. Arrogante et insupportable. Tu ne vaux plus rien ! Rentre chez ta mère ! »

Salma m'a jeté 1 000 dinars, comme à une pute après son sale boulot. « Fous l'camp ! Le chauffeur t'attend. »

J'ai foncé dans la voiture. Sur mon téléphone, il y avait trace d'une dizaine d'appels d'Hicham. Et un message : « Si tu ne réponds pas, c'est que tu es avec l'autre. Il triomphera toujours. Aucune envie d'une histoire aussi glauque. Je préfère rompre. » J'ai ouvert la fenêtre et jeté mon portable.

*

On m'a déposée à la maison où maman se morfondait. Elle aussi avait tenté de me joindre, elle paraissait à bout. « Il faut que je change de vie, maman, lui ai-je dit. Il faut que je redémarre autre chose. Bab al-Azizia, Hicham, c'est bel et bien fini.

— Hicham ? Tu as revu ce type ? Tu m'as encore menti ?

— Maman ! C'est ce "type" qui m'a donné la force de survivre. Je ne l'oublierai jamais. »

Maman m'a regardée d'un air dégoûté. Comme si j'étais soudain coupable et non plus victime. Comme si Hicham et Kadhafi appartenaient au même univers de perversion. C'était insoutenable.

L'ambiance, à la maison, est devenue électrique.
Ma seule présence exaspérait maman. Je n'étais plus sa
fille, j'étais une femme que des hommes avaient
touchée et qui avait perdu toute valeur. Ses regards,
ses soupirs, ses réflexions, tout me remettait en cause.
Mais elle se retenait de dire le fond de sa pensée. Et
puis un jour, elle a laissé éclater sa rancœur : « Je n'en
peux plus. On n'a plus de vie. Ton père et moi
n'avons pas mérité ça. Ni tes frères ! Toute la famille
est devenue un objet de plaisanterie pour le voisinage.

— De qui parles-tu ? Si des gens savent quelque
chose c'est que tu leur as parlé !

— Ils ne sont pas fous, Soraya ! Tout le monde a
remarqué le manège, ta disparition, le ballet des
voitures de Bab al-Azizia. Quelle honte ! On doit
raser les murs alors qu'on était une famille respectable.
Oh quelle pression ! Quel gâchis ! »

J'ai préféré repartir à Tripoli avec papa. La ville était
plus vaste, j'étoufferais un peu moins. Hicham a tenté
de reprendre contact. Il s'est pointé devant la maison,
a klaxonné puis m'a appelée en mettant ses mains en
porte-voix autour de sa bouche. J'ai eu peur des réactions des voisins et ai préféré l'appeler avec mon
nouveau téléphone. Mais à quoi bon le voir ?
Comment prendre le risque de l'exposer au courroux
de Kadhafi et de ses sbires ? Je savais qu'ils pouvaient
tuer pour moins que ça.

Quand maman est arrivée à Tripoli passer avec nous
le vendredi, le jour de prière, j'ai osé lui parler, à mots
couverts, d'un problème que j'avais à la poitrine.
A force d'avoir été pétris, écrasés, mordus, mes seins
étaient affaissés et très douloureux. J'avais vingt et un
ans et la poitrine d'une vieille dame. Elle a été affolée.
Bien sûr qu'il me fallait voir un médecin. Trouver un
spécialiste. Sans doute en Tunisie. Elle m'a donné
4 000 dinars et s'est organisée pour que je voyage vers
Tunis avec mon petit frère. Une jeune femme respectable ne voyage jamais seule…

En rentrant, m'attendait une autre épreuve : le
mariage d'Aziz avec une jeune fille de Syrte. J'aurais
dû être heureuse, les fêtes de mariage sont des occasions de réjouissances et de rencontres. Toutes les filles
de mon âge adorent ça. On s'habille, on se coiffe, on
se maquille. On repère un cousin, on est en ligne de
mire… Mais comment ne pas craindre, justement, les
regards, les questions, les rumeurs qu'avait dû provoquer mon absence à de précédentes réunions fami-
liales ? Je m'angoissais. Et puis j'étais jalouse, pourquoi
ne pas l'avouer ? La jeune mariée serait belle, vierge,
respectée. Moi j'avais l'impression d'être usée.

J'ai fait sobre, et tenté de passer inaperçue. Maman
était ulcérée que je ne veuille pas m'habiller en robe
longue. J'ai préféré une jolie chemisette de couleur

sur un jean noir élégant. Et j'ai servi tout le monde avec discrétion. Aux questions inévitables, j'avais des réponses toutes prêtes : j'étais allée à l'école à Tripoli puis à la fac dentaire. Oui, tout allait bien dans ma vie. Me marier ? Un jour, bien sûr… « J'ai un mari pour toi » ont alors chuchoté quelques tantes. Cela m'a fait sourire. J'avais sauvé la mise.

Et la vie a repris à Tripoli. Aziz est revenu y vivre avec sa femme. Ils ont pris la grande chambre, j'ai dû me faire plus petite. D'autant que mon frère s'est mis à jouer les chefs de famille, horrifié par mes cigarettes – que je ne fumais pourtant qu'aux toilettes – et prêt à me frapper. Je ne le reconnaissais pas. Il devait en penser de même. Un chauffeur de Bab al-Azizia est venu me chercher à différentes reprises. Il est reparti seul. On disait que je n'étais pas là. Je m'étonnais qu'ils n'insistent pas plus que ça.

Puis j'ai commis la faute qui a définitivement ruiné la confiance que me faisait maman. J'ai utilisé Bab al-Azizia comme une couverture pour m'esquiver quelques jours à la fin de l'année 2010 avec Hicham. Quelle ironie, n'est-ce pas ? J'ai prétexté un appel de Mabrouka et dit à ma mère : « J'en ai probablement pour trois ou quatre jours. » C'était odieux, mais je n'avais que ce moyen pour grappiller un peu de liberté.

A mon retour, la guerre à la maison était déclarée. Bab al-Azizia m'avait effectivement réclamée. Aux yeux de ma famille, cette fois, j'étais perdue.

11

LIBÉRATION

Le 15 février, la population de Benghazi est descendue dans la rue. Des femmes. Essentiellement des femmes. Mères, sœurs, épouses de prisonniers politiques assassinés en 1996 dans la prison d'Abou Salim et protestant contre la soudaine incarcération de leur avocat. La nouvelle a stupéfié tout le monde, même si je savais que beaucoup de gens, à Tripoli, se préparaient à manifester deux jours plus tard, le 17 février, décrété « jour de colère ». C'était fascinant cette poussée d'exaspération et de révolte que je commençais à sentir dans la population. Je n'imaginais pas sur quoi ça pouvait déboucher, Mouammar Kadhafi me semblait éternel et indéboulonnable. Mais je notais avec étonnement des manifestations de plus en plus nombreuses d'irrespect à son égard. Des moqueries, des sarcasmes. On continuait d'avoir peur, avec la conscience qu'il avait droit de vie et de mort sur chacun des Libyens. Mais cette peur était teintée de mépris et de haine. Et les Tripolitains l'exprimaient de plus en plus ouvertement.

Le 16, peut-être poussée par la révolution en germe, j'ai quitté la maison. C'était ma petite révolution personnelle. On me prenait pour une traînée ? Soit. J'allais apporter de l'eau à leur moulin. Je laissais ma famille pour aller rejoindre un garçon, une démarche non seulement inconcevable mais illégale en Libye où toute relation sexuelle hors mariage est strictement interdite. Mais qu'est-ce que j'en avais à faire de la loi après toutes les violations à mon égard effectuées par celui-là même qui devait l'incarner ? On oserait me condamner pour vouloir vivre avec l'homme que j'aimais alors que le maître de la Libye m'avait séquestrée et violée pendant des années ?

Hicham et moi nous sommes installés dans un petit bungalow qu'il avait construit lui-même à Enzara, dans la banlieue de Tripoli. Il travaillait pour un pêcheur en tant que plongeur chargé d'attraper des poulpes. Je l'attendais et lui préparais à manger. Je ne demandais pas mieux. J'aurais voulu assister à la grande manifestation du 17 février, mais ce n'était pas possible. J'étais trop éloignée et je suis restée scotchée devant mon poste de télévision où Al Jeezira diffusait en direct des images de révolte. Je vibrais ! Quel mouvement ! Quelle audace ! Les Libyens se rebellaient. La Libye se réveillait. Enfin ! J'ai effacé sur mon téléphone tous les numéros de portable de Bab al-Azizia. Ils avaient désormais d'autres urgences que de me rechercher.

Grâce à des relations au tribunal de Tripoli, Hicham s'est arrangé pour que nous signions, secrètement, un contrat de mariage. Il n'y eut ni fête ni communication à nos parents qui, de toute façon, n'auraient jamais donné leur accord. Mais cela m'a temporairement rassurée, même si j'ai découvert, plus tard, que le document n'avait aucune valeur juridique.

Et puis un jour, Al Jeezira a diffusé les images d'une jeune femme, Inas al-Obeidi, faisant irruption dans la salle à manger d'un hôtel de luxe de Tripoli où séjournait la presse occidentale en hurlant qu'elle avait été violée par des miliciens de Kadhafi. C'était une scène inouïe. On la voyait crier son histoire, tandis que des hommes de la sécurité ou du protocole se précipitaient pour la faire taire. Mais elle continuait, pleurait, se débattait. Des journalistes tentaient de s'interposer, mais elle était finalement enlevée de force, laissant le monde entier interloqué. Son courage m'a sidérée. On la ferait sûrement passer pour folle. Ou pour une prostituée. Mais elle levait le voile sur le cas de milliers de femmes, car je ne doutais pas un seul instant que les troupes de Kadhafi pouvaient violer à l'image de leur maître.

Des amis d'Hicham lui ont alors fait passer le message que Bab al-Azizia, aux aguets, tentait de « faire le ménage » et voulait éliminer les « filles », témoins devenus encombrants et irrécupérables. J'ai appris que des hommes armés à la solde de Kadhafi – les fameux kataebs – étaient venus me chercher à la

maison, qu'on avait proféré des menaces contre mes
parents. Maman, effrayée, était allée se réfugier au
Maroc. Interrogé durement, papa avait dit que je
l'avais suivie. « Faites-la rentrer ! » lui avait-on
ordonné. Des kataebs avaient aussi fait une descente
chez les parents d'Hicham : « Où est Soraya ? » La
famille avait répondu qu'elle ne me connaissait pas,
mais Hicham avait été convoqué au commissariat du
quartier. « Je dois t'emmener en Tunisie, m'a-t-il dit.
Il n'y a pas un jour à perdre. »

Il m'a confiée à un ami qui conduisait une ambu-
lance et j'ai ainsi passé la frontière pour rejoindre mes
cousins tunisiens. Je suivais jour après jour les nouvelles
de Libye. Les frappes de l'OTAN, les avancées des
rebelles, la sauvagerie d'une vraie guerre. Je vivais dans
l'angoisse. Je voulais revenir en Libye. Hicham refusait
fermement. Il avait peur que les rebelles me prennent
pour une complice de la clique Kadhafi, un membre du
premier cercle, avec ce que cela impliquait de soupçon
de corruption et d'indignité. Cette idée me paraissait
dingue ! Moi, complice ? Moi qu'on avait kidnappée et
asservie ? Moi qui n'avais d'autre espoir de rectifier ma
ligne de vie que de voir Kadhafi destitué et enfin jugé
pour ce qu'il m'avait fait ? Je lui criais au téléphone que
ses craintes étaient grotesques et même insultantes.
Que c'était un comble qu'on puisse m'assimiler au
camp de mon bourreau ! Puis j'ai entendu des rumeurs
selon lesquelles Najah et Farida avaient été tuées. Et j'ai
soudain eu peur.

Au mois d'août, alors que débutait le ramadan, j'ai appris qu'une voyante annonçait la mort de Kadhafi et la libération de Tripoli à la date du 20. Alors je suis rentrée. J'ai d'abord retrouvé Hicham dans son petit bungalow mais c'était intenable. Ni eau, ni gaz, ni électricité, ni essence. Les frappes de l'OTAN continuaient. C'était le chaos. Le 8 août, un groupe de kadhafistes est venu le solliciter pour participer, en même temps que son frère, à une opération nocturne, près de Zaouïa. Je crois qu'il s'agissait d'évacuer une famille en bateau mais j'avoue n'avoir pas compris les détails. Peut-être ne voulait-il pas m'inquiéter. Il paraissait contrarié, j'ai eu l'impression qu'il n'avait pas le choix. Il est parti un soir. Il n'est jamais revenu.

On m'a appelée pour me dire qu'une frappe de l'OTAN avait touché leur embarcation. J'ai couru chez la mère d'Hicham, secouée par la nouvelle. Elle pleurait et m'a prise dans ses bras. Dieu sait pourtant combien elle désapprouvait notre relation. Je l'ai pressée de questions mais elle n'en savait guère plus que moi. Les informations étaient contradictoires, parcellaires. Tout ce qu'on savait, c'est qu'Hicham était donné pour mort. Son frère avait nagé pendant neuf heures pour rejoindre la côte et était sain et sauf, tout juste blessé aux jambes. Mais il ne nous a guère éclairées. Hicham avait disparu, on devait le considérer comme mort, même si son corps n'était pas retrouvé, contrairement à d'autres. Il y a eu une cérémonie d'obsèques. J'étais détruite.

Et puis est arrivé le 23 août et la libération de Tripoli. La population était dans la rue, à la fois hébétée, euphorique, soulagée. Les femmes sortaient avec leurs enfants et arboraient les couleurs de notre nouveau drapeau. Les hommes s'enlaçaient, dansaient, tiraient des rafales de kalachnikov vers le ciel et hurlaient « Allah Akbar ». Partout des haut-parleurs relayaient les chants de la révolution. Les rebelles, exténués et heureux, étaient accueillis en véritables héros. Ils avaient ouvert les prisons et pris d'assaut Bab al-Azizia ! C'était inimaginable. J'ai crié des youyous, applaudi les convois, remercié Dieu pour ce qui resterait comme le plus grand jour de l'histoire de la Libye. Mais je pleurais de l'intérieur. J'étais lessivée et perdue. Hicham n'était pas là.

Les télévisions ont diffusé toute la nuit et les jours suivants des images fascinantes des troupes de rebelles entrant dans la citadelle, investissant les maisons et villas du clan Kadhafi, arborant des objets appartenant au Guide comme autant de trophées grotesques. On moquait son mauvais goût et le luxe minable des propriétés de ses fils. Ses bustes et photos étaient défigurés, piétinés, éventrés. La maison de Safia était présentée comme la « maison familiale », dans laquelle la chambre du Guide était supposée jouxter celle de sa femme. Je haussais les épaules. Personne n'avait décidément idée de ce qui se tramait derrière les nombreux portails sécurisés de Bab al-Azizia. Personne ne pourrait jamais imaginer que dans ses sous-sols vivaient une poignée de misérables.

J'étais temporairement hébergée par l'amie d'un copain d'Hicham mais papa s'inquiétait pour moi et le 28 août, j'ai accepté de partir avec lui en Tunisie. J'étais de retour à Tripoli fin septembre.

Mais que faire de ma vie ? Comment la reprendre en main ? Je n'avais que vingt-deux ans mais l'étrange impression d'en avoir déjà trop vu, d'avoir trop vécu ; d'avoir les yeux et le corps fatigués. Usés à tout jamais. Aucun ressort. Aucune envie. Aucun espoir. Cul-de-sac. Je n'avais pas d'argent, pas d'éducation, pas de métier. Vivre avec ma famille était devenu impossible, mes frères savaient la vérité. Où vivre alors ? Aucun hôtel libyen n'a le droit de loger une femme non accompagnée. Aucun propriétaire respectable n'accepte de louer une pièce à une femme non mariée. Hayat, ma gentille cousine tunisienne, avait accepté de m'accompagner un court moment à Tripoli. Mais plus tard ?

J'ai entendu dire que la Cour pénale internationale avait lancé un mandat d'arrêt international contre Kadhafi pour crimes contre l'humanité. Alors j'ai mis tous mes espoirs dans ma force de témoignage. Il fallait qu'on m'entende. Il fallait que je dise mon histoire et que je dresse moi-même un réquisitoire implacable contre mon bourreau. Car je voulais le voir derrière les barreaux. Je voulais l'affronter dans un ultime face-à-face, le regarder bien droit dans les yeux et lui demander froidement : Pourquoi ? Pourquoi tu m'as fait ça ? Pourquoi tu m'as violée ? Pourquoi tu m'as séquestrée, battue, droguée, insultée ? Pourquoi tu m'as appris à boire et à fumer ? Pourquoi tu m'as volé ma vie ? Pourquoi ?

Et voilà qu'il est mort, exécuté le 20 octobre par les rebelles, à peine sorti du tuyau d'égout dans lequel il s'était réfugié. Quelle ironie pour celui qui les traitait de rats ! J'ai vu à la télévision son visage plein de sang et son corps exposé dans une salle froide de Misrata, telle une pièce de viande avariée. Et je ne sais pas ce qui l'emportait du soulagement de le savoir définitivement vaincu, de l'effroi devant toute cette violence ou de la colère de le voir échapper ainsi à un jugement. La colère sans doute. Il crevait sans devoir rendre de comptes aux Libyens qu'il avait piétinés pendant quarante-deux ans. Sans comparaître devant la justice internationale, devant le monde entier. Et surtout devant moi.

Des rebelles à qui j'ai confié mon histoire m'ont emmenée dans ce qui fut longtemps l'Académie militaire des femmes et qu'occupe aujourd'hui une de leurs brigades. On m'a longuement auditionnée en me promettant de me rendre justice. « Il y a plein d'autres filles dans ton cas. » On m'a attribué un logement temporaire, réquisitionné dans le parc des anciens appartements de mercenaires de Kadhafi.

A tort je m'y suis sentie en sécurité. Un rebelle a abusé de moi. Une fille avec un tel passé…

J'ai porté plainte cette fois. Malgré l'opprobre et les menaces. J'ai tenu bon. La Libye d'aujourd'hui se veut un Etat de droit, j'essaie d'avoir confiance. Mais j'ai dû déménager. Et me cacher. Et tenter d'ignorer les insultes sur mon téléphone portable qui ont redoublé de violence.

Voilà. Je crois que j'ai tout dit. C'était un besoin et peut-être un devoir. Ce n'était pas facile, croyez-le bien. Je dois encore batailler avec une profusion de sentiments qui s'entrechoquent dans mon cerveau et ne me laissent pas en paix. La peur, la honte, la tristesse, l'amertume, le dégoût, la révolte. Quelle ébullition ! Certains jours, cela me confère une force qui me redonne un peu confiance en mon avenir. Le plus souvent, cela m'accable, me précipite dans un puits de tristesse d'où je ne pense plus pouvoir remonter. Une fille perdue, soupirent mes parents. Une fille à tuer, songent mes frères dont l'honneur est en jeu. Et cette pensée me glace. M'égorger ferait d'eux des hommes respectés. Le crime laverait la honte. Je suis souillée, alors je souille. Je suis foutue, alors qui pleurerait ma mort ?

Je voudrais faire ma vie dans la nouvelle Libye. Je me demande si c'est possible.

DEUXIÈME PARTIE

L'ENQUÊTE

1

SUR LES TRACES DE SORAYA

Soraya ne triche pas. Elle raconte ce qu'elle a vu, vécu, ressenti, sans la moindre hésitation à reconnaître ce qu'elle ne sait pas, ne comprend pas, ne connaît pas. Aucune envie d'exagérer l'histoire ou d'amplifier son rôle. Jamais elle n'extrapole. Fréquemment, à mes demandes de précision elle opposait un : « Désolée, ça, je n'en sais rien. Je n'y étais pas. » Elle ne souhaite pas être crédible, elle veut être crue. Et dans cette exigence, il y a quelque chose de vital. C'était d'ailleurs les termes de notre accord : mieux valait un silence qu'une approximation ou un mensonge. La plus petite tromperie ruinerait la crédibilité de tout le témoignage. Alors elle a tout dit, corrigeant même son père quand il lui prenait l'idée d'un petit arrangement avec les faits. Parfois, dans le récit des scènes avec Kadhafi, elle s'excusait d'utiliser des mots crus qu'elle jugeait dégradants. Mais comment faire autrement ? Elle s'amusait d'ailleurs des difficultés qu'elle entrevoyait pour la traduction : « Je me demande bien quel mot tu vas utiliser pour dire ça ! Je ne te facilite pas la tâche, hein ? »

Allons donc ! Quelle merveilleuse conteuse ! Elle s'est prêtée à l'interview avec une bonne volonté et un courage qui m'émeuvent. Nous nous retrouvions tous les jours, en ce début de l'année 2012, dans l'appartement de Tripoli où elle était provisoirement logée, plus rarement dans ma chambre d'hôtel, et elle plongeait avec passion dans son récit, s'immergeait dans les situations, mimait les scènes comme une succession de sketches en reconstituant les dialogues, agitait ses mains, haussait le ton et les sourcils, se levait parfois et jouait tous les personnages, passant de Kadhafi à Mabrouka ou… Tony Blair.

Comment oublier l'émotion à la voir revivre certains moments cruciaux dont l'horreur ne l'a plus quittée ? La tristesse à entendre parfois sourdre son désespoir ? L'inquiétude à imaginer son avenir ? Pourquoi cacher aussi nos fous rires quand, à l'issue d'une longue conversation, elle branchait la télévision sur une chaîne de clips égyptiens, nouait un foulard à paillettes métalliques sur ses hanches, et entreprenait, sexy, irrésistible, de m'apprendre la technique de la danse du ventre ? « Tiens-toi droite Annick ! Bras ouverts, poitrine en avant, sourire conquérant ! Allez ! Ondule ! Balance ! »

Les relations avec sa famille n'ont cessé de se dégrader, l'isolant davantage. Elle ne souhaitera donc pas que je revoie ses parents avant de quitter Tripoli. J'avais heureusement déjà rencontré son père, en janvier 2012. Un homme de petite taille, épaules voûtées, crâne dégarni, l'air accablé. Il venait lui rendre visite un soir, presque subrepticement, sans en avoir averti sa femme, et il la regardait avec une infinie tendresse. « C'est elle qui, depuis qu'elle était toute petite, mettait de l'ambiance à la maison, m'a-t-il dit. C'était une comique-née ! Du jour où elle a disparu, la maison a sombré dans une tristesse dont elle n'est jamais sortie. » Il s'en voulait de n'avoir pas été à Syrte le jour de la visite du Colonel à l'école de sa fille. « Si vous saviez comme j'ai imaginé la scène du bouquet de fleurs et me la suis repassée dans ma tête des centaines de fois ! Je suis sûr que des complices étaient déjà passés au salon de coiffure pour repérer Soraya. Et je soupçonne le directeur de l'école d'avoir été de mèche avec la clique de Kadhafi pour aligner une brochette de filles qui lui plairaient à coup sûr. Il suffisait ensuite d'inventer n'importe quel prétexte pour les lui présenter. Je le sais maintenant avec certitude : dans chaque région de Libye, Kadhafi disposait d'une bande de criminels pour faire ce sale boulot. »

Il serrait encore les points de rage et secouait la tête, perdu dans ses pensées, ses regrets, ses remords. « Si j'avais été là, je n'aurais jamais laissé Soraya partir avec ces trois femmes sous un prétexte stupide ! Ça n'avait

aucun sens ! Quand mon épouse m'a prévenu, sans
oser trop m'en dire par téléphone – toute la Libye se
savait sur écoute –, j'ai foncé de Tripoli à Syrte et je l'ai
engueulée autant qu'il est permis. L'ambiance était
atroce. Nous avons veillé une nuit, deux nuits, trois
nuits et je suis devenu fou. J'aurais voulu que la terre
m'avale. Les camarades de Soraya, ses professeurs, nos
voisins, les clientes du salon de coiffure, tout le monde
demandait : mais où est-elle ? Alors je suis reparti à
Tripoli et sa mère a pu répliquer : elle est avec son
papa. »

Porter plainte ? Auprès de qui ? Pourquoi ? Soraya
était partie dans une voiture du protocole, encadrée
par des gardes du corps attachées au Guide. Toute
protestation était impensable. « Qui songerait, en
enfer, à porter plainte contre le diable ? » Et quand les
parents ont reçu confirmation que leur pire frayeur
était réalité et que Kadhafi avait bel et bien fait de
Soraya sa proie, ils se sont effondrés. « L'alternative
était claire : la honte ou bien la mort. Car dénoncer,
protester ou se plaindre valait condamnation à mort.
Alors je me suis terré à Tripoli et j'ai définitivement
oublié le goût du bonheur. »

Il aurait tant voulu qu'on rende justice à sa fille.
Qu'elle revienne la tête haute, « honneur lavé »,
devant la famille élargie. C'était impossible, il le savait.
« Tout notre entourage se doute de l'histoire de
Soraya et me considère logiquement comme un

"sous-homme". Il n'existe pas, chez nous, d'insulte plus terrible. Elle touche aussi mes fils. Détruits, complexés, incapables d'imaginer une autre issue pour paraître de vrais hommes que le meurtre de leur sœur. C'est terrible ! Elle n'a plus aucune chance en Libye. Notre société traditionnelle est trop stupide et trop impitoyable. Vous savez quoi ? Aussi douloureux cela soit-il pour moi son père, je rêverais qu'une famille étrangère l'adopte. »

*

Il me fallait aller à Syrte, la ville de Kadhafi. Je voulais voir l'immeuble dans lequel avait grandi Soraya, le salon de coiffure tenu avec énergie par sa mère, l'école où avait eu lieu la scène du bouquet de fleurs. Soraya n'était pas enthousiaste et ne m'accompagnerait pas, mais elle comprenait. Elle-même se demandait ce qu'il advenait du fief kadhafiste situé à 360 kilomètres de Tripoli, autrefois petit village de pêcheurs que le maître de la Libye avait rêvé de transformer en capitale des Etats-Unis d'Afrique, devenu lieu de combats acharnés et sanglants à l'automne 2011, lourdement bombardé par l'OTAN. On en parlait désormais comme d'une ville fantôme, rongée par le ressentiment et malade de ses rêves de grandeur aujourd'hui saccagés. En décidant d'y chercher refuge à l'heure ultime, attirant sur elle un déluge de fer, de poudre et de feu, Kadhafi ne lui avait décidément pas rendu service.

La route était longue, droite, rapidement mono-
tone. Elle traversait d'immenses étendues désertiques
d'où se détachaient, sous un ciel métallique, des troupeaux de moutons ou quelques dromadaires grisâtres
et erratiques. Des grains tombaient parfois qui lavaient
le pare-brise. Puis le vent s'est levé, soulevant des
tourbillons de sable et rendant la conduite périlleuse.
Des silhouettes de Bédouins posés au bord de la route,
une main retenant l'écharpe protégeant leur visage,
surgissaient au dernier moment, et l'on craignait à
chaque instant l'irruption d'animaux. Aux checkpoints, des rebelles en capuche et lunettes de soleil
pour éviter le sable, faisaient signe de passer avec un
simple mouvement de leur kalachnikov, peu sourcil-
leux sur les identités. Sale temps pour visiter. Le vent
du désert, dit-on, rend fou. Mais le soleil peu à peu a
percé. Et Syrte est apparue. Ou plutôt son squelette.

Des alignements de maisons vides, dévastées et
pillées. Des carcasses d'immeubles, aux murs noircis,
troués par des tirs de roquettes et de mortier.
Quelques maisons et édifices en ruine, disons plutôt
en miettes. Les combats, ici, furent désespérés et
sauvages. Plus loin, la situation paraissait moins grave.
Rares étaient les immeubles indemnes mais l'on voyait
ici et là, le long de vastes avenues plantées de palmiers,
quelques boutiques ouvertes. « La vie a vite repris, me
dit un commerçant. Certains ont fui, bien sûr, qu'on
ne reverra pas. Mais 70 % des soixante-dix mille habitants sont revenus. Et s'adaptent. Et réparent. Quitte à

s'entasser à dix dans la seule pièce à peu près intacte de leur maison. Que faire d'autre ? »

La section de la rue de Dubaï où se trouvait l'appartement familial de Soraya était plutôt bien préservée. Les immeubles blancs alignés, identiques, sur trois ou quatre étages, montraient peu de stigmates. Des porches avaient été repeints en vert (couleur kadhafiste désormais bannie dans tout le pays, mais peut-être fallait-il écouler de vieux stocks de peinture) et des magasins de vêtements, d'articles de droguerie et de beauté étaient ouverts sous les arcades. Dans une rue adjacente, se tenait le salon de coiffure. Percé d'éclats de balles, le store métallique était tiré et pouvait induire en erreur. Mais un voisin m'indiqua que c'était pour protéger les clientes du regard des passants, la vitrine, brisée, n'ayant pu être remplacée. A l'intérieur, une employée faisait des mèches dorées à une jeune cliente à l'air sophistiqué ; une autre vint vers moi, souriante, prévenant que le carnet de rendez-vous était plein pour le reste de la journée. Trois femmes en jean moulant, un voile sur les cheveux, attendaient, et me dévisageaient. Non, la « patronne » n'était pas là en ce moment. Je jetai un coup d'œil alentour, essayant d'accrocher un détail qui rappellerait Soraya. Mais il n'y avait sur les murs noir et rose ni photo ni décoration particulière. Juste des miroirs ovales dans lesquels j'aurais aimé retrouver son reflet.

*

Impatiente, j'ai foncé à l'école. « L'école de la Révolution arabe ». Un immense bâtiment sable et blanc, apparemment intact ou très bien restauré. Il était un peu plus de 13 heures et des dizaines d'enfants, filles et garçons, se bousculaient dans les couloirs. De grands escaliers fraîchement repeints résonnaient de leurs cris. Dehors, d'autres élèves s'éparpillaient dans une cour intérieure pavée de dalles roses et prolongée par un gymnase et un terrain de sport. Les filles portaient bien l'uniforme décrit par Soraya : pantalon et tunique noirs, écharpe blanche couvrant les cheveux ; mais leur jeune âge me surprenait. Soraya m'avait décrit une école n'accueillant que les trois années de lycée, soit des élèves entre quinze et dix-sept ans. Etais-je au bon endroit ?

Un homme au visage émacié barré d'une moustache épaisse me rassura. Deux écoles de Syrte qui abritaient des stocks d'armes avaient été frappées par l'OTAN et entièrement détruites. Il fallait donc organiser des rotations d'élèves pour profiter au maximum des bâtiments préservés. Le matin, une école ; l'après-midi, une autre. On appela sur son téléphone portable le directeur du lycée de filles qui occupait l'endroit le matin et avait donc déjà quitté les lieux. Il fut là en quelques minutes. Grand, athlétique, le visage encadré par une barbe drue. Glacial, inquiet. On s'est installés dans une classe vide et il m'a expliqué l'avalanche de difficultés auxquelles il avait fallu faire face pour que la rentrée de ses 913 élèves puisse avoir lieu le 15 janvier, soit deux semaines seulement après le reste de la Libye. Une performance étant donné que les combats avaient duré bien plus longtemps qu'ailleurs. Les parents s'étaient formidablement mobilisés. Tout le monde avait été sur le pont pour déblayer les gravats, reconstruire portes, fenêtres, sanitaires et repeindre l'ensemble du bâtiment. Les équipements – microscopes, télévisions, ordinateurs – avaient été volés ; bureaux, bibliothèques et laboratoires entièrement pillés. Faute d'aides de l'Etat, les familles s'étaient cotisées. Syrte était meurtrie, exsangue, mais il n'y avait aucune raison pour que la scolarité des enfants en pâtisse. C'était déjà tellement dur. « Personne n'a idée combien nos élèves sont traumatisées ! Certaines familles ont perdu jusqu'à cinq membres lors des derniers combats. Il arrive que des jeunes filles deviennent soudain hystériques en cours ou perdent connaissance. Un mot, une image, peuvent déclencher des pleurs en cascade. Notre assistante sociale ne suffit plus. Ce sont des psychiatres qu'il nous faut. »

L'école manquait de professeurs. Certaines enseignantes avaient perdu leur mari dans la bataille de Syrte et n'avaient pu ou voulu reprendre les cours. Une partie du personnel avait disparu. Mort ? « Parti », dit-il sobrement. Comme l'ancien directeur. « Il a quitté la Libye. On n'a aucune nouvelle de lui. » Vraisemblablement trop kadhafiste pour espérer survivre, sans ennuis, à son héros. Lui, Mohammed Ali Moufta, avait donc été nommé pour assurer sa succession. Cela faisait dix-neuf ans qu'il enseignait à l'école et il se sentait de taille pour assumer ses nouvelles responsabilités. D'autant que, contrairement à la rumeur, assurait-il, il n'y aurait pas de « chambardement » dans les programmes scolaires. J'ai sursauté. Le nouveau ministre de l'Education ne venait-il pas d'affirmer au contraire l'urgence d'un bouleversement de la pédagogie, la nécessaire refonte de tous les programmes et la création d'une équipe d'experts chargée de réécrire entièrement les manuels scolaires ? Des rebelles avaient évoqué devant moi quelques aberrations de l'enseignement conçu par Kadhafi. Les cours de géographie, par exemple, présentaient le monde arabe comme une entité indivisible et les cartes n'indiquaient que des noms de villes sans jamais dessiner les frontières des différents pays. L'étude du *Livre Vert* prenait plusieurs heures par semaine et s'étalait sur des années. L'enseignement des langues occidentales comme l'anglais et le français avait été banni, au début des années 80, au profit des langues subsahariennes, comme le swahili et le haoussa. Quant à l'histoire de la Libye, elle commençait tout simplement avec le Guide, le royaume des Sanoussi, d'avant 1969, n'étant même pas mentionné… « Notre école est à dominante scientifique, répliqua sèchement le directeur. Nous ne sommes donc pas très concernés par les changements, d'autant que nous expérimentions déjà une méthode d'enseignement empruntée à Singapour. Quant aux cours d'éducation politique, il a suffi de les supprimer. »

C'est alors que j'ai posé ma question. Celle qui
m'obsédait depuis mon arrivée dans les murs de ce
lycée. Avril 2004. Visite du colonel Kadhafi. Présentation de bouquets et cadeaux par quelques jolies élèves.
Et enlèvement de l'une d'elles, repérée par le Guide,
pour devenir son esclave sexuelle. Avait-il entendu
parler de cette histoire ? Des braises sont apparues dans
ses yeux de charbon. A peine avais-je fini ma phrase
qu'il a crié : « C'est faux ! Grotesque ! Idiot ! »
Pardon ? « Votre récit n'a aucun sens ! Jamais le
colonel Kadhafi ne visitait d'écoles ! » Il était révulsé,
hors de lui. J'ai poursuivi d'une voix calme. « J'ai
rencontré la jeune fille. Son témoignage est sérieux.
Elle me donne tous les détails. — Faux, vous dis-je !
Archifaux ! » Il devenait effrayant à tant élever la voix.
J'ai continué : toute la Libye avait l'habitude de voir le
Guide visiter écoles et universités, même en pleine
révolution ; les journaux publiaient des photos, la
télévision le filmait… « Pas à Syrte ! C'était SA ville !
On nous en a suffisamment fait le reproche. Il n'est
jamais venu dans une école de Syrte ! Je vous le
garantis ! » J'aurais tant voulu que Soraya soit alors
avec moi, qu'elle le confonde et l'anéantisse par la
précision de son témoignage. Trois jours plus tard,
quand je lui rapporterai la scène, en lui montrant des
photos de l'école qu'elle me commentera avec force
souvenirs, elle sera accablée avant que sa colère
explose. J'insistai donc une dernière fois. Le Guide
avait dans cette école des enfants de cousins, des
membres de sa tribu. Connaissant son intérêt pour

l'enseignement dont il dictait les codes, il n'était pas absurde qu'il leur rende une visite amicale… Mohammed Ali Moufta ne s'est pas radouci. « Jamais ! Ce sont des ragots ! Peut-être est-il arrivé qu'il s'adresse aux élèves par un film vidéo que nous projetions sur grand écran. C'est tout ! » Inutile d'insister. Je n'obtiendrais rien de plus. Et il me semblait soudain dangereux de donner le nom de Soraya – qu'il n'a curieusement pas demandé, ce qui aurait pu exposer sa famille à quelques représailles. Syrte n'avait visiblement pas tourné la page.

J'allais quitter les lieux quand j'ai soudain aperçu, dans une petite pièce donnant sur le vaste palier du premier étage, une grappe de très jeunes femmes professeurs. Elles allaient et venaient, sans doute entre deux cours, pour y boire un thé, déposer un sac, rire entre collègues. Je m'y suis faufilée. Elles m'ont vite entourée, offert une chaise et un jus de fruits et en quelques secondes, sitôt qu'elles ont fermé la porte, le réduit rempli d'insignes de la révolution est devenu volière. Elles parlaient toutes en même temps, rivalisaient d'histoires, de souvenirs, d'indignations. L'une commençait un récit, interrompue par une autre qui renchérissait, avant qu'une troisième n'intervienne à son tour en s'écriant : « Attendez ! J'ai encore bien pire ! » J'avais un mal fou à noter. C'était comme si une vanne libérait un torrent. On ne les arrêtait plus.

Des enlèvements de filles ? « Tout Syrte était au courant ! » Syrte, la kadhafiste ? Une coquette aux yeux cernés de kôhl sous une ligne de sourcils impeccables a tenté de m'expliquer. « Il avait une emprise sur les gens de sa ville, sa tribu, sa famille ; l'école nous élevait dans son culte ; mais tout le monde savait que, moralement, c'était un salopard. Menteur celui qui affirme l'avoir ignoré ! » Ses cinq collègues approuvèrent bruyamment, « écœurées » par les propos que m'avait tenus le directeur. « Son prédécesseur a pris la fuite après avoir fait partie du dernier carré de kadhafistes. Hélas, les nouveaux dirigeants sont souvent dans la même ligne. Comme l'était d'ailleurs le nôtre [celui de l'école abritée dans le même bâtiment l'après-midi], avant que nous exigions du ministère son départ, en disant qu'il continuait de critiquer l'intervention occidentale en Libye et empoisonnait les jeunes cerveaux. » L'une des femmes affirmait avoir été élève dans le lycée de Soraya et avoir vu elle-même Kadhafi « parader » dans le gymnase. Par la fenêtre, elle m'indiquait le bâtiment de l'autre côté de la cour. Elle ne se souvenait pas de Soraya, mais elle était formelle : le Guide était bien venu dans les lieux. Sa voisine au visage rieur engoncé dans un voile rouge l'avait également entendu, deux ans plus tôt, prononcer un discours-fleuve à l'université de Syrte. « Quand il débarquait, le quartier était bloqué, les cours interrompus, le temps suspendu. »

Toutes les occasions lui étaient bonnes, assuraient-
elles, pour rencontrer des jeunes filles. Il s'invitait au
dernier moment dans les fêtes de mariage. « La plupart
des hôtes étaient flattés, dit une fille. Mais mes oncles,
qui sont pourtant de sa famille, m'interdisaient aussitôt
de me montrer. » Il conviait les élèves à se rendre assidûment à la katiba Al-Saadi où il avait sa résidence
pour un festival de chansons. « J'y suis allée deux jours
de suite avec l'école, puis mes parents m'ont interdit
d'y retourner. "C'est le lieu de tous les dangers, m'a
expliqué mon frère. Si ça ne vient pas de lui, cela
viendra de sa clique, les gradés, les gardes, n'importe
quel militaire. Ses mœurs sont contagieuses !" » Il se
faisait porter pâle pour que des étudiantes viennent le
réconforter. « J'avais seize ans et j'étais au Lycée de la
Pensée avant-gardiste, quand un professeur nous a
annoncé que papa Mouammar était malade. Un bus a
été affrété pour nous amener à la caserne où il nous a
reçues sous la tente. Il portait une djellaba blanche, un
petit calot de coton beige, et il nous a enlacées l'une
après l'autre. On était très intimidées, mais il n'avait
pas l'air malade du tout ! » Une autre se souvenait
d'avoir été emmenée par son école à la même katiba
pour saluer le colonel Chadli Bendjedid, président de
l'Algérie. « Il fallait constamment à Kadhafi un environnement de jeunes filles. Nous lui servions de
propagande en nourrissant son obsession. »

Un jour, a enfin raconté l'une de ces professeurs, un
clan originaire de Misrata a organisé une grande fête

d'allégeance officielle au Guide. Il adorait ce genre de manifestation, perpétuellement inquiet du soutien des différentes tribus. C'est là qu'il a remarqué une jeune fille, amie de la narratrice. Le lendemain, des gardes sont allées la chercher à l'école. Le directeur a refusé : ce n'était pas le moment, elle passait un examen. Mais le soir même, elle était enlevée pendant une fête de mariage. Elle a disparu trois jours, pendant lesquels elle a été violée par Kadhafi. A peine rentrée, elle a été mariée à l'un de ses gardes du corps. « C'est son père, professeur, qui me l'a lui-même raconté en me suppliant de faire attention. »

L'heure de leurs cours avait déjà sonné, elles se sont envolées brusquement, demandant que je ne publie pas leurs noms. Rien n'est simple, à Syrte. Tant d'habitants y ruminent la déchéance de leur ville, amers, haineux et pessimistes, convaincus que le nouveau pouvoir leur fera payer longtemps ce lien viscéral avec celui qui fut le Guide.

*

Marcher sur les traces de Soraya n'était guère aisé, tant je craignais d'attirer l'attention sur elle ou sa famille, réveiller le courroux de ses frères, compromettre son avenir en Libye. Plus que jamais son histoire personnelle devait rester secrète. Seule Hayat, sa cousine tunisienne et aujourd'hui unique et fidèle confidente, se révéla accueillante, témoin bienveillant des tentatives de Soraya pour fuir, revivre, et se sortir de ses démêlés familiaux. Il n'était, hélas, pas question que des filles ayant vécu avec elle à Bab al-Azizia me rencontrent. La première Amal est mariée et supplie qu'on l'oublie. La seconde, Amal G., entre sexe et alcool, vit dans la nostalgie de son grand homme et déteste l'idée que Soraya le dénonce. Un chauffeur de Bab al-Azizia et deux femmes ayant travaillé au service du protocole se sont simplement rappelé, dans la conversation, avoir croisé Soraya, silhouette fugitive. C'est tout. Si peu de gens avaient accès à son sous-sol sordide.

A Paris, enfin, Adel, son ami tunisien, m'a donné quelques clés pour mieux comprendre l'échec de l'escapade française. Je l'ai rencontré dans un café de la porte d'Orléans. Trapu, le cheveu coiffé en arrière sur un visage très doux, il m'a parlé de Soraya avec nostalgie et tendresse. « Elle est arrivée cassée, déstructurée, sans la moindre expérience du travail, des horaires, de la discipline, de la vie en société. Comme une petite fille qui aurait totalement désappris le monde. Et comme un oisillon qui tâchait de prendre son envol mais s'écrasait constamment contre la vitre de la fenêtre. » Il s'en est occupé comme il a pu, Adel. L'accueillant chez lui quand il est devenu évident qu'elle ne pouvait plus rester chez Warda ; s'efforçant de lui trouver un travail – y compris un petit stage chez une coiffeuse, hélas vite écourté, car Soraya ne parlait pas français ; entamant des démarches auprès d'une avocate pour qu'elle obtienne des papiers ; subvenant à ses besoins pendant plusieurs mois. « C'était terrible de la voir se débattre et toujours échouer. Trompée par de fausses promesses, abusée par des hommes qui ne songeaient qu'à profiter d'elle. » Son erreur fut bien sûr de ne pas se forcer à apprendre immédiatement le français. La faute à ses premières rencontres, Warda et quelques autres croisés à La Marquise, ce restaurant de spécialités libanaises où je suis allée un soir et qui, passé minuit, se transforme jusqu'au petit jour en boîte de nuit orientale. C'était tellement plus facile de vivre en langue arabe. Mais cela interdisait toute intégration dans la société française, toute possibilité de relations, de formation ou d'emploi. Soraya, il est vrai, ne s'est pas accrochée, incapable de se coucher avant 4 heures du matin et de se lever avant 11 heures, rétive à toute discipline et aux ordres donnés par quiconque. Comme si, après Kadhafi, plus personne ne pouvait se prévaloir d'un droit ou d'une autorité sur elle.

Ayant perdu son père prématurément à Gabès, Adel, aîné de trois garçons, avait appris très tôt à jouer les pater familias. Il avait arrêté ses études pour aider sa famille, immigré à Paris, créé une petite entreprise de construction et de rénovation d'appartements pour laquelle il travaillait très dur. Il avait accueilli Soraya comme « le nouveau bébé de la famille ». Elle était vulnérable, il devait en prendre soin. Un peu amoureux, bien sûr. Qui ne l'était de Soraya quand elle dansait à La Marquise, faisant tournoyer sa masse de

cheveux d'ébène et riant aux éclats ? Elle agaçait les
autres filles, trop libre, trop éclatante, mais battait des
records de popularité parmi tout le personnel. Dans la
journée, elle fumait, téléphonait, regardait la télévision. Elle pleurait parfois, en proie à des souvenirs, des
questions, des angoisses. Elle pouvait tout dire,
semble-t-il, à Adel. Y compris parler de Kadhafi avec,
m'a-t-il dit, « un étrange mélange de haine, de fureur
et de respect ». Soraya protesterait à l'évocation du
dernier mot. Mais comment s'étonner qu'une sorte de
déférence se mêle à son rejet et à son ressentiment
pour celui qui avait eu sur elle, à un âge aussi détermi-
nant, droit de vie et de mort ?

« Je sais qu'elle aurait voulu que je lui consacre plus
de temps, regrettait Adel ; que je sorte avec elle dans la
journée et me plie à son rythme nocturne, dénué de
contraintes. Mais je ne pouvais pas ! J'étais épuisé ! Ce
n'est pas facile de s'en sortir en France quand on est
immigré. Cela demande de la volonté et un travail
fou. Elle ne comprenait pas. Elle n'était pas prête. » La
cohabitation devait avoir une fin.

Adel ne l'a pas laissée tomber lorsqu'elle a décroché
un travail dans un premier bar, puis un autre. Il lui
rendait visite dans sa mansarde et faisait auparavant les
courses. « Je voyais bien qu'elle ne s'en sortait pas. »
Quand elle lui a téléphoné pour lui dire qu'elle partait
à l'aéroport prendre un vol pour la Libye, il ne l'a pas
crue. « Tu ne vas pas faire ça ? Ce n'est pas possible ! »

Elle l'a rappelé quelques heures plus tard de Tripoli.

« Soraya ! Tu as fait une très grosse erreur.

— Je n'avais pas le choix !

— Alors assume. »

2

LIBYA, KHADIJA, LEILA…
TANT D'AUTRES

Je voulais pouvoir raconter d'autres histoires que celle de Soraya. Evoquer d'autres tragédies vécues par des jeunes femmes qui avaient eu le malheur de croiser un jour la route du « Guide » et dont la vie avait basculé en un instant. Prouver qu'il s'agissait bel et bien d'un système, impliquant de nombreuses complicités et perdurant dans le temps. Mais les femmes concernées ne se retrouvent pas facilement.

Beaucoup ont fui la Libye, angoissées à la libération de Tripoli par l'idée d'être prises pour des complices de Kadhafi. N'habitaient-elles pas Bab al-Azizia ? Ne portaient elles pas souvent l'uniforme ? Ne disposaient-elles pas d'immenses avantages réservés à la clique du dictateur ? Cette identité de « fille de Kadhafi » n'était-elle pas troublante ? Les apparences étaient à l'évidence contre elles et la plupart n'ont pas voulu prendre le risque d'expliquer aux rebelles ce qui n'avait jamais été un choix de vie. Quelle pitié pouvaient donc espérer celles que les Libyens appelaient les « putes » de Kadhafi

et pour qui ils n'imaginaient d'autre sort que la prison ?
Ayant depuis longtemps rompu avec leur famille, beaucoup tentent aujourd'hui de survivre en Tunisie, en
Egypte, à Beyrouth, pratiquant souvent la seule activité
jamais apprise auprès du Guide et pouvant leur
rapporter de l'argent.

D'autres, avant la révolution, s'étaient déjà fondues
dans le paysage libyen, souvent mariées autoritairement par Kadhafi à l'un de ses gardes masculins après
qu'il s'en fut lassé ; parfois – plus rarement – mariées à
un cousin auquel elles n'ont rien dit après avoir subi à
l'étranger une hyménoplastie, cette opération consis-
tant à reconstruire l'hymen ; parfois encore céliba-
taires. Un statut très difficile à vivre en Libye, objet de
toutes les suspicions. Les relations sexuelles hors
mariage étant interdites par la loi, ces femmes courent
le risque d'être emprisonnées si on leur connaît – ou
soupçonne – des amants, puis enfermées dans une
maison de correction placée sous l'autorité de l'Etat,
dont elles ne peuvent sortir qu'à condition que leur
famille les prenne sous leur toit ou qu'un mari se
présente. Qui oserait donc, dans une société aussi
conservatrice, courir le risque d'avouer publiquement
une relation sexuelle avec Kadhafi, fût-ce sous la
contrainte ? Ce serait un suicide social.

Sans compter le risque de représailles. De la part des
hommes de leur famille, frappés de déshonneur. De la
part de rebelles et de parents de « martyrs » de la

révolution assoiffés de revanche. De la part de kadhafistes qu'elles auraient pu côtoyer à Bab al-Azizia et qui redoutent, à juste titre, leur témoignage.

Une femme s'est exprimée, une seule, en avril 2011, en plein milieu des combats. Solennellement. Et de son propre chef. Ancienne garde du corps de Kadhafi, âgée de cinquante-deux ans, elle est apparue à la télévision de Benghazi, portant de grandes lunettes et ceinte du drapeau de la révolution, pour dire le malheur des femmes qui, comme elle dans les années 70, avaient commis l'erreur d'adhérer aux forces révolutionnaires en croyant en la sincérité du Guide et avaient été bafouées et violées par lui pendant de longues années. Elle criait, plus qu'elle ne parlait, à l'adresse de la caméra et occupait tout l'écran, implorant les pro-Kadhafi d'ouvrir enfin leurs yeux et appelant les Libyens, les Arabes, le monde entier, à venger les femmes violées. En plein milieu des combats, cette apparition à la télévision avait stupéfié le public. Quelqu'un, pour la première fois, laissait entrevoir la réalité de la vie des « amazones ». Quelqu'un prononçait le mot « viol » et pointait du doigt le dictateur lui-même. Bas les masques ! ordonnait-elle au régime. Finie, l'hypocrisie ! Réveillez-vous, peuple de Libye ! Puis elle avait disparu.

Je n'ai pu la joindre qu'en avril 2012. Elle était toujours aussi combative et me livra quelques lambeaux de sa vie gâchée. Les menaces de mort qui avaient suivi son intervention à la télévision l'avaient contrainte à s'enfuir en Egypte où elle avait communiqué aux insurgés libyens et à l'OTAN toutes les informations dont elle disposait. On avait attenté à sa vie mais rien, semblait-il, ne pouvait alors l'arrêter. Elle avait demandé à aller au front et avait pris les armes à Syrte, engagée jusqu'aux tout derniers combats. « C'est là que je me sentais le mieux protégée. » Cela ne faisait pas d'elle une héroïne. Loin de là. Le scandale de ses aveux télévisés avait provoqué dans sa famille un séisme ; ses frères, atteints par la honte et le déshonneur, avaient dû vendre leur maison. Elle-même était l'objet de menaces. Un message venait juste de lui parvenir : « Ton nom est sur la liste noire. On va t'assassiner bientôt. Allah, Mouammar, la Libye. »

Une poignée d'autres femmes – terrifiées – ont aussi accepté de me confier leur vérité. Certaines que j'ai moi-même rencontrées, fût-ce brièvement. D'autres qui, s'avouant incapables d'affronter le regard d'une étrangère pour lui révéler une histoire jamais racontée à leurs intimes, l'ont narrée à une femme libyenne qui soutenait mon projet en l'autorisant expressément à m'en faire part, convaincues de l'importance d'un livre sur le sujet. Mais à condition que leur nom ne soit jamais prononcé. Et sous réserve que je ne fournisse aucun détail permettant de les identifier : « Je me tuerais immédiatement, a dit une femme, si je savais que mon mari ou mes enfants pouvaient un jour découvrir mon passé. » Je sais qu'elle le ferait.

Voici donc leurs histoires. Telles qu'elles m'ont été racontées. Sans liens entre elles ni transitions. Comme un matériau brut qu'aucun tribunal, hélas, ne recevra.

Libya

La femme apparue à la télévision me suggère aujourd'hui de l'appeler Libya. Ce n'est bien sûr pas son vrai nom. Mais le livrer serait suicidaire et elle souhaite exprimer ainsi l'espoir qu'elle met dans un pays débarrassé du joug de Kadhafi. Elle a passé une trentaine d'années auprès du dictateur. « Une vie ! dit-elle sobrement. Ma vie. Gâchée. » Elle est encore au lycée, à Benghazi, quand de jeunes militantes, légèrement plus âgées qu'elle, la sollicitent pour intégrer un comité révolutionnaire. On est à la fin des années 70, le troisième chapitre du *Livre Vert* du frère colonel paru il y a peu insiste sur le rôle et les droits de la femme dans la société libyenne et la propagande se déverse partout pour appeler les filles à se « libérer de leurs chaînes ». Toutes doivent servir la révolution et devenir les meilleures alliées de son leader. La cooptation par un comité révolutionnaire est présentée comme un privilège, une porte d'entrée dans l'élite du pays et Libya est donc flattée, même si ses parents éprouvent une certaine inquiétude. De toute façon, ils n'ont guère le choix : « Un refus les aurait conduits en prison. » Les réunions sont nombreuses, les discours exaltés, Kadhafi y fait parfois une apparition et dope l'enthousiasme des filles prêtes à tout pour servir celui qui s'adresse à elles avec des allures de prophète. Le dixième anniversaire de sa révolution se profile, il veut en faire un événement grandiose auquel assisteront, à Benghazi, de nombreux chefs d'Etat. Les femmes en armes prouveront qu'elles sont les fers de lance de la plus belle révolution.

Libya délaisse l'école, s'engage à fond dans le Comité, s'entraîne à marcher au pas et apprend à lancer des roquettes. Kadhafi a raison, pense-t-elle, de miser sur les femmes et de leur apprendre à briser les tabous, quitte à les fâcher avec leurs parents. Au diable les carcans de la tradition ! La liberté s'arrache ! Et elle est ravie de ne plus dormir dans sa famille mais avec ses camarades du centre d'entraînement. Au soir du 1er septembre 1979 et du grand défilé retransmis sur toutes les télévisions, voilà qu'on les prévient que le Colonel tient à les saluer. Enchantées, une dizaine d'entre elles se rendent donc à sa résidence où il se montre enjôleur et charmant, avant de se retirer dans son appartement. Les militantes encadrant le petit groupe demandent alors à l'une d'elles, âgée de quinze ans, de l'y rejoindre. Elles l'habillent d'un costume traditionnel en lui faisant mille recommandations pour qu'elle le flatte en glorifiant sa révolution. La fille entre dans l'appartement, pleine d'allégresse. Elle en ressort prostrée, du sang entre les cuisses. Le groupe des jeunes militantes est en état de choc.

La vie reprend son cours. Libya est revenue dans sa famille, mais se montre moins assidue à l'école et suit, de plus en plus angoissée, les réunions du comité, cornaquée par des militantes très actives à l'université, toutes passées dans le lit du Guide. Au fil des mois, plusieurs de ses jeunes camarades se voient appelées, l'une après l'autre, à rejoindre Kadhafi à Tripoli, Syrte ou Misrata. Un chauffeur vient directement les chercher. Parfois un avion. Et ce qu'elles racontent en revenant plonge Libya dans la détresse. Mais que dire ? Comment fuir ? Son tour survient six mois après la fête du 1ᵉʳ septembre, lors d'une visite du Guide à Benghazi. Des militantes viennent la chercher un soir pour la conduire à sa résidence, la déshabillent totalement et la poussent dans sa chambre malgré ses pleurs et supplications : « Ma mère va me tuer ! Ayez pitié ! » Il l'attendait dans un peignoir en soie, la viole sans dire un mot, avant de la chasser avec quelques coups sur les fesses. « Parfait, fillette ! » Elle ne dit rien à ses parents, n'émet aucune protestation auprès du Comité de la Révolution où l'on menace tous les jours de jeter dans un trou les « saboteurs » qui oseraient critiquer le Guide, « ami, protecteur, libérateur de toutes les femmes ». Mais elle s'isole, s'assombrit, inquiétant ses parents qui, l'imaginant déprimée ou amoureuse, décident de la marier sans lui demander son avis. Un jour, en rentrant de l'école, elle découvre qu'une réception est organisée chez elle. Les invités se pressent, un imam est présent, on lui met sous le nez un contrat de mariage. « Voilà. C'est ici qu'il faut signer. »

En découvrant le soir même qu'elle n'est plus vierge, le mari, outré, exige le divorce. Il aurait pu la renvoyer aussitôt, mais il se montre « compréhensif » et attend deux semaines. Elle se sent honteuse et n'ose plus soutenir le regard de quiconque, paniquée à l'idée de rentrer chez ses parents. Alors elle téléphone… à Bab al-Azizia. En encourageant les militantes à rompre avec leurs familles « réactionnaires », Kadhafi ne leur a-t-il pas toujours asséné qu'il serait là pour elles ? « Prends tout de suite l'avion pour Tripoli », lui dit-on. Des femmes l'y attendent à l'aéroport et l'introduisent à Bab al-Azizia dans ce que Libya décrit comme un vaste « harem ». Une troupe de femmes y vivent ensemble, en chambre double ou individuelle, à la merci du Guide, de ses humeurs, de ses fantasmes, de ses moindres exigences. La plupart, amenées à lui par le biais des fameux comités révolutionnaires, ont été violées et n'ont plus d'autre issue, pour échapper à l'opprobre de leur famille, que d'entrer à son service. Au moins sont-elles nourries, logées, vêtues (en uniformes de gardes). Au moins ont-elles un semblant de statut (gardiennes de la révolution). Dans leur demeure, rien n'est interdit : alcool, cigarettes et hachich sont consommés en abondance. Kadhafi les y encourage. Et le programme des journées et des nuits

est invariable : « On mange, on dort, on baise. » Sauf
lorsque le Guide se déplace à Syrte ou dans une autre
ville et que toute la maisonnée doit le suivre. Ou
quand il part à l'étranger, où Libya, à son regret, n'est
jamais conviée. « Il avait peur que j'en profite pour
fuir. » Certaines l'ont fait, qui, retrouvées en Turquie
et ramenées dans leur pays, la tête rasée, ont été
accusées de traîtrise, et présentées à la télévision
comme des prostituées de bordels, avant d'être
exécutées. La maison connaît des chassés-croisés
quotidiens entre filles qui viennent passer une nuit
puis repartent. Certaines volontairement, d'autres
sous la contrainte. « Kadhafi nous pressait les unes et
les autres de lui amener nos sœurs, nos cousines, éventuellement nos filles. »

Un jour de 1994, Libya ne peut s'empêcher de
mettre en garde une mère contre les intentions de
Kadhafi à l'égard de ses deux très belles jeunes filles.
Incrédule et choquée, celle-ci s'en ouvre au Guide qui
devient fou de rage : Libya a violé l'omerta ; elle peut
le payer de sa vie. Alors elle s'enfuit. Prend un avion
militaire pour Tobrouk, puis une voiture vers
l'Egypte où elle est arrêtée, faute de visa. Des opposants libyens parviennent à la faire passer en Irak où
elle reste deux semaines, craint le parti Baas et rejoint
rapidement la Grèce. Les réseaux de Kadhafi l'y repè-
rent, et au retour en Libye, elle est emprisonnée un an
et demi dans une prison située dans le sous-sol d'une
ferme avant de revenir… à Bab al-Azizia jusqu'au

début de la révolution de 2011. « Vieille esclave côtoyant les plus jeunes », dit-elle. Définitivement piégée.

Khadija

Khadija est une jeune femme désabusée et sombre, consciente, pour avoir été plusieurs fois menacée et attaquée, que son expérience et sa connaissance du système kadhafiste la mettent aujourd'hui en grand danger. La première fois que je l'ai vue, un petit matin de janvier 2012, son survêtement blanc était couvert de sang. Des inconnus, en guise d'avertissement, l'avaient enlevée et violée dans la nuit. Les lèvres joliment ourlées, le nez un peu busqué, elle enchaînait les cigarettes, se rongeait les ongles et parlait avec détachement, voire un certain cynisme. A vingt-sept ans, elle affirmait n'avoir aucune illusion sur ce que la nouvelle Libye pouvait lui offrir. Elle tentait juste de survivre, quelque part dans Tripoli. Son destin avait déraillé le jour de sa rencontre avec Kadhafi. La mort de ce dernier ne lui permettait d'espérer aucune rédemption.

Elle est étudiante en première année de droit à l'université de Tripoli au début des années 2000 lorsqu'une altercation avec une directrice de scolarité provoque brutalement son renvoi. Bouleversée, désœuvrée, elle se rend chez le coiffeur et dans le cocon du salon, raconte sa mésaventure. Une cliente lui prête une oreille attentive et compatissante. « Ce qui t'arrive est trop injuste. Mais je connais une personne qui peut arranger ça : c'est le Guide. Je peux te le faire rencontrer, il résoudra ton problème ! » Khadija est sidérée. Serait-ce possible ? Il est vrai que le maître de la Libye a tous les pouvoirs… La femme la conduit directement à Bab al-Azizia où un homme, Saad al-Fallah, l'emmène aussitôt faire une prise de sang pratiquée par « une infirmière d'un pays de l'Est », en lui demandant de revenir le lendemain. « C'était étrange, mais je me suis dit que pour un chef d'Etat, on n'est jamais trop prudent. » Le jour suivant, Breka, une garde du corps en uniforme, la conduit directement à la chambre du Guide. Plusieurs personnes se pressent autour de lui pour lui montrer des photos prises à l'occasion de la fête nationale. Mais à peine sont-elles parties qu'il lui fait des avances pressantes – qu'elle refuse – et qu'il la viole, sans prononcer un mot.

Lorsqu'elle sort de la pièce, en état de choc, Saad al-Fallah ne manifeste aucune surprise, n'a pour elle aucun geste bienveillant. Il lui tend une enveloppe contenant 1 000 dinars et lui dit : « Tu as la chance d'avoir été choisie. Nous avons l'intention de te faire travailler pour nous. » Elle ne veut pas en savoir davantage, elle ne pense qu'à fuir Bab al-Azizia. Elle quitte même Tripoli pour aller chez sa sœur, dans le sud de la Libye, renonçant à ses espoirs de retourner en fac et soucieuse que personne ne puisse la trouver chez ses parents. Mais la famille va vite être ébranlée. Le frère de Khadija, étudiant à Malte, est arrêté à son retour en Libye pour détention de stupéfiants. On a glissé de la drogue dans ses bagages, il risque la peine de mort. La femme rencontrée chez le coiffeur appelle Khadija : « Il faut que tu voies Mouammar, lui seul peut sauver la vie de ton frère. »

Khadija comprend qu'il s'agit d'un chantage. Mais elle sait aussi que le régime n'est pas à une vie près. Elle retourne à Tripoli et consent à rencontrer Saad al-Fallah. « On peut commuer la condamnation à mort de ton frère en quinze ans de prison, il ne tient qu'à toi. » En échange, Khadija devra venir vivre à Bab al-Azizia, intégrer le groupe des (fausses) gardes du corps personnelles de Kadhafi et se plier à ses désirs. Ce qu'elle fait, morte de peur, emménageant dans le sous-sol qu'habitera plus tard Soraya et rejoignant un groupe de filles qu'elle estime, en permanence, à une trentaine. Elle est, comme Soraya, appelée à toute heure du jour ou de la nuit, observe les « livraisons » de jeunes filles vierges qui n'ont aucune idée de ce qu'elles vont endurer, les passages éclairs de jeunes hommes, les manigances d'autres femmes pour obtenir maisons, voitures, argent.

Mais on va rapidement lui confier une autre mission : séduire afin de les piéger un certain nombre de dignitaires du régime et les hommes réputés les plus proches du Guide. On l'installe dans un appartement qu'elle décrit comme luxueux – « cinq étoiles » dit-elle – dans l'enceinte de Bab al-Azizia, entièrement équipé de caméras. C'est là qu'elle doit attirer les personnes qu'on lui désigne et qu'on place sur son chemin en lui suggérant chaque fois un scénario de drague. A elle de les compromettre le plus gravement possible en leur faisant boire de l'alcool et coucher avec elle. Les films fourniront un instrument de chantage à la disposition du Guide. Les noms que Khadija énumère avec précision sont stupéfiants et vont du chef du service des renseignements libyens à tel ou tel ministre, colonel, général, ou cousin intime de Kadhafi. La jeune femme affirme avoir été envoyée également au Ghana, à l'hôtel Golden Tulip, avec pour mission de séduire l'ambassadeur ainsi que le comptable de l'ambassade.

Comme il en a l'habitude avec la plupart de ses « filles » (Khadija dispose de la fameuse carte d'identité), Kadhafi lui attribue un jour autoritairement un mari choisi parmi sa clique. Khadija n'a pas le choix, mais au moins rentrera-t-elle dans la communauté des femmes mariées, ce qui la rendra plus respectable aux yeux de la société libyenne et de sa famille. Elle espère une nouvelle vie, nourrit l'illusion d'un vrai mariage, et comme elle dispose d'un peu d'argent, se rend dans une clinique tunisienne pour se faire reconstruire l'hymen. Le jour annoncé, alors que les invités se pressent dans la maison de sa mère et qu'on vient de couvrir ses mains de henné, le téléphone sonne. C'est Bab al-Azizia. Le Guide exige qu'elle vienne à lui immédiatement. Elle proteste. « C'est le jour de mon mariage ! » On la menace. Elle s'y rend la mort dans l'âme. « Il m'a ouverte. Il fallait qu'il gâche ce moment-là. Qu'il montre qu'il restait le maître. » Le mariage ne change rien à l'affaire.

En février 2011, aux premiers jours de la révolution, Saad al-Fallah lui rend visite avec quatre soldats, et lui ordonne de faire une déclaration, sur une chaîne de télévision nationale, en affirmant avoir été violée par des rebelles. Autant dire lâcher une bombe. Khadija appartient à la puissante tribu des Warfalla. Et la révélation publique d'un viol serait une telle atteinte à l'honneur collectif, causerait un tel scandale, qu'elle impliquerait des représailles immédiates et empêcherait tout ralliement de la plus grande tribu de Libye à la révolution en mouvement. Mais Khadija comprend surtout combien ce faux aveu la condamnerait aux yeux de tous. « C'est ma propre famille qui se chargerait de me tuer ! » Elle refuse. Elle est frappée, violée, brûlée avec des cigarettes. L'un des gardes lui brise le tibia avec l'acier de sa talonnette, obligeant un médecin de Bab al-Azizia à intervenir en urgence. Elle finit par feindre d'accepter l'ordre, à condition qu'on la laisse aller reprendre ses esprits chez sa mère, dans le quartier de Tadjoura. C'est dans la nuit qu'elle parviendra à déjouer la surveillance des gardes placés devant la maison, et s'échappera en chemise de nuit par les cours arrière, munie de son passeport. Des rebelles rencontrés dans sa fuite l'aideront à passer en Tunisie où elle demeurera pendant toute la révolution.

Leila

Leila a aujourd'hui une quarantaine d'années et la sensation d'être une rescapée. Elle est mariée à un cousin qui l'a épousée par amour, élève ses enfants et vit dans la hantise que quelqu'un découvre un jour le scandaleux secret qui a miné sa jeunesse. C'est en pleurant qu'elle a raconté son histoire. Elle ne l'avait encore jamais fait.

Elle avait pour camarade d'école, à l'adolescence, la nièce d'un ami et bras droit du colonel Kadhafi qu'il avait aidé à prendre le pouvoir, lors du coup d'Etat du 1er septembre 1969. Elles militaient ensemble dans un comité révolutionnaire et lorsque son amie prend un jour l'initiative d'organiser pour un groupe de l'école une rencontre avec le Guide, Leila est enthousiaste. Un minibus conduit les jeunes filles à Bab al-Azizia où elles sont reçues dans un grand salon situé au premier étage de ce qui est alors la demeure du Guide et sera en partie détruit lors du bombardement américain de 1986. Mouammar Kadhafi s'y montre charismatique et attentionné. Détendu, il prend le temps de s'intéresser à

chacune, lui posant des questions sur le berceau de sa
famille, sa tribu, sa région. Il rit beaucoup, les jeunes
filles sont sous le charme.

Peu de temps après cette sortie, une employée
scolaire vient chercher Leila dans sa classe pour la
conduire dans le bureau de la directrice, laquelle, très
impressionnée, lui annonce qu'une voiture de Bab
al-Azizia l'attend devant l'école. Leila ne comprend
pas mais personne ne doute qu'elle doive suivre le
chauffeur. Introduite d'abord dans un salon où elle
attend un moment, l'adolescente est ensuite emmenée
par Ahmed Ramadan, le secrétaire personnel de
Kadhafi, dans le bureau du Guide. Vêtu d'une
gandoura blanche, celui-ci vient à sa rencontre, lui fait
force compliments sur sa beauté, et commence à
caresser et pétrir son corps. Sidérée, Leila se raidit et
quand Kadhafi saisit à pleines mains sa poitrine, elle se
cabre, crie, se dégage et s'enfuit. Ahmed Ramadan
attendait de l'autre côté de la porte. « Vous avez
terminé ? » demande-t-il d'un ton neutre. Leila est en
pleurs. « Il faut dire au revoir au Guide avant de
partir ! » insiste-t-il en rouvrant la porte et laissant voir
un Colonel hilare, le sexe en érection. Le chauffeur la
ramène à l'école. Directrice et professeurs ne posent
aucune question. Tout juste perçoit-elle les marques
d'un nouveau respect.

Le soir même, Ahmed Ramadan lui téléphone à la
maison. « C'est un grand honneur que le Guide t'ait

choisie. Tes pleurs étaient ridicules. Le Guide voulait simplement être gentil avec toi. » Leila ne dit rien à ses parents.

Mais voilà qu'une semaine plus tard, des membres d'un comité révolutionnaire investissent et mettent à sac la maison familiale, à la recherche de documents supposés compromettants. Le père de Leila est humilié, battu, traîné à terre. La famille est sous le choc.

Ahmed Ramadan appelle dès le lendemain : « J'ai appris ce qui est arrivé à ta famille. Mais rassure-toi : on va te protéger puisque tu travailles pour le Guide. » Il la prévient qu'il lui envoie un chauffeur, très près de la maison. Elle se sent piégée, invente un prétexte pour expliquer sa sortie à ses parents, et se retrouve à Bab al-Azizia en face de Kadhafi. « Tu as vu ce qui est arrivé à ta famille ? Ça pourrait très mal tourner. Ça ne dépend que de toi : tu peux lui faire du bien ou beaucoup de mal…

— Que dois-je faire ?

— Allons ! Etre docile ! Je sens bien que je t'excite. »

Il lui sert un jus de fruits, la force à boire et l'embrasse goulûment en se pressant contre elle puis disparaît.

La voiture revient la chercher quelques jours plus tard. Ahmed Ramadan l'introduit dans un petit salon où elle attend seule, plusieurs heures. Puis il l'emmène dans une bibliothèque où Kadhafi finit par arriver.

« J'ai choisi ce décor pour toi. Car j'aime les étudiantes et les livres. » Là-dessus, il la précipite sur un matelas au sol et la viole. C'est un tel choc, une telle violence qu'elle pense avoir perdu connaissance. Quand elle recouvre ses esprits, il travaille à son bureau et éclate de rire : « Tu aimeras ça plus tard ! »

Il continuera à l'envoyer chercher pendant trois ans. Et à la violer. « Je suis le maître de la Libye. Tous les Libyens m'appartiennent, y compris toi ! » Ou encore : « Tu es ma chose. Et tu dois savoir qu'une sourate du Coran reconnaît que le maître a tous les droits. » Trois ans de souffrance absolue, se souvient Leila. Elle se referme sur elle, loupe l'école, se fait punir et battre à la maison en raison de ses absences qu'elle n'arrive plus à expliquer. Ses parents lui prêtent une vie dissolue. Mais le Guide lui répète : « Un seul mot me concernant, et tu ne verras plus jamais ton père ! » Un jour, elle lui annonce qu'elle n'a plus ses règles depuis un moment. Cela ne l'empêche pas de s'acharner sur elle encore une fois. Mais peu après, Ahmed Ramadan lui remet une enveloppe d'argent en lui suggérant de se rendre à Malte. La somme est minimale, rien n'est organisé et Leila doit trouver elle-même un hôtel et un hôpital. En l'avortant, le médecin la juge « dans un sale état » et lui propose de pratiquer quelques jours plus tard une hyménoplastie. Elle est sauvée. Contrairement à l'habitude, Bab al-Azizia ne la relancera plus jamais.

Houda

Houda a été elle aussi, pendant plusieurs années, l'une des multiples maîtresses forcées du Colonel qui, sans vivre à Bab al-Azizia, étaient appelées à tout moment et dont la vie était un enfer. Elle a dix-sept ans dans les années 90 et prépare l'examen de fin d'études secondaires avec un groupe d'écolières qui révisent fréquemment ensemble, chez les unes et les autres. Un jour, une femme qui rendait visite à la mère d'une des filles la remarque et l'assaille de compliments : « Qu'est-ce que tu es belle ! » Houda est très gênée et fuit le regard insistant de la femme. Mais elle la recroise bientôt et la femme renouvelle ses éloges : « Je te trouve merveilleuse. Passe vite ton examen et j'aurai quelque chose à te proposer. » Très mal à l'aise, la jeune fille imagine qu'il s'agit d'une marieuse.

Le frère de Houda est arrêté peu après. Il fréquente assidûment la mosquée, il est forcément suspect. L'intrigante prend contact avec l'écolière : « Je connais des gens qui peuvent faire libérer ton frère. Voyons-nous, je t'amènerai à eux. » Elle passe la prendre en voiture et la fait pénétrer dans l'enceinte de Bab al-Azizia. La femme y a visiblement ses habitudes, Houda est stupéfaite. « Ah ! C'est la nouvelle ? » s'exclame un homme dans un premier bureau. Houda trouve le propos alarmant mais ne peut encore rien imaginer. Entre Ahmed Ramadan : « Ah ! Voilà la fille dont le frère est dans de sales draps ! Allez, suivez-moi ! » Il les entraîne dans un grand bureau où surgit Mouammar Kadhafi. « Ton frère est un traître ! J'espère que toi, tu es une bonne révolutionnaire et que tu ne deviendras pas comme lui ! » Il s'approche d'elle, balade ses mains le long de son corps avant de l'enlacer en se pressant contre elle. « Je vais quand même réfléchir pour ton frère, car je te trouve magnifique. » Il lui embrasse le cou, essaie d'atteindre ses seins, sort son sexe. La jeune fille s'affaisse. Accroupie près d'elle, la femme lui tapote le visage : « Réveille-toi ! Tu es ridicule ! C'est ton maître ! C'est ta chance ! » Kadhafi s'approche, veut à nouveau la toucher. Elle hurle et se débat. Alors il la saisit par ses vêtements et la projette avec violence dans un coin de la pièce. Hagard, il empoigne l'autre femme qu'il pénètre rapidement. Et torpille l'écolière d'un regard plein de menaces : « La prochaine fois, c'est toi ! »

Dans la voiture qui la ramène chez elle, Houda est trop choquée pour pouvoir dire un mot. Mais la femme lui explique : « Le maître a tous les droits sur nous. Il va te faire l'amour, libérer ton frère et tu pourras avoir une bourse pour l'université. » La jeune fille ne dit pas un mot à ses parents de ce qui lui est arrivé. C'est impossible. Mais quand sa mère la gifle, furieuse de son retard, elle lui lance sans donner plus de détails : « J'ai été arrêtée par la police et questionnée sur mon frère. »

Trois jours plus tard, la femme lui téléphone. « Je ne peux pas me rendre à Bab al-Azizia avec toi, mais une voiture du protocole va venir te chercher. Pense à ton frère. » Houda se retrouve donc devant Ahmed Ramadan qui l'interroge sur le jeune homme et prend des notes. Cela la rassure, la démarche n'aura peut-être pas été vaine. Mais il faut encore voir le Guide. On l'introduit dans son bureau. « Tu imagines qu'on libère aussi facilement un traître ? Tu rêves ! Ce n'est pas aussi simple ! D'autant que tu es farouche ! Et que tu vas encore hurler si je te touche…

— Non, je ne veux pas vous contrarier. Mais quand mon frère pourra-t-il sortir ?

— Tu ne hurleras plus ? Tu me le promets ? »

En quelques gestes brusques, il lui ôte ses vêtements, la jette sur un matelas posé au sol le long d'une bibliothèque et la viole. Puis s'éloigne sans un mot. Personne ne vient la voir ou ne s'inquiète de son sort. Elle ne sait comment sortir et reste toute la nuit dans ce bureau, terrifiée. Ahmed Ramadan l'y trouve le lendemain et la conduit dans une petite chambre au sous-sol où elle commence à peine à s'endormir quand Kadhafi l'y rejoint, la viole à nouveau, la frappe, la mord. Elle saigne abondamment. Et elle reste enfermée deux jours sans que personne lui apporte à manger ni à boire. Le troisième jour, Ahmed Ramadan la renvoie chez elle en lui disant qu'il la recontactera.

Ses parents sont épouvantés par l'état de la jeune fille qui rentre à la maison. Ils étaient rongés d'inquiétude et la découvrent détruite. Elle ne veut pas parler mais pressée de questions, elle murmure simplement qu'elle revient du poste de police. Et la famille, effarée, pense que c'est forcément lié au fils... Elle l'entoure, la cajole, insiste pour la conduire à l'hôpital. Un médecin l'examine : « Tu as été violée.

— Oui. Mais je vous en conjure, ne dites rien à mes parents.

— Il faudrait porter plainte.

— Non, impossible.

— Relation sexuelle hors mariage : la loi m'oblige à signaler ton cas à la police.

— Vous tenez à mourir ?... »

Kadhafi ne la laissera plus en paix. Pendant de longues années, elle subira ses exigences, ses folies, ses violences, ses fantasmes. Elle ne peut pas faire de projets, vit recluse dans la crainte qu'on découvre le scandale. Ses parents finissent par se douter de la situation car les voitures du protocole sont de moins en moins discrètes et Kadhafi exige sa présence lors de ses nombreux discours. Elle découvre alors la cohorte des autres femmes dans son cas. Elles se regardent, mais ne se parlent pas. Comment évoquer le sujet ? A qui faire confiance ? Il lui demande un jour, en prévision d'un événement public, de courir à lui et de l'embrasser devant les caméras. Elle se fait porter pâle. Il lui téléphone la nuit, la menace, lui impose des tenues, une disponibilité permanente. Elle déprime, ne veut plus vivre, se dégoûte. Après plusieurs années, un soupirant se présente et elle tombe amoureuse. Kadhafi est fou de rage. Mais elle se marie. Et refuse dès lors, malgré les ordres et son angoisse, de se rendre à Bab al-Azizia. Elle aura de la chance. Beaucoup de jeunes maris – non choisis par le maître – ne survivront pas à leur mariage avec une favorite.

La femme et la fille du général

Cette fois, c'est la fille d'un général qui s'est confiée au journal hebdomadaire *Libya Al Jadida* et dont le témoignage m'a été confirmé par son rédacteur en chef, Mahmoud al-Misrati. Le colonel Kadhafi, qui s'enquérait toujours de la situation familiale de ses subordonnés et de l'allure de leurs femmes, apprend un jour que l'épouse d'un général de son armée est d'une grande beauté. Donne-t-il lui-même des ordres ? Est-ce plutôt l'idée de Mabrouka ? Le fait est que trois de ses gardes se présentent un après-midi au domicile du général pour transmettre à son épouse une invitation à une réception féminine, organisée le soir même par Safia Farkash, l'épouse du Guide. Le général se montre méfiant. Il n'a pas entendu parler d'une telle initiative et n'aime guère l'idée que sa femme aille à Bab al-Azizia. Un garde compose alors un numéro sur son portable et lui tend l'appareil.

Mabrouka est en ligne. « C'est un honneur magnifique que le Guide te fait ! La preuve qu'il te sait proche de lui, et te considère comme un vrai révolutionnaire. Ce sera une très belle fête, uniquement entre épouses. » Rassuré, le général laisse partir sa femme. Lorsqu'elle revient, quelques heures plus tard, elle est étrange et évasive. « Quelque chose paraissait cassé chez ma mère », raconte sa fille. D'autres invitations se succèdent, particulièrement lorsque le général s'absente. Après plusieurs mois, l'épouse revient un jour avec les clés d'un bel appartement. « Cadeau » de la femme du Guide, annonce-t-elle, affirmant en être devenue la grande amie. La famille déménage, les conditions de vie s'améliorent nettement. Il fait bon être dans les petits papiers de Bab al-Azizia. Mais un soir, Mabrouka et deux autres femmes se présentent à la porte en transmettant cette fois une invitation de la part d'Aïcha, la fille aînée de Kadhafi, à l'intention de la fille du général. Le visage de sa mère se décompose. Elle porte les mains à son visage, elle paraît horrifiée. Sa fille, elle, est ravie. « C'est pour ce soir ? Mais avec joie ! Le seul ennui, c'est que je n'ai pas de robe de soirée !

— Je l'avais anticipé ! sourit Mabrouka qui se retourne et montre une valise. Il y a dedans tout ce qu'il faut pour te faire belle ! »

La jeune fille enfile la robe avec entrain, se maquille et emboîte le pas à Mabrouka sans comprendre pourquoi sa mère lui dit au revoir les yeux pleins de larmes.

Le général lui-même paraît interloqué. Il le sera davantage quand sa femme lui avouera en pleurant que les invitations de Safia camouflaient des convocations du Guide. Et que l'argent, les cadeaux, l'appartement, n'étaient que la récompense d'une relation sexuelle contrainte. Le général s'emporte, hurle, décide de se rendre sur-le-champ à Bab al-Azizia. Mais il s'écroule, victime d'une attaque cérébrale, et est transporté à l'hôpital.

Sa fille, pendant ce temps-là, a la surprise de voir arriver Kadhafi dans le salon où on l'a fait attendre longuement. « Où est Aïcha ? demande-t-elle en souriant.

— C'est moi, Aïcha ! » répond le Guide avec froideur. Il ne tentera ni de la séduire ni d'y mettre les formes. Il la violera, la frappera, l'humiliera autant qu'il est possible, et à plusieurs reprises. Elle ne sortira de Bab al-Azizia qu'au bout d'une semaine pour aller voir son père, mourant, à l'hôpital. Le décès de ce dernier facilitera les choses. Quand Mabrouka appelle pour convoquer régulièrement la fille, elle demande à sa mère de la préparer selon le goût du Guide – « Tu sais ce qu'il faut faire » – et de recouvrir ses membres de henné.

*

Les histoires sont multiples. Et l'on imagine difficilement, en Occident, ce que coûte leur aveu. Non pas en termes de traumatisme, il est partout le même. Mais en termes de risques, pour ces femmes et leur famille. Le chaos dans lequel la Libye – pleine d'armes – s'installe, conjugué au joug de la religion, exclut pour le moment tout débat serein sur la question. C'est ce qui explique qu'en dépit de règles journalistiques de base exigeant l'identification des sources, j'ai accepté de respecter la demande de la plupart des femmes citées dans le livre de conserver l'anonymat.

3

LES AMAZONES

Les gardes du corps féminins du colonel Kadhafi – celles que la presse internationale avait surnommées les « amazones » – ont beaucoup contribué à sa légende et sa gloire médiatique. Sans doute ont-elles même autant imprimé les esprits que ses tenues de plus en plus excentriques, ses lunettes de rock star, sa tignasse noire hirsute et son visage de cocaïnomane botoxé, constamment maquillé. Elles le suivaient partout, moulées dans les uniformes les plus divers, certaines armées, d'autres pas ; les cheveux sur les épaules ou bien retenus dans un béret, un calot, une casquette, un turban ; souvent maquillées, portant boucles d'oreilles et pendentifs à l'effigie du Guide ; chaussées de rangers, de bottines à talons, exceptionnellement d'escarpins.

Elles lui servaient d'étendard et de faire-valoir, attiraient les photographes et fascinaient les chefs d'Etat et les ministres, venus l'accueillir à sa sortie d'avion ou reçus à Bab al-Azizia pour une audience sous la tente.

L'ancien ministre des Affaires étrangères français Roland Dumas se réjouissait d'être ainsi escorté par de « très jolies filles en armes » et les sourires égrillards de Silvio Berlusconi en disaient long sur sa propre satisfaction. Mais le message envoyé par Kadhafi était très ambigu.

Il confirmait, certes, son originalité sur la scène mondiale. Mégalomane et provocateur, le Colonel attachait une importance considérable à son image et aux mises en scène de ses apparitions et discours. Il se voulait à part, unique, ne supportait aucune concurrence ou comparaison, empêchait qu'émerge de son pays un autre nom que le sien (pas un écrivain, musicien, sportif, commerçant, économiste ou politique libyen qui n'ait pu s'imposer sous son règne, les joueurs de football ne pouvaient même être cités que par le numéro de leur maillot). L'idée d'intriguer le monde entier en se présentant comme le seul chef d'Etat pourvu d'une garde entièrement féminine comblait donc cette ambition.

Il paraissait aussi mettre en pratique son discours de grand libérateur des femmes. Que de colloques et de harangues portant sur ce thème ! Que de leçons adressées à l'Occident et à tout le monde arabe ! Il fallait que cela se sache : le colonel Kadhafi était « l'ami des femmes » : pas un déplacement dans les régions, pas un voyage à l'étranger sans qu'une rencontre avec des associations féminines martèle ce message. Il avait déjà exposé une certaine idée de la femme dans le troisième volume de son fameux *Livre Vert* (égalité entre les sexes, discrimination injustifiable, droit au travail pour tout le monde à condition que soit respectée la « féminité » de la femme…) mais son propos s'était vite radicalisé, aboutissant à la création, en 1979, d'une Académie militaire des femmes et deux ans plus tard, lors de la présentation au pays des premières diplômées, à un discours enflammé et triomphal. Cette école, unique au monde, devait être une formidable source de fierté pour la Libye, proclamait-il. L'audace des jeunes Libyennes qui s'y inscrivaient en masse constituait la preuve éclatante du bouleversement des mentalités. Il fallait continuer !

Il lançait alors, ce 1er septembre 1981, un incroyable appel : « Les hommes et les femmes des nations arabes sont soumis à une tentative d'assujettissement. Mais, à l'intérieur de la nation arabe, les femmes ont été en réalité dominées par les forces d'oppression, le féodalisme et le profit. Nous appelons à une révolution pour la libération des femmes de la nation arabe et ceci est une bombe qui secouera toute la région arabe et poussera les prisonnières des palais et des marchés à se révolter contre leurs geôliers, leurs exploiteurs et leurs oppresseurs. Cet appel trouvera sans doute de profonds échos et aura des répercussions dans toute la nation arabe et dans le monde. Aujourd'hui n'est pas un jour ordinaire mais le commencement de la fin de l'ère du harem et des esclaves et le commencement de la libération des femmes dans la nation arabe. » Les femmes en armes apparaissaient ainsi comme le plus beau fleuron de la révolution. Leur confier sa sécurité personnelle était donc plus que symbolique. Un acte de foi... féministe. C'est ainsi en tout cas que fut fréquemment analysé, en Occident, l'attachement de Kadhafi à une garde féminine. Quelle ironie !

Son escorte d'amazones flattait enfin la réputation de séducteur du Colonel et alimentait tous les fantasmes et soupçons. Le cliché du harem oriental n'était jamais loin – à l'opposé cette fois des thèses féministes –, renforcé par l'absence de la scène publique de l'épouse officielle, Safia Farkash, à laquelle il s'était marié en 1971 (après un divorce fulgurant) et mère officielle de sept de ses enfants. Toutes ces jeunes femmes à son service et à sa dévotion, prêtes à lui offrir courageusement leur vie... Le message était, disons, brouillé.

Mais qui étaient-elles vraiment, ces filles en uniforme, garde rapprochée et oriflamme du Guide ? Le récit de Soraya oppose un démenti cinglant à toutes les descriptions laudatives de cette garde supposée rompue à toutes les techniques de combat. N'avait-elle pas été contrainte de revêtir l'uniforme, le lendemain même de son kidnapping ? Ne l'avait-on pas intégrée d'office à ce corps réputé d'élite, lui ordonnant, lors des déplacements et voyages du Guide, de singer les autres gardes du corps en prenant, comme elles, l'air préoccupé et sévère de celles dont dépendait la vie du maître ? « Quelle plaisanterie ! » disait Soraya en levant les yeux au ciel. Quelle usurpation de fonction ! L'observation d'une poignée d'amazones, venues accompagner le Colonel lors de sa visite à Paris en décembre 2007, tend à confirmer ces allégations de supercherie : juchées sur le toit d'un bateau-mouche, elles se prenaient en photo avec des rires de collégiennes avant d'aller faire du shopping dans les boutiques de la rue du Faubourg-Saint-Honoré et sur les Champs-Elysées. Non, ces jeunes filles n'avaient pas suivi la formation de l'Académie militaire. Oui, elles étaient bien les maîtresses et objets sexuels de Kadhafi. Ses favorites ou ses petites esclaves. « Leur spectacle me dégoûtait ! » me dira Sayed Kadhaf Eddam, cousin du Guide et militaire de haut rang, dans sa prison de Misrata.

*

L'enquête à Tripoli s'est avérée difficile. Plus personne ne voulait entendre parler des fameuses gardes du corps. Elles avaient disparu avec le Guide. Envolées ! Et leur évocation n'éveillait que gêne et mépris. Et d'abord au ministère libyen de la Défense à l'entrée duquel on ne peut faire autrement que de piétiner un tapis à l'effigie de Kadhafi. « Leur existence a gravement affecté l'image de l'armée libyenne, m'assurait Oussama Jouili, le ministre nommé après la mort du Guide, commandant des rebelles de la ville de

Zintan. Quelle honte ! Et quelle gifle pour les vrais militaires, ceux qui se faisaient une noble idée de leur métier et de la défense de leur pays ! Kadhafi les mettait en avant pour attirer les projecteurs et peaufiner son image, mais c'était une tartufferie. Pendant ce temps-là, il détruisait sa propre armée. Insupportable ! J'étais jeune capitaine, et j'en suis arrivé à haïr cette institution au point de démissionner dès que cela a été possible. Où allions-nous ? Comment prendre au sérieux ces femmes qu'il jetait en pâture ? Qui pouvait imaginer une seconde qu'il leur confie entièrement sa protection ? Voyons ! Elles n'étaient là que pour le spectacle, amuser la galerie et, comment dire, agrémenter ses loisirs. C'était répugnant. »

Même réaction du côté de Ramadan Ali Zarmouh, le président du Conseil militaire de Misrata, la troisième ville du pays, et sûrement l'une des plus meurtries par la guerre. Lui aussi avait très tôt démissionné de l'armée de Kadhafi malgré son grade de colonel. Et lui aussi dénonçait « la mascarade » et « le théâtre pathétique » non seulement des gardes du corps, mais de toutes les femmes-soldats. « De pauvres filles, je vous assure ! Elles débarquaient dans nos rangs, gonflées à bloc par les discours de ce salaud qui les manipulait pour jeter de la poudre aux yeux à la face du monde et satisfaire ses désirs personnels ! Elles étaient mal formées, mal entraînées, et souvent dépourvues de l'autorisation de leurs parents. Comment d'ailleurs auraient-ils pu accepter en conscience qu'elles soient

ainsi jetées dans cet univers d'hommes ? En Libye !
Quelle indignation ! On les regardait comme
des victimes, tandis qu'il fanfaronnait, entouré de
maîtresses et de marionnettes incapables de le
défendre, et derrière lesquelles il fallait forcément
placer des hommes. »

Leurs jugements étaient radicaux, partagés par tous
les militaires et rebelles que j'ai pu interroger.
Machisme ? Sans doute un peu, l'intégration des
femmes dans l'armée n'ayant jamais été bien acceptée
par la hiérarchie militaire et la société traditionnelle
libyenne. Il faut dire que le colonel Kadhafi avait brûlé
les étapes dans un pays où les femmes étaient d'abord
des épouses et des mères, souvent confinées à la maison.
A partir de 1975, il avait avancé le concept de « peuple
en armes » et soutenu l'idée que les armes ne devaient
plus être le monopole d'une armée classique, appelée à
disparaître, mais placées entre les mains de tous les
citoyens et citoyennes qu'il fallait former urgemment.
En 1978, il promulguait une loi sur l'entraînement
militaire obligatoire pour tous, et notamment au lycée,
pour les garçons et les filles. Une petite révolution
puisque ces dernières, à la stupéfaction de leurs parents,
devaient se mettre en treillis et recevoir les enseigne-
ments de professeurs masculins. « Une tenue de combat
portée par une femme vaut plus qu'une tenue de soie
portée par une bourgeoise ignorante, niaise, superfi-
cielle et inconsciente des défis qui l'affrontent elle-
même et affrontent par conséquent même ses enfants »,

déclara un jour le Guide. En 1979, il créait l'Académie militaire des femmes et envoyait dans les écoles de filles des hordes de recruteurs particulièrement pressants. Il fallait aller vite. Les femmes libérées et en armes seraient sa meilleure propagande. Trois mois de formation pour les femmes-soldats, recrutées après la troisième année du secondaire ; deux ans pour les femmes officiers, sélectionnées après le bac. Enfin, en 1981, il lançait l'idée d'un mouvement de « religieuses révolutionnaires », ouvert à toutes les femmes, civiles et militaires : « l'élite des élites ».

Pour y être acceptée, il fallait être prête à renoncer au mariage et consacrer sa vie, toute sa vie, à défendre exclusivement les objectifs de la révolution, autant dire se dévouer au Guide. Son plus grand fantasme. Se référant aux sœurs chrétiennes « qui s'habillent en blanc, symbole de la pureté, et qui se consacrent entièrement à l'idéal du Christ », Mouammar Kadhafi, dans un discours prononcé le 13 février 1981 devant des pionnières de mouvements révolutionnaires féminins, s'était fait volontairement provocateur : « Pourquoi les chrétiennes se font-elles religieuses, et vous, vous restez assises en spectatrices ? Les nonnes chrétiennes seraient-elles plus grandes que la nation arabe ? » Et il concluait : « C'est dans l'abnégation que la religieuse révolutionnaire est sacrée, pure, et qu'elle se place au-dessus des individus ordinaires pour être plus proche des anges. »

Je n'ai pas rencontré de religieuses révolutionnaires. Du temps de Kadhafi, elles étaient déjà fondues dans la société, et personne n'a réussi à estimer leur nombre. Inutile de préciser que personne n'en revendique aujourd'hui le titre. Mais j'ai interviewé deux femmes colonelles qui avaient répondu très jeunes à l'appel du Guide et s'étaient engagées dans l'armée avec passion. L'une, rapidement déçue, affirmait avoir appelé de ses vœux la destitution de Kadhafi et retrouvait depuis sa mort un regain d'intérêt pour son métier. L'autre, aujourd'hui en prison en attendant d'être jugée pour meurtres pendant la guerre civile, oscillait entre nostalgie et colère.

Il a fallu de nombreux jours pour convaincre la colonelle Fatima de parler. Elle n'avait a priori rien à se reprocher. Mais voilà : elle était militaire, elle avait cru dans le message du Guide, et elle faisait partie des dindons de l'Histoire. Les Libyens, malgré la propagande, n'avaient jamais éprouvé de sympathie pour les femmes-soldats ; depuis la révolution de 2011, voilà qu'ils exprimaient clairement leur répulsion. Pas simple, donc, pour les malheureuses rescapées de l'ère Kadhafi. Aucune envie de se mettre en avant. Et pourtant, Fatima refusait l'idée que les femmes soient à tout jamais bannies de l'armée, et qu'on profite des exactions et tromperies du Guide pour les disqualifier. C'était à la fois injuste et insultant.

La cinquantaine imposante, enveloppée dans un grand manteau rouge, un voile noir encerclant son visage joufflu, Fatima est finalement venue un soir dans ma chambre d'hôtel de Tripoli, un peu tendue. Le lieu lui semblait discret et neutre. Après le temps de la propagande, disait-elle, était sans doute venu le temps de dire la vérité.

« Les recruteurs venus dans mon lycée à la fin des années 70 m'avaient subjuguée : l'idée qu'ils donnaient de l'engagement militaire était tellement brillante que je n'ai plus vu mon avenir que dans l'armée. Rien ne pouvait être plus exaltant que de défendre son pays, hommes et femmes unis et à égalité. Quelle idée bouleversante... et révolutionnaire ! D'autant qu'on nous citait l'exemple de la révolution algérienne où des jeunes femmes comme Djamila Bouhired avaient pris tous les risques, comme officiers de liaison, poseuses de bombes, combattantes, pour libérer leur peuple. C'étaient des héroïnes magnifiques. Les femmes relevaient la tête. Je rêvais d'un pareil engagement. » Depuis peu, la formation militaire avait pris à l'école une importance considérable. Exercices physiques, maniement des armes, conférences, examens... Fatima s'y donnait à fond, convaincue de participer ainsi au « peuple en armes » dont parlait Kadhafi. Ses parents, eux, étaient scandalisés qu'on puisse demander aux lycéennes de revêtir des uniformes masculins. C'était si peu convenable. « La société libyenne n'était pas prête, dit-elle. Mais nous, les jeunes, on mordait à l'hameçon. Et puis, le service militaire étant de nouveau obligatoire, et chaque citoyen libyen devant consacrer plusieurs semaines par an à l'entraînement, nous devions tous adhérer au projet. Chaque Libyen avait sa carte de réserviste. » Un trafic de cartes permettait en fait aux plus riches de se soustraire aux exercices, mais elle l'ignorait alors.

Fatima est donc entrée en 1980 à l'Académie militaire de Tripoli qui n'en était qu'à sa deuxième promotion. Elle y a rencontré des filles venues d'Egypte, du Liban, d'Algérie, du Soudan. Les instructeurs étaient encore essentiellement des hommes et les cours exigeants : morse, cartographie, secrétariat, tactique militaire, maniement d'armes, manœuvres, y compris la nuit et en période de tempête. « Mais ça valait le coup ! Nous étions l'attraction du monde entier. Des équipes de télévision arrivaient de partout. On se sentait pousser des ailes. On était l'avenir. On était modernes ! » Evidemment chaque discours de Kadhafi galvanisait davantage les femmes. Il était leur champion et elles ne doutaient pas de sa volonté de changer la vie des Libyennes et d'en hisser quelques-unes, un jour, au rang de généraux.

Et puis il y a eu la cérémonie de remise de diplômes, et le défilé au pas, répété mille fois. « J'étais trop épuisée pour écouter jusqu'au bout le discours du

Guide ! » Mais il n'a pas fallu un mois à Fatima pour déchanter. « On s'était fait avoir. Les promesses n'étaient que mensonges. Kadhafi méprisait sa propre armée et n'attendait évidemment rien des femmes. Si ce n'est des images pour construire son mythe… et un vivier de maîtresses. » Fatima a été nommée officier dans l'école avoisinant Bab al-Azizia. Elle y était officiellement responsable de l'entraînement militaire quotidien, mais « les filles de la clique Kadhafi » s'en chargeaient avec arrogance. « Je portais un uniforme et un titre dénués du moindre pouvoir. » Elle a ensuite été transférée dans les locaux de l'état-major de l'armée. Un chauffeur venait la chercher le matin, mais elle n'avait aucun rôle et restait sous-payée. « Alors peu à peu, l'amertume s'est installée parmi les filles de ma promotion. Nos études n'étaient qu'une escroquerie, l'amour de la nation est mort. On se disait : On a raté notre vie ! J'ai arrêté de porter l'uniforme, oublié mon numéro matricule, perdu de la souplesse, négligé tout ce que j'avais appris à l'école. Je ne saurais même plus démonter une kalachnikov ! »

Ah, évidemment, si elle avait été prise parmi les gardes du corps, elle aurait eu quelques avantages, notamment en voyages et salaire. Mais il fallait être grande, belle, porter les cheveux longs… et avoir tapé dans l'œil du premier cercle de Kadhafi ou du Guide lui-même, comme l'avait fait Salma Milad, si présente dans l'histoire de Soraya, et remarquée lors d'une visite dans sa ville de Zliten. « Les gardes du corps de

Kadhafi ne constituaient pas un vrai corps. Ce n'était qu'une agrégation de filles issues des forces spéciales, des gardes révolutionnaires, de l'école de police, de l'Académie militaire, des religieuses révolutionnaires et… des maîtresses du moment. Kadhafi se servait à sa guise et aucune n'avait la possibilité de résister, encore moins de se plaindre. Les plus habiles ont su en tirer parti et se faire offrir voitures et maisons. Mais de grâce, oubliez l'image d'un corps d'élite ! C'était n'importe quoi. Un simple décorum dans lequel Kadhafi prenait soin d'inclure quelques femmes noires pour montrer qu'il n'était pas raciste et se réserver des ouvertures en Afrique. Les vrais gardes sur lesquels reposait sa sécurité personnelle n'apparaissaient pas à l'image. C'étaient des hommes de Syrte, sa ville natale. »

C'est avec excitation que Fatima assurait avoir vu progresser l'insurrection contre Kadhafi au début 2011. Elle l'avait officiellement rejointe le 20 mars, mettant sa kalachnikov « à la disposition des rebelles ». Mais elle restait à l'intérieur du système, exfiltrant le maximum de renseignements, et diffusant des tracts dans les bureaux de l'armée. « Déserter n'était pas une option, sinon mes parents et moi serions aujourd'hui dans une fosse commune. » Désormais, elle faisait partie du corps militaire dirigé par Abdelhakim Belhadj, le commandant du Conseil militaire de Tripoli, et disait avoir retrouvé de l'allant et la foi dans son métier. Mais elle savait qu'il faudrait du temps pour réparer les dégâts et redonner du crédit aux femmes en uniforme.

*

C'est à la prison de Zaouïa, une petite ville côtière située à une cinquantaine de kilomètres de Tripoli, que j'ai rencontré l'autre colonelle. Elle refusait au départ de me donner son nom et puis à la fin de l'entretien, de façon très inattendue, elle me l'a lâché comme un gage de confiance. Un cadeau. « Allez ! Je m'appelle Aïcha Abdousalam Milad. Adieu ! » La cellule, au fond d'une petite cour, était peinte en jaune, dotée d'une porte en fer avec un gros verrou et d'une fenêtre obstruée, et équipée de deux couchages : un matelas posé à même le sol et un lit métallique en mauvais état. D'un fil courant sur un mur latéral pendait une ampoule faible, un petit radiateur électrique était posé dans un coin et une bouilloire a vite fourni de l'eau chaude pour préparer un thé. La présence de deux personnes dans cette pièce minuscule m'a d'abord surprise et j'ai pensé avoir affaire à deux prisonnières. Mais la femme qui paraissait la plus misérable, recroquevillée sur le lit, les yeux enfoncés dans les orbites et la mine exténuée, m'expliqua qu'elle était la gardienne et qu'après avoir dormi cinq ans dans sa voiture – « personne ne voulait louer une chambre à une femme seule et pauvre ! » – elle préférait désormais partager la cellule de sa prisonnière.

Cette dernière, en revanche, avait l'air très en forme. Longue et mince, les cheveux ramassés dans un turban, elle avait un visage fin, un grain de beauté sur la joue gauche, et portait avec une élégance sportive un sweat-shirt rayé sous un ensemble de velours noir. Assise en tailleur sur son matelas, elle était d'accord pour évoquer son itinéraire mais tenait à ce que les choses soient claires dès le départ : elle était militaire de profession – « et de vocation ! » – mais n'avait jamais appartenu à la « clique » de Kadhafi, ni à ses gardes du corps. Ce point précisé, elle pouvait exposer la passion qu'elle avait ressentie très jeune pour l'armée, la rencontre décisive avec des recruteurs visitant son école de Sebha, une ville du désert saharien, fief de la tribu Kadhafa, et son intégration à l'Académie militaire des femmes fin décembre 1983. Comme la plupart des élèves, elle venait d'une famille nombreuse (neuf enfants), aux revenus modestes, très réticente à l'idée d'avoir une fille sous l'uniforme. « On a toutes dû forcer les portes. Mais quel bonheur ! Le peuple en armes devait être composé pour moitié des femmes, sinon le concept n'avait pas de sens. Kadhafi faisait enfin confiance aux filles et les sortait de la maison ! »

Elle est parvenue, parallèlement, à passer son diplôme d'infirmière et à la sortie de l'Académie, en 1985, elle a été affectée dans son Sud natal pour former d'autres filles, prenant rapidement du galon. Revenue vingt ans plus tard à Tripoli, elle a intégré la direction des gardes révolutionnaires, structure dévolue à la

protection du Guide, et s'est vue chargée de sélec-
tionner régulièrement… ses gardes du corps. « Vous
parlez d'une responsabilité ! Ce sont elles qui allaient
montrer au monde entier que la femme libyenne était
armée et respectée. Elles qui jouaient le rôle d'ambassadrices ! Je ne devais pas me tromper ! » Alors elle les
choisissait « spectaculaires ». C'est-à-dire ? « Dotées
de charisme. » Jolies ? « Ce n'était pas la question. Je
voulais qu'elles aient de la présence, qu'elles s'impo-
sent. Et je préférais qu'elles soient grandes, sinon, je
les obligeais à porter des talons. » Toutes les filles
rêvaient d'être choisies et suppliaient Aïcha de leur
permettre d'être un jour dans la lumière. « Cela
pouvait bouleverser leur vie, surtout si elles n'étaient
pas militaires professionnelles. Elles accompagnaient le
Guide en voyage, touchaient des enveloppes d'argent
conséquentes. Alors je vous prie de croire qu'une fois
en place, elles mettaient le paquet pour être à la
hauteur. Maquillage, tenue impeccable… Elles
savaient bien que toutes les caméras étaient braquées
sur elles. »

Du comportement de Kadhafi avec ses gardes du
corps, Aïcha ne voulait pas parler. Top secret. Elle
faisait son travail en proposant de belles filles. Ce qui
leur arrivait ensuite ne la regardait pas. J'insistais.
N'était-il pas de notoriété publique que le Guide en
faisait rapidement ses maîtresses ? Mais Aïcha restait
muette, le visage soudain fermé. Elle refusait aussi
d'évoquer le personnage de Mabrouka, la seule

derrière le Guide à ne pas porter l'uniforme, mais dont tout le monde connaissait l'importance dans l'organisation de l'entourage féminin. « Je ne veux pas qu'on m'assimile à ça. Mon salaire minable – 832 dinars par mois [environ 500 euros] – prouve que je n'avais rien à voir avec la clique et le business des gardes du corps ! » Dans un geste étrange, elle retira soudain un petit anneau qui perçait son oreille et me le tendit : « Vous voyez ? Ce n'est même pas de l'or ! Beaucoup de gardes du corps ont fait fortune. Moi, je n'ai rien ! » Même pas la liberté.

Il lui restait l'honneur, disait-elle. La fierté d'avoir porté haut les couleurs de la combattante libyenne. Elle clamait sa constante loyauté à son chef et son armée pendant la dernière guerre. Elle avait obéi consciencieusement aux ordres et combattu l'insurrection. « Professionnelle », comme elle l'avait toujours revendiqué. Pas l'ombre d'un regret. Le chef de la prison, un rebelle qui insista pour me faire visiter plus tard le sinistre mausolée de Zaouïa consacré aux martyrs de la révolution, avait une vision fort différente. Il l'accusait d'avoir torturé et tué elle-même des prisonniers. Si la plupart des femmes-soldats avaient été relâchées, Aïcha, elle, capturée le 21 août, attendrait encore longtemps d'être jugée.

« La situation des femmes militaires sous Kadhafi était triste et pathétique, me dira la vice-ministre des Affaires sociales, Najwa al-Azrak, chargée de ce dossier. L'Académie militaire était pour le Guide une ruse pour lui donner accès aux femmes. Et puis au fur et à mesure qu'il a eu d'autres moyens de les avoir, il s'en est désintéressé et l'école a décliné. » Toutefois pendant la guerre civile, le régime aux abois a mobilisé de nombreuses femmes-soldats, jusqu'alors négligées et maintenues dans les casernes. Certaines ont été envoyées au combat avec des mercenaires parmi lesquels il y avait aussi des femmes. D'autres, pendant le siège de Tripoli, ont été réparties dans les nombreux checkpoints de la ville, pour contrôler identités et véhicules, ou placées dans la situation humiliante de gérer, sifflet aux lèvres, les longues files d'attente pour l'essence. Marionnettes de Kadhafi. Symboles de son régime. Haïes par la population et les rebelles. Il y en a qui ont déserté, et qui, rattrapées ou dénoncées, ont payé de leur vie ou d'un viol leur ralliement à la révolution. Il y en a aussi qui ont été emmenées en groupe, dans des endroits proches des lignes de front, pour « satisfaire les désirs » de bataillons masculins.

Le destin de la plupart des gardes du corps de Kadhafi risque de demeurer inconnu. Des corps retrouvés dans les décombres de Bab al-Azizia semblent indiquer que plusieurs d'entre elles ont été liquidées en août, dans les toutes dernières heures du régime. Au moment de la débâcle et de la fuite désespérée du Guide, elles devenaient inutiles.

4

LE PRÉDATEUR

Le docteur Faisel Krekshi n'aurait jamais pu imaginer ce qu'il a découvert, fin août 2011, en prenant avec une poignée de rebelles le contrôle de l'université de Tripoli. Formé en Italie puis au Royal College de Londres, ce professeur et gynécologue de cinquante-cinq ans, calme et pondéré, n'ignorait pourtant pas la corruption du système universitaire, les réseaux de surveillance et de délation mis au point par les comités révolutionnaires, l'immense outil de propagande que constituaient les différentes facultés. Il savait combien restait vif, dans la population, le souvenir des pendaisons publiques d'étudiants en 1977 et 1984 et avait conscience qu'aucune carrière universitaire n'était envisageable sans donner les gages d'une totale loyauté au régime. Il n'a donc pas été étonné en découvrant, au terme d'une nuit de bataille intense sur le campus, une prison improvisée dans des conteneurs maritimes, un bureau pour le chef redouté des services de renseignement Abdallah Senoussi, ainsi que des tiroirs bourrés d'informations sur des dizaines

d'étudiants et professeurs avec une liste de personnes
à exécuter. Mais ce qu'il trouva par hasard en explo-
rant les recoins de l'université à la recherche d'éven-
tuels snipers et en forçant les portes d'un appartement
secret situé sous l'« auditorium vert » dans lequel
Mouammar Kadhafi aimait à faire des conférences,
allait bien au-delà de ses pires soupçons.

Un vestibule conduisait à un vaste salon de réception rempli de fauteuils de cuir brun. Puis un couloir
menait à une chambre à coucher sans fenêtre, tapissée
de boiseries. Un grand lit à deux places y était préparé,
enveloppé dans une couverture matelassée, bordé par
des tapis à fleurs bon marché et encadré par deux petits
chevets sur lesquels étaient posées des lampes diffusant
une lumière orange tamisée. Attenante, une grande
salle de bains comportait une douche, un W.-C., un
bidet et un jacuzzi avec robinetterie dorée. Voilà qui,
dans un bâtiment réservé à l'étude et l'enseignement
du *Livre Vert*, était étrange et ressemblait à une garçon-
nière. Mais c'est la pièce suivante qui stupéfia les visiteurs et me glaça lorsque à mon tour je pus explorer
l'endroit. En face de la chambre, une porte débou-
chait sur une salle d'examen gynécologique parfaitement équipée. Lit avec étriers, projecteur, matériel de
radio, instruments, modes d'emploi en anglais sous
papier plastique… Le docteur Krekshi, pourtant tout
en retenue, ne pouvait cacher son dégoût.
« Comment ne pas être choqué et bouleversé ? me dit
ce spécialiste réputé, nommé recteur de l'université

après la révolution. Rien, absolument rien ne pouvait justifier la présence de telles installations. Si on craignait la moindre urgence, le centre d'obstétrique et de gynécologie de l'hôpital est à moins de cent mètres. Alors pourquoi ? Quelles pratiques illégales et perverses étaient ainsi abritées des regards ? J'entrevois deux possibilités : des interruptions de grossesse et des reconstructions d'hymens, toutes choses interdites en Libye. Et sans prononcer le mot viol, je suis contraint d'imaginer une conduite sexuelle perturbante. »

Il parlait d'une voix grave, mesurant chaque mot, et conscient de la monstruosité de sa découverte. Lui-même m'avoua avoir été le gynécologue attitré des deux filles de Kadhafi, Aïcha et Hanaa. « Cela me met dans une étrange situation, reconnaissait-il avec un sourire navré. La famille Kadhafi respectait mes compétences, je ne demandais rien d'autre. Parfois, les filles exprimaient l'étonnement de leur père à mon sujet. Il ne réclame pas une voiture ? Une maison ? Non, je ne voulais rien. Surtout pas ! » Il connaissait l'appétit de Mouammar Kadhafi pour les jeunes filles. Il avait entendu parler de ce qu'il appelait « la touche magique », cette main qu'il posait sur la tête des ses proies pour les signaler à ses gardes du corps. Et lui qui enseignait le planning familial en consacrant chaque année un cours à la notion de « tabou » reconnaissait que les mœurs sexuelles de Kadhafi relevaient du plus grand des tabous. Personne ne se serait risqué à évoquer le sujet, à mettre en garde les étudiantes, à organiser un cordon de sécurité. On préférait ne rien savoir. Quant aux victimes du prédateur, elles ne pouvaient que se taire et quitter discrètement l'université. Une estimation de leur nombre – celles invitées à Bab al-Azizia et celles entraînées dans la suite présidentielle camouflée sous l'amphithéâtre – était donc impossible. Le jour de sa macabre découverte, le docteur Krekshi m'a dit avoir trouvé dans l'appartement « huit ou neuf » DVD contenant les vidéos d'agressions sexuelles perpétrées par le Guide sur les lieux. Mais il avoua aussitôt les avoir détruits. J'étais interloquée. Détruits ? N'étaient-ce pas des preuves qu'il était essentiel de conserver ? « Remettez-vous dans le contexte. C'était encore la guerre. Je ne pouvais pas garantir que ces enregistrements ne tomberaient jamais dans des mains irresponsables ou néfastes. Qu'elles ne feraient pas l'objet de pressions ou de chantage. Mon premier souci a été de protéger les jeunes filles. » Etrange réaction. Lourde responsabilité. N'était-ce pas plutôt à la justice de prendre une telle décision ?

La révélation de l'existence d'un appartement secret de Kadhafi au sein même de l'université avait provoqué un choc sur le campus. Mais les langues ne se sont pas pour autant déliées. On vilipendait le dictateur, on piétinait allègrement ses affiches utilisées comme paillassons devant les salles de cours en proclamant sa révulsion. Cependant les étudiantes voilées passaient leur chemin si je cherchais à en savoir davantage et un jeune homme que j'avais chargé de sonder quelques élèves sur le sujet m'a vite renvoyé un texto : « J'abandonne. C'est tabou. » Tout de même ! Il y avait forcément des témoins, des gens qui avaient remarqué des éléments suspects ou entendu parler de jeunes filles harcelées ! N'y aurait-il personne pour dénoncer le système ? Le jeune rédacteur en chef de l'hebdomadaire *Libya Al Jadida* m'apparaissait le seul déterminé à briser le silence. « J'avais une amie, issue d'une famille aux racines paysannes de la région Azizia, qui était venue étudier la médecine à Tripoli, m'a-t-il raconté. A l'occasion d'une visite à l'université, Kadhafi a posé la main sur sa tête et ses gardes du corps sont venues dès le lendemain à son domicile la prévenir que le Guide l'avait choisie pour être garde révolutionnaire. La famille a refusé et les menaces ont alors porté sur le frère. La jeune fille a accepté de rencontrer le Guide, elle a été violée, séquestrée pendant une semaine et relâchée avec un paquet d'argent. Ses parents étaient trop humiliés pour pouvoir la reprendre. Un retour à l'université était inenvisageable. Elle était perdue. Aujourd'hui, elle travaille officiellement dans le business de l'automobile. En fait, je sais qu'elle vit du commerce de son corps. »

Le teint clair, les cheveux longs et bouclés portés sur les épaules, le verbe haut, Nisreen n'était pas étonnée. Elevée en Libye dans une famille bourgeoise dont un parent était européen, elle savait qu'il lui serait impossible de survivre dans l'atmosphère oppressante et hypocrite du régime de Kadhafi et que son épanouissement passait par des études à l'étranger. « Nous étions loin d'imaginer l'éventualité de viols, m'a-t-elle raconté un soir, bien que les frasques des fils du Guide, et de leur bande, aient été connues de tous. Mais toutes les filles étaient un jour ou l'autre confrontées à la corruption sexuelle. Des femmes envoyées par Bab al-Azizia sillonnaient les campus, s'incrustaient dans les toilettes où les filles se remaquillaient tranquillement, se mêlaient aux conversations et faisaient très vite des propositions, y compris financières. » Et il n'y avait pas que l'ombre de Bab al-Azizia. L'université tout entière baignait dans une atmosphère de chantage sexuel. « Combien de filles ont échoué à leurs examens pour avoir refusé les avances de leur professeur ? Combien, stupéfaites d'avoir été injustement notées, se voyaient proposer des cours très particuliers ? J'ai entendu parler de jeunes filles qui se sont offertes au professeur de leur fiancé pour que ce dernier obtienne son diplôme, préalable indispensable à leur mariage. J'ai vu des garçons demander ce service à leur petite amie avant, parfois, de la larguer. Le sexe était monnaie d'échange, moyen de promotion, instrument de pouvoir. Les mœurs du Guide se révélaient contagieuses. Sa mafia opérait de la même manière. Le système était corrompu jusqu'à la moelle. »

C'est ce que confirme le docteur Krekshi, effaré par l'organisation qu'il a percée à jour en prenant les rênes de l'université. Un système parfaitement rodé, avec des ramifications et des espions dans toutes les facs et administrations, et coordonné par le secrétariat de l'institution en liaison avec Bab al-Azizia. L'objet ? La sélection des plus jolies étudiantes qu'il faudrait, sous n'importe quel prétexte, faire tomber dans les filets du Guide... puis de sa clique. Bonnes notes, diplômes, responsabilités prestigieuses, bourses d'études. Tout était à leur portée à condition de se montrer conciliantes et dociles. Les cadeaux pouvaient bien sûr déborder le cadre scolaire et il était aussi question d'iPhones, d'iPads, de voitures, de bijoux... Les enchères pouvaient s'envoler très haut pour les plus désirées qui n'étaient pas, en général, les plus pauvres.

« C'est la loi du silence, et personne, jamais, ne témoignera d'un viol », m'a assuré le médecin. Il a cependant référencé plusieurs histoires illustrant les pratiques en cours. Notamment celui d'une étudiante qui, s'étant inscrite en fac de médecine, s'était retrouvée dans la filière des métiers paramédicaux. « C'était incompréhensible étant donné ses notes excellentes. Elle a demandé des explications au secrétaire général de l'université qui lui a promis de corriger l'erreur à condition qu'elle se rende à Regatta, ce centre de loisirs situé en bord de mer où les dignitaires du régime et particulièrement leurs fils se livraient à la plus grande débauche. Tout Tripoli le savait. C'était

une zone de non-droit ou plutôt de tous les droits. La
jeune fille a refusé et pendant deux ans, elle a reçu la
note zéro à tous ses examens. Vous imaginez la pression ? C'est moi-même qui ai finalement écrit une
lettre pour la réintégrer en médecine. J'ai transmis au
nouveau pouvoir cinq autres témoignages de jeunes
filles courageuses prouvant la corruption abjecte du
système. »

*

L'appartement niché sous l'« auditorium vert »
gardera à jamais ses secrets. Et il est, paraît-il, d'autres
endroits fréquentés par le Guide où des alcôves lui
étaient aménagées. C'est qu'il lui fallait toujours plus
de partenaires sexuels, hommes et femmes, les jeunes
vierges ayant sa préférence. Il en voulait au moins
quatre par jour, m'assurait Khadija, l'étudiante violée
qui est restée plusieurs années à Bab al-Azizia, forcée
de piéger d'autres hommes du régime. Quatre, a
confirmé dans la presse britannique Faisal, un joli
jeune homme repéré lui aussi à l'université par le
Guide et forcé d'interrompre ses études de droit pour
entrer immédiatement à son service particulier. « Elles
entraient dans sa chambre, il faisait son affaire et il
sortait, comme s'il s'était simplement mouché le nez. »
Agé aujourd'hui de trente ans, le garçon insistait sur la
violence de Kadhafi, grand consommateur de Viagra,
et affirmait que de nombreuses femmes « allaient
immédiatement de sa chambre à l'hôpital », victimes

de blessures internes. Ce dont témoigne Soraya. Et ce que me confirmeront plusieurs interlocuteurs. Kadhafi était non seulement insatiable mais aussi sadique et d'une extrême brutalité.

Les écoles et les universités constituaient donc pour lui des viviers naturels, en perpétuel renouvellement. C'est d'ailleurs à l'université de Benghazi que le Colonel avait aussi repéré Houda Ben Amer, la mère d'Hanaa, sa fille dite « adoptive » qui est en fait sa propre fille. Elle était originaire de Benghazi et avait atteint une notoriété nationale lorsque à l'occasion de la pendaison publique d'un jeune opposant pacifiste, elle était sortie, très excitée, des rangs des spectateurs pour tirer de toutes ses forces les jambes du jeune homme suspendu à la potence et accélérer sa mort. Une cruauté qui lui avait valu le surnom de « Houda le bourreau » car la scène avait été diffusée à la télévision nationale. Mais Kadhafi l'avait remarquée bien avant. Dès 1976, clamant son attachement au régime, elle s'était opposée aux manifestations étudiantes d'avril, soutenant la répression, dénonçant et traquant les opposants, et menant, à la tête des comités révolutionnaires, des campagnes de « purification ». « On n'avait jamais vu une fille animée d'une telle hargne, d'une telle ambition et d'un tel culot », se souvient un de ses camarades étudiants. Elle prenait la parole avec virulence, participait jusque tard la nuit à des réunions, et relayait le message de Kadhafi menaçant les dissidents de nouvelles exécutions. » Après les pendaisons de

1977, soutenue par le Colonel et parlant en son nom, elle n'avait cessé d'accroître son pouvoir, prenant dans un premier temps le quasi-contrôle de son université, écartant les professeurs et les étudiants qu'elle jugeait trop éloignés de l'orthodoxie du régime. Puis elle avait disparu un moment de Benghazi, partie vivre auprès du Guide et intégrant sa garde personnelle, avant de revenir plus influente que jamais et viscéralement liée à Kadhafi, qui décidera de la marier (il lui servira de témoin) et la nommera à d'importantes fonctions : maire de Benghazi, présidente du Parlement arabe, présidente de la Cour des comptes, ministre... Devenue l'une des femmes les plus riches de Libye, haïe par la population et aujourd'hui emprisonnée à Tripoli – sa maison de Benghazi a été incendiée par les rebelles dès les premières heures de l'insurrection –, elle a avoué à ses geôliers avoir été forcée d'abandonner la petite Hanaa née – si j'en crois la photocopie d'un passeport délivré en 2007 que j'ai eue entre les mains – le 11 novembre 1985 de sa liaison avec Kadhafi et que Safia, l'épouse, est venue un jour chercher à l'orphelinat de Tripoli afin de l'adopter.

Tous les lieux fréquentés par les femmes pouvaient être sources d'approvisionnement pour le Guide, y compris les prisons où l'on a vu une de ses gardes du corps venir faire des photos de jolies détenues. Les salons de coiffure et de beauté étaient une source privilégiée, visités assidûment par ses rabatteuses. Les fêtes de mariage en étaient une autre. Il adorait se rendre à ces festivités où les femmes revêtaient leurs plus beaux atours. S'il ne pouvait s'y rendre lui-même, il y dépêchait ses émissaires et passait un temps fou à visionner photos et vidéos prises à cette occasion. Un photographe du centre de Tripoli me l'a confirmé, qui trouvait toujours mille prétextes pour ne pas remettre à Bab al-Azizia les copies des reportages de mariage qui lui étaient demandées. Des jeunes filles me confirmeront avoir renoncé d'elles-mêmes à se rendre à certaines de ces fêtes organisées dans de grands hôtels de Tripoli par peur d'être ainsi filmées et repérées plus tard pour le Guide ou sa clique. D'autres parents vivront dans cette angoisse, interdisant à leurs filles, déjà privées de rencontres sociales, de s'attarder aux fêtes et défilés, a fortiori lorsqu'ils avaient lieu dans l'enceinte de Bab al-Azizia. Car la résidence du Guide, bien que protégée comme une vraie forteresse, accueillait sans cesse groupes scolaires et jeunes militants. Une aubaine pour le maître des lieux.

Ses employés, chauffeurs, gardes, soldats étaient souvent sollicités pour lui faire parvenir les photos et films de leur mariage. Certains, au départ, étaient plutôt touchés de l'intérêt du Guide. Mais tous ont déchanté. Si une invitée, sœur, cousine, avait l'heur de lui plaire, ils étaient chargés de provoquer une rencontre. Et advienne que pourra. Mais si c'était la jeune mariée qui tapait dans l'œil du maître, ils ne l'apprendraient que lorsqu'il serait trop tard. Le Colonel se débrouillerait pour les éloigner de leur foyer, au prétexte d'une mission, et en profiterait pour convoquer leur épouse ou lui rendre visite. Une visite non courtoise qui, si la femme résistait, conduisait à un viol. Combien d'histoires terribles m'ont été racontées de ces gardes rendus fous de colère, de dépit, de jalousie, après la confession de leur jeune femme, qui ont voulu se venger du Guide et ont été massacrés sur ses ordres ! Plusieurs ont été pendus, d'autres découpés en morceaux. Deux d'entre eux ont eu les membres attachés à des voitures partant dans des directions opposées. La scène, filmée, était montrée aux gardes nouvellement embauchés afin qu'ils sachent ce qu'il en coûtait de trahir le maître de Bab al-Azizia.

Infirmières, institutrices, puéricultrices étaient également ciblées. La directrice d'une crèche de Tripoli m'a notamment raconté comment l'une de ses jolies employées a reçu un jour la visite de trois amazones venues lui demander de se joindre à une équipe de jeunes femmes choisies pour accueillir à l'aéroport, avec des fleurs, une délégation d'Afrique du Sud. « Surtout, faites-vous belle ! » Quelques jours plus tard, elles passaient la chercher dans un minibus qui, soudain, quitta la route de l'aéroport et obliqua vers Bab al-Azizia. Une surprise qui ravit le groupe puisque le Guide les reçut rapidement en improvisant un petit discours. Mais alors que tout le monde regagnait le bus, la puéricultrice se trouva acculée dans une petite pièce dotée d'un jacuzzi, dans laquelle deux infirmières lui firent en un éclair une prise de sang.

Kadhafi réapparut alors, et il ne souriait plus. Ses intentions étaient très claires. La fille a paniqué : « Je vous en prie, ne me touchez pas. Je suis de la montagne. Et j'ai un fiancé ! — Je te donne le choix, a répondu le Guide : ou bien je le tue, ou bien je te laisse l'épouser, je t'offre une maison et tu nous appartiendras à tous les deux. »

*

Un proche collaborateur du dictateur, qui travaillait quotidiennement à ses côtés mais n'avait aucun pouvoir de décision, a fini par accepter — mais avec quelle réticence ! – d'aborder ce sujet. Il niait au départ savoir quoi que ce soit de ce qu'il appelait « la vie privée du frère Guide » et disait avoir toujours refusé de s'en mêler. « Je ne traînais pas le soir et je n'ai jamais, je vous le jure, mis les pieds au sous-sol de sa résidence », belle manière d'indiquer que ce lieu était celui de tous les dangers. Mais la confiance s'installant peu à peu avec la promesse que je ne citerais pas son nom, il a fini par évoquer le service de « proxénètes » chargés de « répondre aux besoins sexuels » du dictateur. « Des courtisans minables et veules, qui rampaient devant lui et se battaient pour devancer ses désirs. » Et il a synthétisé la situation. Mouammar Kadhafi, me dit-il, pouvait être décrit comme un obsédé sexuel – « il ne pensait sérieusement qu'à ça » – et cette addiction « maladive » l'amenait à tout analyser à travers le prisme du sexe. « Il gouvernait,

humiliait, asservissait et sanctionnait par le sexe. » Mais
il avait deux sortes de proies. Le tout-venant, jeune de
préférence, issu des couches populaires, qui constituait sa nourriture quotidienne, ne représentait pas
d'enjeu particulier, et pour lequel il s'en remettait à ce
qu'on appelait son « service spécial », proche de celui
du protocole, et dirigé ces dernières années par la
terrible Mabrouka Shérif, maintes fois citée dans le
témoignage de Soraya. Il prenait ces filles, le plus
souvent par la force – quelques rares, particulièrement
endoctrinées, se disaient flattées d'être « ouvertes » par
le Guide – et pouvait récompenser largement celles
dont il était satisfait, qui acceptaient de revenir, voire
de recruter de nouvelles filles. Et puis, il y avait les
autres. Celles qu'il ambitionnait d'avoir. Celles dont la
conquête et la domination devenaient un défi
personnel. Celles qui constitueraient d'extraordinaires
trophées.

Pour obtenir celles-là, il se montrait patient, faisait
preuve de stratégie, déployait d'énormes moyens. Il y
avait les stars bien sûr. Chanteuses, danseuses, actrices
et journalistes de télévision du Proche et Moyen-
Orient. Il pouvait envoyer des avions au bout du
monde pour les quérir et les couvrir d'argent et de
bijoux, avant même qu'elles n'arrivent. Elles
comblaient son narcissisme – « je peux les avoir
toutes » – mais ce n'était pas ce qui l'intéressait le plus.
Ce qui l'excitait profondément, c'était de posséder
une heure, une nuit ou quelques semaines, les filles ou

les épouses des personnages puissants – ou de ses opposants. L'enjeu était moins de séduire la femme que d'humilier à travers elle l'homme qui en était responsable – « il n'est pire offense en Libye » –, le piétiner, l'anéantir, ou, dans le cas où le secret ne serait jamais éventé, prendre de l'ascendant sur lui, aspirer sa puissance et le dominer, au moins psychologiquement.

« Ce fils de Bédouin, né sous la tente, qui avait pendant toute sa jeunesse souffert de pauvreté et de mépris n'était mû que par la soif de revanche, analysait son collaborateur. Il avait les riches en horreur et il s'est employé à les appauvrir. Il détestait les aristocrates et les gens bien nés, ceux qui, naturellement, possédaient ce qu'il n'aurait jamais, culture, pouvoir et bonnes manières, et il s'est juré de les humilier. Cela passait forcément par le sexe. » Il pouvait contraindre certains ministres, diplomates, militaires haut gradés, à des relations sexuelles avec lui. « Ils n'avaient pas le choix, un refus valait condamnation à mort et l'acte par lequel il manifestait sa totale domination était tellement honteux qu'aucun ne pourrait s'en plaindre ni s'en prévaloir un jour. » Il exigeait parfois qu'ils lui livrent leurs femmes. Sinon, il s'arrangeait pour leur tendre des pièges, les inviter en l'absence de leurs maris, leur rendre lui-même visite, suscitant, on s'en doute, leur confusion et leur panique. « Mais c'est pour avoir leurs filles qu'il se surpassait. Ce pouvait être un travail de longue haleine, le temps de réunir

sur elles photos et renseignements ; de repérer leurs
goûts, leurs habitudes, leurs sorties ; de les approcher,
puis de les cerner et de les travailler au corps, grâce à
ses fameuses gardes et à leur mère maquerelle. On leur
disait combien le Guide les admirait. On leur faisait
miroiter de l'argent, une voiture – une BMW ou un
gros 4 × 4 –, un diplôme de médecin si elles faisaient
des études, voire un cabinet en ville si elles rêvaient de
s'installer. Tout devenait possible. » Quel triomphe
lorsqu'elles venaient finalement à lui ! Quelle emprise
assurée sur leur géniteur !

5

MAÎTRE DE L'UNIVERS

Parmi les mets de luxe du dictateur, les « proies de choix » qu'il convoitait, venaient les épouses et filles de souverains et chefs d'Etat. Faute de devenir comme il le souhaitait « roi des rois d'Afrique », Mouammar Kadhafi rêvait au moins de posséder leurs épouses. Une manière de les surpasser tous. Mais sur ce terrain-là, le recours à la contrainte et la force était impensable. Il fallait du savoir-faire, de la diplomatie et du doigté. Et dépenser beaucoup, beaucoup d'argent. Nombre d'épouses ont très vite compris qu'elles pouvaient tout obtenir du Guide et ne se privaient pas de solliciter un rendez-vous afin de venir elles-mêmes quêter son aide financière pour un hôpital, une fondation, un quelconque projet qui leur tenait à cœur. Il distribuait à tout-va et se débrouillait bien sûr pour y trouver son avantage. Certaines filles de chefs d'Etat africains, aux mœurs plus libérées que les Libyennes et habituées à mener grand train, se faisaient inviter par lui à Tripoli et n'hésitaient pas à demander à « papa Mouammar » de financer leurs vacances, études, ou

projets d'entreprise, comme par exemple le lance-
ment d'une société de production de programmes
télévisés. Le bureau du Guide, puis sa chambre, leur
étaient ouverts. La fille d'un ex-président du Niger est
ainsi entrée durablement dans son intimité et l'a
accompagné dans de nombreux voyages officiels.
Mais le Colonel aimait aussi l'idée de prendre des
risques et de séduire les épouses au nez et à la barbe des
maris. Les grands sommets internationaux lui
donnaient l'occasion de déployer tous ses talents.

Une femme d'une quarantaine d'années, ayant
travaillé plusieurs années au service du protocole du
Guide, m'avait donné rendez-vous dans un salon de
thé d'un quartier chic de Tripoli. Une amie lui avait
parlé de mon enquête, elle était d'accord pour y participer. C'était tellement inattendu après la succession
de refus qui m'étaient systématiquement opposés !
Petite, menue, très vive, elle ne portait pas le voile et
me regardait bien droit dans les yeux, amicale et,
comment dire, combative. « Je sens comme un devoir
de vous parler, me dit-elle. Je n'ai pas pu participer à la
révolution ni prendre les armes contre Kadhafi. Je
vous jure que je l'aurais souhaité. Vous rencontrer,
contribuer à faire connaître la vérité sur ce que fut
réellement ce régime, est une façon d'apporter ma
pierre à la révolution. » Comme elle avait déchanté,
avouait-elle, depuis son engagement au service du
protocole ! Comme elle avait perdu, elle aussi, toutes
ses illusions sur le Guide et les ressorts qui l'animaient !

Elle avait cru travailler pour la Libye, servir un grand dessein porté par un visionnaire intègre. Elle s'était pris en pleine figure un système de prébendes, de courtisanerie, et de corruption sexuelle qui avait anéanti toutes ses convictions. Elle avait tenté de garder le cap, de faire en sorte que son travail, à elle, puisse être irréprochable. Mais il ne lui avait pas fallu longtemps pour découvrir que l'obsession de Kadhafi pour le sexe entachait l'ensemble du régime et pouvait faire voler en éclats toute l'organisation minutieuse des sommets et visites de chefs d'Etat dont était chargé son service. Elle était révoltée. « Il jouait avec le feu, on frôlait sans cesse l'incident diplomatique. » Toutes les règles étaient bafouées. « Une épouse d'un chef d'Etat en visite était réputée nourrir un fort intérêt pour les écoles ? Notre tâche était de lui organiser un programme correspondant à ses attentes, des rendez-vous avec des professionnels de l'enseignement, des visites d'établissements. Pourtant, au jour J, l'agenda soigneusement élaboré explosait : une voiture de Bab al-Azizia venait chercher la dame pour un "entretien particulier" avec le Guide. Un entretien ! Cela n'avait bien sûr aucun sens. Mais j'ai rapidement compris. Mieux valait oublier l'école. La femme, dès le lendemain, recevait une valise contenant 500 000 dollars en billets de banque et une parure d'or ou de diamants. »

En novembre 2010, le troisième sommet Afrique-Union européenne était organisé à Tripoli. Une partie du service du protocole a donc été chargée de prévoir l'accueil des épouses de chefs d'Etat ainsi que différentes activités susceptibles de leur plaire. Un petit dossier était préparé sur chacune d'elles, comportant sa photo et un curriculum vitae. Une accompagnatrice leur était affectée pour tous leurs déplacements. Le jour de leur arrivée, Mabrouka Shérif s'est présentée dans le bureau du chef de l'aéroport où étaient regroupés les dossiers. Elle a examiné toutes les photos des premières dames, et s'est arrêtée sur l'une d'entre elles, dotée d'une formidable crinière et particulièrement spectaculaire. « Faites-moi une photocopie de sa fiche. C'est pour le Guide. »

La première journée s'est passée dans les règles, chaque délégation s'installant le soir sur son lieu de séjour. Le lendemain, Mabrouka a appelé le service du protocole : « Accompagnez-moi pour remettre les cadeaux. » Une voiture est donc allée faire la tournée des hôtels et résidences de luxe où étaient installées les différentes délégations. Et l'employée du protocole a découvert, aussi stupéfaite que certaines épouses, l'opulence des présents. « Je croyais avoir déjà vu beaucoup de choses, mais ça… Je n'en revenais pas ! Il y avait de ces colliers étincelants ! » Mabrouka a pris l'air mystérieux : « Quand tu verras ce qu'on a acheté pour la femme de la photo… » En effet. Lorsqu'elle a présenté son coffret à cette épouse de chef d'Etat africain réputée pour son goût du luxe et sa coquetterie tapageuse, tout le monde a écarquillé les yeux : la parure de diamants était à couper le souffle. « Je ne pensais pas que cela pouvait exister. C'était… comme un collier de science-fiction. » Mabrouka a glissé : « Le Guide voudrait vous voir. » La dame a acquiescé.

Un grand dîner officiel avait lieu dans la soirée à l'hôtel Rixos, le palace cinq étoiles de Tripoli. Kadhafi trônait au centre d'un dispositif en U, entouré par les chefs d'Etat. Trois tables rondes réunissaient les femmes. Comme par hasard, Mabrouka avait pris place près de la somptueuse épouse. A la fin du dîner, alors que tout le monde se levait, elle l'a prise par la main et s'est débrouillée pour se trouver sur le chemin du Guide, lequel s'est arrêté bien sûr, et l'a saluée avec mille compliments. A 2 heures du matin, Mabrouka appelait l'employée du protocole : « A quelle heure part l'avion de cette femme ?

— A 10 heures.

— Je t'enverrai une voiture. Débrouille-toi pour qu'elle soit à 9 heures à Bab al-Azizia.

— Pas question ! Je dois gérer les départs de toutes les délégations demain matin, j'aurai vraiment autre chose à faire !

— D'accord, je m'en chargerai moi-même. Mais fais en sorte de retarder l'avion. »

A 10 heures, le mari attendait son épouse dans un salon de l'aéroport. A 11 heures, elle n'était toujours pas là. Ni à midi. La gêne des employés du protocole et de la délégation était patente. L'épouse est arrivée à

13 h 30, désinvolte et souriante, la fermeture éclair de son ensemble moulant déchirée sur le côté.

Une autre fois, un grand dîner de premières dames avait été offert par Safia, la femme du dictateur, dans un luxueux restaurant tournant situé au vingt-sixième étage de la tour de Tripoli. Vers minuit, les agapes terminées, un cortège de voitures a quitté le complexe moderne situé sur le front de mer de la capitale pour ramener chacune des dames à son hôtel. Une voiture, soudain, s'est détachée du convoi. Ordre avait été donné à son chauffeur de bifurquer, le plus discrètement possible, vers Bab al-Azizia. Seulement voilà : à l'hôtel, personne n'avait été prévenu. La délégation chargée d'accompagner la femme était en émoi, son chef du protocole frôlait l'apoplexie. « Une honte ! » hurlait-il aux organisateurs libyens. « Où se trouve madame la Présidente ? Comment pouvez-vous perdre dans la nuit une femme de chef d'Etat ? » On a tenté de le rassurer : la sécurité régnait à Tripoli, ce n'était qu'un petit contretemps. Le téléphone en main, il était paniqué, ne savait qui prévenir, se faisait un sang d'encre. A court d'arguments, les employés du protocole libyen ont préféré s'éclipser. Ils se sentaient confus face à cette situation mais au moins n'avaient-ils pas d'inquiétude quant au lieu où se trouvait l'épouse. D'ailleurs elle est revenue à 3 h 30 du matin.

Tant d'autres histoires m'ont été contées dans le détail. Concernant des compagnes de chefs d'Etat, mais aussi des ministres femmes de pays étrangers, des ambassadrices, des présidentes de délégations. Et même une fille du roi Abdallah d'Arabie Saoudite. Kadhafi était prêt à tout pour avoir cette dernière, vengeance suprême après un grave contentieux l'ayant opposé à son père qui n'était alors que le prince héritier du royaume. Tous les moyens avaient été mis à la disposition d'une entremetteuse libanaise pour amener à lui la jeune femme. Faute d'y parvenir, l'intrigante a réussi à convaincre une Marocaine ayant vécu en Arabie Saoudite de se faire passer pour la princesse, le temps d'une unique rencontre, une somme d'argent considérable à l'appui. Fou d'orgueil, le Colonel fut dupé.

Parfois, dans le regard ardent de mon interlocutrice, et de plusieurs autres, je sentais percer la même inquiétude que j'avais rencontrée au départ chez Soraya : Va-t-elle me croire ? Peut-elle me croire ? Tout cela est si extravagant ! Je prenais des notes sans commentaire. Demandais des précisions, des dates. Elle me les donnait, tout en me priant de ne pas livrer les noms. La plupart des histoires me seront d'ailleurs confirmées plus tard par deux autres personnes, interprètes, travaillant au même service, et des membres du pouvoir actuel.

Enfin, proies a priori interdites, donc éminemment désirables pour celui qui prenait tous les droits : les amantes et épouses de ses fils et de ses cousins. Les rumeurs, sur ce point, étaient nombreuses. Un chef rebelle m'affirma avoir personnellement reçu la confession d'une belle-fille, aujourd'hui à l'étranger, se disant « écœurée » par les mœurs de cette famille « dégénérée », et avouant avoir dû céder une dizaine de fois aux avances trop pressantes du Guide. Je ne m'y attardais guère, n'y voyant qu'une nouvelle indignité au sein d'une famille sur laquelle personne ne nourrissait plus guère d'illusions. Mais la Une du journal *Libya Al Jadida* du 28 février 2012 annonçant une interview de l'un des plus proches cousins Kadhafi attira mon attention. Dans un pays où la presse fut de tout temps bâillonnée et où le sujet du sexe continue d'être tabou, l'article qui suivait était stupéfiant. Interviewé en prison, Sayed Kadhaf Eddam, aisément reconnaissable à son histoire et à ses initiales, y dénonçait le viol brutal de son épouse par son cousin Kadhafi. Un viol, racontait-il, prémédité par un homme sans foi ni loi qui, lorsqu'il désirait une femme, « n'avait que faire des liens l'unissant à un clan, une tribu, une famille », sauf à vouloir utiliser la femme pour « écraser » son mari. Un viol perpétré à plusieurs reprises, disait-il, alors que lui-même avait été éloigné de son foyer pour des missions militaires, et qui avait conduit son épouse, son « grand amour », à vouloir rejeter tout lien avec le clan Kadhafi, réclamer rapidement le divorce, et accepter dans la précipitation un poste à l'étranger. Pour se sauver elle-même. Et pour protéger leur fille car elle ne voulait pas que la famille « soit frappée deux fois par le même sort ». Le vocabulaire était sentimental et le ton étonnamment larmoyant pour un homme connu pour ses frasques en tous genres et sa proximité avec le Guide. « Il l'avait mangée comme un repas chaud, jusqu'à ce qu'elle en arrive à détester le fait d'être une femme. »

Je fonçai donc à la prison Al-Huda de Misrata. L'accusation était extrêmement grave et c'était la première fois, à ma connaissance, qu'un homme « de la famille », dont l'ex-épouse avait finalement fait une carrière de diplomate aux Nations unies en se révélant une défenseuse acharnée du Colonel, prenait le risque de s'exposer sur un terrain aussi miné. Il y a quelques années, la colère, pour les mêmes raisons, d'un autre cousin de la tribu Kadhafa avait abouti à son terrifiant lynchage en public. On me fit pénétrer dans sa chambre située dans la partie infirmerie de la prison, un capharnaüm de valises, de cartons, de livres et de médicaments, un fauteuil roulant planqué dans un coin. Le cousin de Kadhafi, enveloppé dans une djellaba marron, y recevait au lit, allongé sur le côté, une main dodue soutenant sa tête ceinte d'un turban à pompons bleus, l'autre plongée dans une assiette de dattes et autres fruits secs. Mal rasé, l'œil roublard, le ventre proéminent, il me faisait penser à un pacha de tableau orientaliste, las et décadent. Né en 1948, il paraissait dix ans de plus que son âge, et souffrait d'une paralysie partielle. Mais il n'avait pas l'air mécontent de son sort, insistant sur les égards avec lesquels on le traitait et ravi d'avoir ainsi du temps pour écrire un troisième roman. J'ai donc attaqué l'entretien par l'interview donnée au journal libyen, me réjouissant ouvertement qu'un homme du sérail, comme lui, contribue à faire jaillir la vérité sur les crimes sexuels du dictateur. Malaise… Il s'est raclé la gorge, a secoué la tête pour dégager un pompon malicieux échappé du turban, et a tenté un regard grave : « C'est un malentendu.

— Pardon ?

— Je n'ai jamais parlé de crime sexuel.

— Ce n'était peut-être pas votre mot, mais vous avez décrit les manœuvres de Kadhafi pour vous éloigner pendant qu'il contraignait votre femme à…

— Mon ex-femme m'a toujours été fidèle ! Mon honneur est sauf !

— Ce n'est pas elle qui était en cause. C'est Kadhafi que vous accusiez de…

— De rien ! Je vais porter plainte contre le journal qui a inventé ces choses. Je ne veux pas que l'Histoire me lie à ce dossier ! Et ça ne se fait pas de se critiquer au sein d'une même famille ! »

Il restait inflexible. Impossible de revenir sur les faits. Alors on a tourné autour. Il n'était pas question, pour lui, d'incriminer son cousin : « On ne fouille pas dans le tombeau des morts, Dieu seul peut les juger. » Mais il était tellement soucieux de s'exonérer lui-même de toute complicité qu'il lui fallait bien prendre un peu de distance. « En tant qu'intellectuel, je ne pouvais pas approuver certains agissements. » Et puis, un peu plus tard : « En tant que Bédouin, je trouvais qu'il bafouait nos valeurs. » Enfin : « En tant que militaire ayant monté moi-même la caserne Al-Saadi en 1979 où se trouve le tombeau de mon père, j'étais horrifié qu'il dénature le lieu en y emmenant toutes ces femmes. Cela me dégoûtait ! »

Au lendemain de cet entretien, je me suis précipitée au siège du journal ayant sorti l'affaire du viol. Sayed Kadhaf Eddam avait en effet appelé de sa prison, terriblement embarrassé par les réactions outrées de sa famille à l'article. Mais le rédacteur en chef en maintenait chaque mot, affirmant qu'il ne faisait que confirmer ce que tout Tripoli savait depuis longtemps. La suite de l'interview (portant sur un tout autre sujet) fut d'ailleurs publiée dans un autre numéro du journal avec, au centre de la page, la photo du cousin de Kadhafi parlant… dans le magnétophone de son intervieweur. Oui, les propos du flamboyant cousin avaient été enregistrés.

6

MANSOUR DAW

Les seules images disponibles de lui dataient de sa capture, le 20 octobre 2011, au même moment que Mouammar Kadhafi. Un petit film tourné dans une atmosphère chaotique par des rebelles à l'aide d'un téléphone portable le montrait hagard, débraillé, le cheveu et la barbe hirsutes, une plaie sous l'œil droit provoquée par des éclats d'explosifs. Sa fuite éperdue avec le Guide libyen dont il était le redouté chef de la sécurité s'achevait dans un carnage, aux portes du désert. C'était la terrible image d'un vaincu.

Il était resté jusqu'au bout auprès du dictateur libyen, quittant dans la précipitation Bab al-Azizia quand les insurgés s'emparaient de Tripoli, fonçant d'abord vers Bani Walid où Kadhafi fit ses adieux à l'ensemble de sa famille avant de prendre la direction de Syrte, à l'ouest, de s'y planquer dans des maisons ordinaires, rapidement sans moyens, sans électricité, sans nourriture, de plus en plus cerné par les rebelles, jusqu'à cette ultime tentative de fuite stoppée net, à

l'aube, par des tirs de l'OTAN. Du dernier carré de
fidèles, c'était l'un des rares survivants. Et des prisonniers capturés par le nouveau régime, avec Saïf
al-Islam, le fils Kadhafi, c'était le plus important. Son
nom incarnait la terreur entretenue pendant des
décennies. Plus récemment les actes de barbarie
– viols, tortures, exécutions – commis dans son pays
pour mater la révolution. Toute la Libye attendait
qu'il s'explique. Mais Mansour Daw ne parlait pas.
C'est du moins ce dont Ibrahim Beitalmal, membre
du Conseil militaire de Misrata et responsable des
prisonniers militaires, tenait à me prévenir en me
donnant l'autorisation de rencontrer le détenu.

Il est arrivé, ce samedi 10 mars, dans la grande salle
de réunion d'un bâtiment de l'armée nationale à
Misrata, l'allure décontractée – blouson kaki, bonnet
de laine enfoncé sur la tête – et l'air reposé. Sa barbe
blanche était taillée très court, un petit sourire
ironique dessiné sur ses lèvres. Il avait accepté le prin-
cipe d'une interview sans en connaître le sujet. Peut-
être y voyait-il une distraction dans ses journées
solitaires. « J'ai fait quatre séjours en France, dit-il
d'entrée de jeu. C'était un plaisir. » Fort bien, mais
nous n'étions pas là pour des mondanités. J'enquêtais,
lui ai-je annoncé, sur un sujet réputé tabou, les crimes
sexuels du colonel Kadhafi, et j'espérais qu'il me dirait
ce qu'il savait à ce sujet. « Rien, répondit-il. Je ne
savais rien. En tant que membre de sa famille, je lui
devais le respect. Il n'était donc pas question d'aborder

ce sujet. Je m'interdisais d'ailleurs de regarder dans cette direction. Me tenir à distance était le meilleur moyen de garder du respect pour moi-même. Je me protégeais.

— Vous saviez néanmoins que Kadhafi usait de violences sexuelles sur des centaines de jeunes gens et jeunes filles ?

— Je ne nie ni ne confirme. Chacun a droit à une vie privée.

— Une vie privée ? Peut-on parler de vie privée lorsque les relations sexuelles sont exercées sous la contrainte, que les complicités sont multiples et les services de l'Etat mis à contribution ?

— Des gens étaient au courant. Pas moi.

— Saviez-vous que des jeunes filles étaient séquestrées dans le sous-sol de sa résidence ?

— Je jure que je ne suis jamais allé dans ce sous-sol ! Je suis un commandant, je fais partie des plus hauts gradés de l'armée ! J'ai fait une thèse à Moscou sur le commandement militaire. Quand je vais dans une caserne, les gens tremblent de peur. J'ai toujours su comment me faire respecter. Et notamment en me tenant éloigné de tout ça ! »

« Tout ça » ? Qu'entendait-il par là ? Il semblait soudain mal à l'aise. Sans doute s'attendait-il à affronter – et esquiver – des questions sur la guerre, les armes, les brigades et les mercenaires. Sûrement pas à parler de femmes. Le terrain devenait glissant. Il était sur ses gardes.

« Que pensait le haut gradé que vous étiez en voyant votre leader débarquer devant des chefs d'Etat étrangers entouré de gardes du corps féminins dont la plupart n'étaient que de jeunes maîtresses dépourvues de formation militaire ?

— Je n'étais pas responsable de ces voyages et je refusais d'y participer ! Pendant la courte période où j'ai dirigé moi-même la brigade de protection du Guide, je peux vous assurer que les filles de ce "service spécial" n'étaient pas là !

— Ne vous sentiez-vous pas insulté par cette mascarade ?

— Que pouvais-je dire ? Je n'avais pas le monopole de l'armée libyenne ! Et même si je n'étais pas content, je ne pouvais rien faire. De toute façon les femmes ne sont pas faites pour l'armée. C'est contre nature. Si l'on m'avait demandé mon avis, il n'y aurait jamais eu d'Académie militaire féminine.

— Kadhafi y croyait-il sincèrement lorsqu'il l'a créée en 1979 ?

— Peut-être. Mais je crois surtout que c'est cette Académie qui lui a donné l'idée d'utiliser autrement les femmes… »

Il a eu un petit rire, en cherchant dans le regard du directeur de la prison qui venait de nous rejoindre une trace de complicité masculine. Du genre : vous voyez bien ce que je veux dire par « utiliser autrement ». Je lui ai alors demandé s'il connaissait les femmes gardes du corps dont m'avait parlé Soraya, et notamment

Salma Milad, taillée comme une armoire, révolver à la ceinture, qui veillait sur le Guide, l'accompagnait dans tous ses déplacements, repassait ses tenues et… martyrisait ses petites esclaves. Il n'a pas hésité. Bien sûr qu'il l'avait bien connue ! Il lui reconnaissait même une certaine compétence acquise à l'Académie militaire. Mais la place prépondérante qu'elle avait conquise auprès de Kadhafi lui restait en travers de la gorge. « Ça me choquait, vous savez. J'étais même très gêné par cette proximité affichée. Que croyez-vous ? J'ai même hurlé contre ça ! Et je ne lui passais pas la moindre faute quand elle était sous mes ordres. Un jour que nous étions en mission à Koufra, dans le sud du pays, je l'ai engueulée sur le canal de la radio interne. Kadhafi a intercepté la conversation et il est intervenu, furibard : "Ne lui parle plus jamais comme ça ! Tu verras qu'un jour, je la nommerai général. Et elle sera au-dessus de toi !" Mon sang n'a fait qu'un tour. "Si tu la nommes général, elle ne sera jamais devant moi que Salma Milad !" Tous les récepteurs reliés au réseau ont entendu l'échange. Kadhafi en a été très offensé. Comment pouvait-on s'adresser ainsi au chef de l'armée ? Il a envoyé un avion me chercher et j'ai fait trente jours de cachot. Alors ? Qu'en pensez-vous ? Ça vous montre que j'ai des valeurs ! Une morale ! Une ligne rouge ! »

Mansour Daw se lâchait peu à peu. Alors qu'on m'avait dit qu'il ne s'autorisait pas encore la moindre critique de son Guide, je le sentais pressé de se

dédouaner de toute complicité sur ce sujet si sulfu-
reux. Il ne révélait rien, tout était sous-entendu, mais
il me confirmait que la plupart des agissements de
Kadhafi étaient connus de ses proches, en indispo-
saient même certains, et ne souffraient aucune
critique. La relation du chef avec les femmes, qu'elles
soient ou non militaires, relevait d'un domaine
réservé. La foudre pouvait s'abattre sur qui le contra-
riait. Ceux qui, en revanche, avaient su comprendre,
encourager, faciliter l'obsession maladive de leur
maître, s'étaient taillé un pouvoir considérable à
l'intérieur du régime. Et Mansour Daw ne pouvait
cacher son mépris.

« Comment était organisée cette activité ?

— C'était abrité derrière le paravent du service du
protocole dirigé par Nouri Mesmari. Un intrigant qui
avait le culot de se pavaner parfois dans un uniforme
de général et qu'on surnommait "le général des affaires
spéciales", pour éviter de prononcer le seul mot qui
convenait.

— Quel était-il ?

— J'ose à peine vous le dire : "le général des
putes" ! Il recherchait partout des femmes, c'était sa
spécialité et sa fonction principale ; il ramassait même
des traînées dans la rue.

— Et Mabrouka Shérif ?

— Essentielle dans le dispositif. Elle avait même
beaucoup plus de poids auprès de Kadhafi auquel elle
était collée en permanence. Elle m'inspirait une telle

répulsion que par trois fois j'ai refusé de lui serrer la main. Elle disposait de réseaux et s'occupait entre autres des femmes de chefs d'Etat. Elle pratiquait la magie noire et je suis sûr qu'elle y a eu recours pour que Kadhafi lui soit ainsi soumis.

— Il croyait dans la magie noire ?

— Il le niait, mais on a beau vivre dans une époque de science, même les dirigeants occidentaux consultent des voyants ! En tout cas, nous avons été plusieurs à vouloir le prévenir que Mabrouka Shérif et Mesmari la pratiquaient. Je me souviens qu'un jour, nous étions cinq militaires de haut rang avec lui en voiture, c'est moi qui conduisais, et nous lui avons dit : "Fais gaffe ! Tu es victime de magie noire et ces deux-là sont en train de déglinguer ton image." Il a haussé les épaules. "J'ai une confiance totale en eux." Mes mises en garde ont toutes échoué. C'était le chef de l'Etat et je n'étais qu'un simple fonctionnaire. Ce n'est pas à moi de répondre de ses crimes !

— Quand aviez-vous l'occasion de côtoyer ce service du protocole ?

Pratiquement jamais puisque je vous ai dit que je refusais de participer aux voyages officiels organisés par Mesmari. On me l'a pourtant demandé, en France, en Espagne, etc. On avait beau mettre mon nom sur la liste et me réserver une chambre, je refusais. Je ne voulais pas être mêlé à ça.

— Mêlé à quoi ?

— Ces agissements autour des femmes.

— Parce que les voyages étaient propices aux trafics ?

— J'ai entendu dire beaucoup de choses, car il y avait des accrochages avec les vrais militaires. Mesmari, qui parlait plusieurs langues, se débrouillait, en tant que chef du protocole, pour déguiser les arrivages de femmes en "commissions", "délégations", "groupes de journalistes". Je sais aussi que ce service "spécial" était un business très lucratif pour ses responsables, surtout quand ils partaient à l'étranger et se livraient à des trafics avec les cadeaux. J'ai su me protéger. »

J'ai alors évoqué le témoignage de Soraya. Son kidnapping à Syrte par Salma et Mabrouka, ses viols successifs, sa séquestration dans un sous-sol de Bab al-Azizia. Il secouait la tête, l'air accablé. « On ne me consultait pas sur ce type de sujet. J'aurais pu m'opposer. Il m'aurait mis en prison. Je jure que je ne connaissais rien à ce sous-sol ! C'est contraire à mes valeurs ! Je suis un militaire respecté, un père, un grand-père. Vous pouvez m'imaginer en violeur ? En maquereau ? Jamais ! Je serais incapable de coucher avec une femme qui ne le souhaiterait pas ! » Il y a eu un moment de silence où il a semblé perdu dans ses pensées. Il a pris une grande inspiration, a jeté un long regard vers les deux rebelles responsables de la prison et s'est exclamé en levant les bras au ciel : « Lui qui aurait dû être le père spirituel de la nation ! C'est terrible ! »

Etait-il réellement surpris ou jouait-il la comédie ? Etait-ce imaginable que le chef de la sécurité de Libye tombe des nues en entendant évoquer les crimes perpétrés par le maître de Bab al-Azizia, alors que tant d'employés – gardes, chauffeurs, infirmières – étaient au courant ? « Je ne le fréquentais pas intimement ! On était proches et parents. Et je suis resté près de lui jusqu'à la fin. Je l'ai même soutenu, alors qu'il était blessé, pour se mettre à l'abri. Mais je jure que ces informations sont un choc ! Quand j'entends parler de la salle d'examen gynécologique à l'université, j'ai la chair de poule. »

« Peut-on dire que le sexe était une arme politique ?

— Allons ! C'est un classique ! Vous savez bien que l'arme du sexe est utilisée partout. Même en France. Quand je m'y suis rendu pour la première fois, j'ai appris que les services secrets français avaient engagé une Tunisienne pour me piéger. C'était de bonne guerre mais bien mal me connaître. On ne me chasse pas. C'est moi qui suis le chasseur ! Kadhafi aussi a souvent envoyé des filles pour piéger ses proches et de hauts responsables du pouvoir. Certains sont tombés comme ça.

— Saviez-vous qu'il contraignait certains ministres à des rapports sexuels avec lui ?

— Je ne suis pas surpris. Il y a tant d'ambitieux. Il y en avait même qui, pour avoir des faveurs, étaient prêts à livrer leur femme ou leur fille ! Ce qui constitue le comble du déshonneur dans la culture libyenne. C'est la marque du sous-homme.

— Il aurait même tenté de violer les épouses de ses cousins.

— Il faut ne pas être un homme pour accepter qu'on touche à sa propre femme.

— Comment fallait-il réagir ?

— En tuant le violeur. On en se donnant soi-même la mort.

— Vous ne pouvez pas ignorer qu'il a aussi agressé les épouses de gardes et de militaires.

— Je vous garantis qu'il n'a jamais touché à ma propre famille ! J'ai toujours tout fait pour la protéger.

— Comment ?

— J'ai fait en sorte que ma femme ne monte jamais dans une autre voiture que celle conduite par moi-même ou mes fils. Nous n'avions pas de chauffeur. Sauf quand j'ai utilisé occasionnellement les services du frère de mon épouse parce qu'il était encore plus précautionneux que moi. Et jaloux !

— Vous vous méfiiez donc de Kadhafi ?

— On ne l'a pas invité aux fêtes de mariage de mon fils. Au troisième jour, Safia est venue nous féliciter et faire une photo avec mon fils et sa femme. C'est tout.

— Pourquoi ?

— Je ne voulais pas que ma famille si respectée soit victime de ses agissements. La fête de mariage a eu lieu chez moi, car je craignais les caméras des hôtels. L'orchestre était féminin, la réception cent pour cent féminine, à l'exception de mon fils. Et nous avions interdit les téléphones portables pour qu'il n'y ait aucune image volée.

— Vous pensiez qu'en l'invitant à la réception, il aurait pu s'y choisir une proie ?

— Il n'aurait pas osé s'en prendre à l'une de mes invitées. Il savait trop comment j'aurais réagi. Mais je préférais le savoir éloigné. S'il était venu, il aurait forcément été accompagné de ses salopes, toujours à l'affût. Et cela me terrifiait. »

Quel aveu ! Quelle défiance ! N'avait-il pas des regrets d'avoir suivi jusqu'au bout une fripouille si peu respectable ? Il s'est redressé sur son siège et a pris son temps pour répondre.

« Au commencement, a-t-il dit, j'avais la foi, et aucune idée de toutes ses exactions. Maintenant qu'il est mort, à quoi servirait-il que j'exprime des regrets personnels ? Je garde ça pour moi, enfoui au plus profond. J'ai protégé ma famille, c'est pour moi l'essentiel. Et je me soumets désormais à la justice du peuple libyen. J'accepterai son verdict. Même si c'est une condamnation à mort. »

Il s'est levé pour partir, attendant d'être raccompagné dans sa cellule. Et il s'est ravisé. « Vous savez, quand je suis arrivé ici, à Misrata, cette ville tellement meurtrie par la guerre, j'avais perdu beaucoup de sang, j'étais blessé, quasiment mort. On m'a soigné et traité avec respect. Je tiens à le dire. Je dors sur un matelas que le directeur de la prison a lui-même apporté de chez lui. Il m'a donné des vêtements. Je découvre le plaisir de parler avec des hommes bien, qui se sont battus au côté de la rébellion, et le lien quasi fraternel qui nous unit. C'est troublant n'est-ce pas ? »

7

COMPLICES ET RABATTEURS

Retour à Tripoli, cette ville étrange, à la fois moderne et surannée, embouteillée, déboussolée, dénaturée, qui ne sait plus qui elle est. Peut-être a-t-elle un charme caché. Sans doute, dans les méandres de sa médina entourée de murailles, trouve-t-on des souks et des portails de bois sculpté, de vieilles maisons ottomanes, des mosquées somptueuses et des palais secrets. Probablement aussi certains quartiers du centre abritent-ils encore quelques jolis vestiges de l'époque italienne et la place des Martyrs est-elle, les soirs d'été, un endroit aéré où les enfants peuvent courir et jouer. Mais en cet hiver 2012, particulièrement humide et frais, je n'étais guère sensible à la séduction de cette drôle de capitale qui longe la Méditerranée sans daigner la regarder.

Je sillonnais la ville dans des taxis noir et blanc déglingués, aux pare-brise constellés d'éclats, et dont une porte était souvent condamnée. Le chauffeur s'en moquait. Avec fougue, il partait à l'assaut des embouteillages sur des routes défoncées, ignorant les priorités et feux de circulation et fredonnant les chants révolutionnaires crachés par la radio sans jamais préciser qu'il ne connaissait pas l'adresse que je lui indiquais. « Yalla ! » On y va !

Il improvisait dans un concert de klaxons, s'arrêtait brusquement pour demander son chemin, revenait plusieurs fois sur ses pas et criait « Merci Sarkozy ! » en découvrant avec joie que j'étais française. Je souriais en imitant son V de la Victoire. L'intervention de l'OTAN pour soutenir la révolution valait, assurait-il, reconnaissance éternelle. Et l'heure était à l'optimisme.

L'hiver était pourtant rude pour les Tripolitains. La plupart des chantiers publics et privés étaient figés, les grues immobiles se détachaient dans le ciel, tels de lugubres échassiers. Nombre de secteurs économiques, totalement sinistrés, avaient mis au chômage des hordes de salariés qui traînaient dans les rues, couvertes de détritus, à la recherche de combines ou d'un petit boulot, en attendant des jours meilleurs. Les rebelles tardaient à quitter leurs brigades, nostalgiques des temps forts qui les avaient soudés, encore grisés par la victoire, prêts à en découdre avec une milice rivale, hésitant sur leur avenir, incapables de se projeter sur le court terme. Des voix s'élevaient de plus en plus fort pour conspuer le manque de transparence du nouveau pouvoir, ce Conseil national de transition dont la liste des membres n'avait jamais été rendue publique, et pour dénoncer l'inefficacité du gouvernement provisoire. On évoquait des velléités séparatistes à l'Est, des conflits intertribaux dans le Sud, des poches de résistance pro-Kadhafi à l'Ouest. Mais à Tripoli, où l'immense enceinte de Bab al-Azizia avait été rasée par des bulldozers pour être transformée, un jour, en immense parc public, le temps était comme suspendu. La ville sans boussole. Et mes interlocuteurs aux abois.

Quand j'appelais chez certains dont on m'avait donné le contact, la première réaction ressemblait à de la panique : « Comment avez-vous eu mon nom ? Par qui ? Pourquoi ? Je n'ai rien à voir avec ce sujet, vous entendez ? Ne me citez jamais ! Vous n'avez pas le droit de détruire ma vie ! » Parfois, la panique se muait en colère et s'accompagnait de menaces. Souvent elle s'apaisait. Il fallait expliquer, tempérer, rassurer, promettre le secret. Mais combien de rendez-vous, obtenus de haute lutte, annulés, retardés, différés sine die, sans la moindre explication ! Un commandant qui devait me conduire vers un témoin clé n'a soudain plus répondu à son portable. On me dit qu'il avait été transporté dans un hôpital de Tripoli, puis dans un autre établissement de Tunis, puis qu'il était mort. Peut-être. Comment savoir ? Tel autre était soudain lui aussi « en voyage ». Tel autre était « souffrant ». Je ne m'y habituais pas.

Les pistes sur lesquelles m'avait mise Soraya s'étaient toutes révélées exactes. Les enlèvements, les séquestrations, les viols, la mascarade des gardes du corps et le flux permanent de jeunes femmes et hommes dans la chambre d'un dictateur à l'obsession maladive et brutale. Restait à mieux comprendre comment fonctionnaient ces réseaux garantissant au maître de la Libye, et depuis tant d'années, un approvisionnement quotidien en chair fraîche. Des complices étaient partout, certes. Des hommes, qui partageaient ses goûts et savaient que c'était le biais le plus sûr pour s'attirer sa reconnaissance et divers avantages. Des femmes aussi, qui, passées par son lit, avaient compris qu'en fournissant habilement le Guide, elles pouvaient considérablement s'enrichir : une ministre et des policières, une institutrice, une banquière, une coiffeuse, des femmes travaillant dans des hôtels et dans les secteurs du luxe, du tourisme, des affaires. Mais certains relais, près de Kadhafi, étaient particulièrement efficaces.

Au cours de mes interviews, les noms de deux hommes revenaient souvent : Abdallah Mansour (ancien chef du service de renseignement intérieur et particulièrement proche du Guide) et Ali Kilani, issus de l'armée, réputés également poètes et auteurs de chansons, ayant travaillé comme agents et producteurs d'artistes puis dirigé, l'un après l'autre, l'Office général de la radio et de la télévision libyenne, puissant outil de propagande. Leurs relations dans le domaine du show-business leur donnaient accès à des dizaines de jeunes – et naïves – aspirantes aux métiers de la télévision et du spectacle. Chaque casting offrait de nouvelles proies, comme chaque interview dans des cafés et hôtels où ils se comportaient en seigneurs avant de jouer les goujats. Ils avaient aussi tous les contacts souhaitables avec les chanteuses, danseuses, actrices du pourtour de la Méditerranée, et trouvaient mille prétextes pour les inviter chez le Guide ou dans de belles villas dans lesquelles ils organisaient des rencontres et de grandes fêtes. Une jeune animatrice d'une émission pour enfants sur la télévision arabe MBC était remarquée par Kadhafi ? Abdallah Mansour contactait la direction de sa chaîne pour l'inviter en Libye afin d'organiser « un hommage » à son immense talent. Une journaliste libanaise attirait son regard ? On tenterait de la faire venir à Tripoli, dût-on créer pour lui faire parvenir de l'argent une fausse société de production pour un faux projet artistique. Des sommes considérables (jusqu'à plusieurs millions d'euros) pouvaient être versées, un avion mis à disposition. Abdallah Mansour disposait ainsi de correspondants dans de nombreux pays arabes, au Maroc, en Tunisie, en Egypte, en Jordanie, au Liban. Les commissions étaient nombreuses et les récompenses substantielles si le Guide se déclarait satisfait du service.

*

Dans les pays d'Afrique, Kadhafi avait recours aux services de ses diplomates et de quelques personnalités locales pour lui organiser, à chaque voyage, des rencontres avec des associations et groupements féminins. C'était la garantie d'entretenir sa réputation de héros de la cause des femmes, puisqu'il pouvait bousculer tout le protocole d'une visite à caractère politique ou religieux (comme la fête du Mouloud qu'il a célébrée à Tombouctou en 2006 et à Agadès en 2007) pour imposer ce type de réunions. C'était surtout l'occasion de s'y faire des « amies » dévouées à qui il distribuait largement des subventions, en plus des colliers et médaillons à son effigie. A elles de se transformer en relais attentifs, chargées d'organiser ses prochains comités d'accueil – qu'il aimait délirants, pétris d'admiration et spectaculaires – et de repérer, dans les congrès, fêtes, festivals, défilés, mais aussi baptêmes et mariages, de nouvelles jeunes filles à inviter en Libye. Oui, « inviter ». C'était aussi simple que ça. Kadhafi, dans les « pays frères », était réputé riche, splendide et généreux. Les valises de billets de banque transportées dans sa suite étaient aussi célèbres – et attendues – que ses diatribes anti-américaines et ses tenues excentriques. Tout le monde trouvait donc normal qu'il multiplie les invitations à venir le voir en Libye. Ne vendait-il pas la Libye comme une sorte de « paradis des femmes » ? Dans les cafés et boîtes de nuit des capitales maliennes ou nigériennes, m'a raconté un jeune Libyen éduqué à Niamey, il était fréquent de rencontrer de petits groupes de jeunes filles, excitées de partir ensemble le lendemain à Tripoli. « Elles ne se cachaient pas ! Elles clamaient leur chance ! Papa

Mouammar, comme elles disaient, voulait tant faire plaisir aux jeunes filles qu'il les invitait, tous frais payés, à passer des vacances dans son pays. N'était-il pas le plus attentionné des hommes ? »

Ces voyages découvertes, c'est Fatma qui me les a racontés. Appelée par un ami touareg, elle avait accepté un rendez-vous sans poser de conditions. Après tant de refus, je lui en savais gré. Mince, le port de tête altier et la démarche nonchalante, elle est arrivée avec un grand sourire dans le hall du Corinthia, un hôtel de luxe où je me suis vite aperçue, à ses petits signes envoyés à la cantonade, qu'elle connaissait tout le personnel et avait ses habitudes. Une tempête glacée balayait la ville, mais elle était drapée dans des voiles vaporeux, de jolis escarpins dénudant des chevilles de cristal. Elle avait trente-six ans, se disait mauritanienne du Niger mais séjournait depuis vingt mois en Libye. Par la grâce de Mouammar Kadhafi. Comment était-ce arrivé ? Elle a éclaté de rire. « Oh ! Si simplement ! » Une Nigérienne mariée à un Touareg et connaissant Mabrouka lui avait proposé, un jour de 2003, de venir visiter Tripoli avec quatre copines. « L'offre était alléchante : avion, visites, hôtel quatre étoiles, tout était offert par l'Etat libyen ! Sans compter l'argent de poche. Qu'auriez-vous fait à ma place ? Vous auriez dit oui, tout de suite, et avec bonheur ! » J'étais ravie qu'elle ait répondu à ma place car mon « oui » à moi ne serait pas allé de soi. Mais elle a enchaîné. L'invitation était

une telle aubaine ! Elle avait donc débarqué, quelques
semaines plus tard, à l'aéroport de Tripoli en compagnie de quatre amies joyeuses. Jalal (employé dans la
bande des garçons de Kadhafi et éphémère amoureux
de Soraya) les attendait pour les conduire à l'hôtel
Mehari (un cinq étoiles longtemps dirigé par Nouri
Mesmari). Une première enveloppe de 500 dinars
(près de 300 euros) leur avait été remise afin d'aller
faire un peu de shopping avant un programme de
visites et de tourisme. Au bout de quelques jours, on a
prévenu le groupe de bien vouloir s'habiller pour aller
voir « papa ». Une voiture de Bab al-Azizia est venue
les chercher à l'hôtel, suivie par un véhicule de gardes
de Kadhafi, ce qui, précisait Fatma, « nous montrait
que nous étions des invitées importantes ». Elles ont
été accueillies et introduites par Mabrouka dans une
suite de salons. Et Kadhafi est apparu en tenue de
jogging rouge, « très simple ». Il s'est intéressé à
chacune, s'enquérant de son nom, de sa famille, de sa
tribu, de sa langue, de ses loisirs. « Vous aimez la
Libye ? Ah ! Comme j'aimerais que tout le monde
raffole de mon pays ! » Il était si « gentil », si « drôle » !
se souvenait Fatma. A un moment, il s'était même
tourné vers Mabrouka : « Ce serait bien que Fatma
travaille pour nous ! Je m'aperçois qu'elle parle arabe,
touareg, songhaï, français… Ça nous serait très
précieux ! » Mabrouka, selon Fatma, a paru agacée et
jalouse, mais elle a dit « d'accord ! ». Et le groupe est
reparti à l'hôtel sur un petit nuage. « Qu'une personne

comme lui s'intéresse à nous de façon si personnelle était vraiment flatteur ! » N'est-ce pas ?

Les « vacances » ont duré « deux ou trois » semaines. Jalal et le chauffeur étaient à disposition et il y a eu d'autres cadeaux. Fatma affirmait ne pas avoir revu Kadhafi avant le départ. Mais elle est très vite revenue à Tripoli. Avec d'autres jeunes femmes, dont une petite bombe malienne, jet-setteuse flamboyante et gâtée, précédemment remarquée par Nouri Mesmari qui lui avait envoyé un jet privé pour l'amener à Kadhafi une première fois. « Ses tenues moulantes et ses débardeurs décolletés nous valaient des ennuis dans la rue, mais Kadhafi adorait ! Il était fou d'elle et la faisait appeler régulièrement. J'attendais en compagnie de Mabrouka. En sortant de sa chambre, le Guide disait : occupe-toi bien de mes invitées ! Ce qui voulait dire : pense aux cadeaux et à l'argent ! » De fait, Jalal leur a remis au fil des différents séjours « des montres Rado, Tissot, ou autres marques », des bracelets, des boucles d'oreilles, « de grandes marques italiennes de pendentifs », « des colliers avec la photo du Guide entourée de diamants ». Et puis, juste avant de prendre l'avion, des enveloppes contenant des sommes variables allant de 2 000 à 20 000 dollars, « selon les invitées que j'avais amenées ».

Fatma omettait bien sûr quelques détails cruciaux concernant sa fonction. Elle esquivait certaines questions en riant et feignant la candeur : « Nous

sommes ainsi, les Mauritaniennes ! Douées pour les
relations publiques et le commerce ! » Ce qui, me
semblait-il, correspondait assez bien à la définition de
l'entremetteuse ou de la courtisane. Elle disait aussi,
sans plus de précisions : « Nous, les Mauritaniennes,
n'aimons pas les ordres et choisissons nous-mêmes nos
hommes plutôt que d'être choisies ! » Il apparaissait en
tout cas qu'elle avait amené au Guide des flots de
femmes de différents pays – « la dernière fois, dix-sept
en provenance de Nouakchott, pour la fête du
Mouloud » – et que, ses liens avec Bab al-Azizia étant
connus de tous, elle servait aussi d'intermédiaire pour
des ministres, ambassadeurs et entrepreneurs de pays
africains. « Mabrouka s'occupait des femmes et filles
de présidents qui voulaient voir Kadhafi. Moi, mon
champ était beaucoup plus vaste ! » Mais la générosité
du Guide pour les femmes était sans limite, insistait-
elle, rappelant que les hôtels de luxe de Tripoli, le
Mehari en tête, étaient constamment peuplés de ces
invitées oisives, de toutes origines, attendant leur
rendez-vous. Il était clair également qu'elle était
entrée dans l'intimité du dictateur. Elle l'avait accompagné à différentes occasions à Benghazi et à Syrte,
ainsi que dans ses promenades du désert ; elle avait
assisté aux cérémonies des fêtes nationales et côtoyé
Safia, l'épouse, ainsi que les deux filles Aïcha et Hanaa,
cette dernière se tenant « toujours derrière son aînée ».
Que de bons souvenirs, disait-elle. Et de très bonnes
affaires.

*

Les chauffeurs de Bab al-Azizia étaient aux premières loges pour assister aux nombreux chassés-croisés de femmes. L'un d'entre eux, Hussein, qui travaillait au service du protocole, m'a confirmé ses innombrables navettes entre le Mehari et l'aéroport pour transporter des jeunes filles. Elles débarquaient de partout, se rappelait-il : d'autres villes de Libye mais aussi du Liban, d'Irak, des pays du Golfe, de Bosnie, de Serbie, de Belgique, d'Italie, de France, d'Ukraine. Elles avaient une vingtaine d'années, elles étaient belles « même sans maquillage » et portaient toutes les cheveux longs. Une personne du protocole était chargée de les réceptionner et on les conduisait directement à l'hôtel où elles s'installaient pour quelques heures ou quelques jours avant qu'Hussein vienne les chercher – le plus souvent vers 1 heure du matin – pour les conduire à Bab al-Azizia. « Là, j'attendais tranquillement sur le parking. Vers 5 heures, on frappait contre ma vitre, et je ramenais la fille à l'hôtel, toujours suivi par une voiture de gardes. » Certaines sortaient heureuses, d'autres restaient prostrées. Certaines repartaient dès le lendemain, d'autres étaient rappelées plusieurs soirs d'affilée. Toutes arrivaient avec un mini-bagage, la plupart repartaient avec plusieurs valises. Et dans son rétroviseur, Hussein découvrait leurs liasses de dollars. « Je le jure sur la tête de mon fils : l'une a extrait d'une Samsonite dégorgeant de billets une coupure de 100 dollars qu'elle a roulée en cylindre pour sniffer de la cocaïne ! 100 dollars ! Plus d'un mois de mon salaire !» Pour une autre, une célèbre chanteuse libanaise qui avait passé la nuit avec Kadhafi, on lui avait donné l'ordre d'aller retirer un million d'euros à la banque. En billets de 500. « C'est ce jour-là que, totalement écœuré, j'ai décidé de quitter mon travail. Je l'avais cru prestigieux. Il n'était que dégradant. » Un collègue d'Hussein, chargé de chercher des filles au Corinthia, affirmera qu'une infirmière ukrainienne, dépêchée à l'hôtel, lui a plusieurs fois fait publiquement une prise de sang afin de bien montrer aux jeunes filles choisies pour aller à Bab al-Azizia et inquiètes de cet étrange procédé, que c'était un usage qui s'appliquait à tous, indistinctement.

L'obsession bien connue de Mouammar Kadhafi suscita parfois l'ire de politiciens étrangers. Un ministre des Affaires étrangères du Sénégal a raconté, indigné, avoir fermement refusé que la seule femme figurant parmi ses collaborateurs reste à Tripoli comme l'exigeait le Guide alors que l'ensemble de la délégation repartait. Un autre ministre a exigé des explications – qu'il n'a pas eues – après avoir eu vent des tests de dépistage du sida systématiquement pratiqués sur de jeunes Maliennes invitées dans un hôtel. Un autre encore disait avoir intercepté des photos que faisaient circuler des émissaires du Guide afin de retrouver les jeunes filles qu'il avait remarquées lors d'une de ses visites au Niger. Un autre enfin déclencha une enquête, vite étouffée, après avoir appris que des jeunes filles « invitées » par le Guide s'étaient fait confisquer leur passeport et s'étaient senties « séquestrées » à l'hôtel Mehari. La frénésie de Nouri Mesmari à bluffer le Guide en exhibant devant lui toujours plus de jolies femmes a même provoqué un jour un scandale diplomatique entre la Libye et le Sénégal.

Le 1er septembre 2001, un défilé de centaines de mannequins provenant de toute l'Afrique devait fêter le trente-deuxième anniversaire de l'accession au pouvoir du colonel Kadhafi. Les ambassades de Libye dans différents pays étaient bien sûr mises à contribution, dotées de moyens importants, et devaient activer tous leurs contacts dans les milieux de la mode... ou de call-girls. Au Sénégal, la tâche du recrutement des filles avait été confiée à deux jumelles, Nancy et Leila Campbell, filles d'un acteur sénégalais, déjà employées par les services de Kadhafi et particulièrement réactives puisqu'à l'issue d'un casting organisé à la fois dans la rue et en association avec une célèbre styliste, elles finirent par donner rendez-vous le 28 août, à l'aéroport de Dakar, à une centaine de jeunes femmes, invitées pour une semaine à Tripoli. Le jour J, à 7 heures du matin, elles étaient là, longues, minces, somptueusement parées et pleines d'espoir. Le chargé d'affaires de l'ambassade de Libye veillait à leur bonne réception, un Boeing 727 affrété à Malte par l'Etat libyen attendant sur le tarmac.

Mais voilà que peu de temps avant le décollage, les policiers et gendarmes de l'aéroport Léopold-Sédar-Senghor, intrigués par la nature particulière de la « cargaison » et l'absence de titres de transport et de visas pour les passagères dont plusieurs étaient mineures, ont alerté les autorités et immobilisé l'avion. Pris de court, le gouvernement sénégalais a vivement réagi et dénoncé aussitôt une tentative d'« exfiltration » de jeunes filles. Le ministre sénégalais des Affaires étrangères, Cheikh Tidiane Gadio, s'est indigné, a qualifié l'affaire impliquant des diplomates libyens d' « inacceptable et inamicale » avant d'ajouter que le Sénégal n'était pas « un Etat passoire ». Quelques heures après, c'est le ministre sénégalais de l'Intérieur, le général Mamadou Niang, qui assurait dans un communiqué que les filles qu'on tentait d'exfiltrer du territoire national étaient en fait destinées à un trafic lié à la prostitution internationale et qu'il saisissait Interpol. Dès lors, les journaux se sont déchaînés : « Une tentative d'exfiltration de jeunes Sénégalaises » titrait *Sud Quotidien* le 30 août. « L'Etat interpelle la Libye ». En effet, l'ambassadeur du Sénégal à Tripoli était rappelé à Dakar pour consultations. Une délégation libyenne était dépêchée au Sénégal pour rencontrer les ministres des Affaires étrangères et de la Culture. Le chef de l'Etat sénégalais, le président Abdoulaye Wade, se déclarait officiellement « blessé ». Furieux, il a même appelé Kadhafi et il a fallu de nombreuses promesses et toute la diplomatie d'un de ses collaborateurs – qui m'a conté l'événement – pour éviter la rupture diplomatique et réparer la bévue.

Les mannequins faisaient bien sûr partie des fantasmes du dictateur. Dans un pays où quatre-vingt-quinze pour cent au moins des femmes sont voilées, il n'avait de cesse d'organiser des défilés de mode à l'occasion de fêtes, de festivals et même de sommets politiques. Le couturier nigérien Alphadi, surnommé « le Magicien du désert » et reconnu comme le porte-drapeau de la mode africaine, lui voue d'ailleurs une reconnaissance éternelle. « Ah, on peut dire que Kadhafi m'a soutenu ! m'a-t-il dit. Il me donnait beaucoup d'argent, m'envoyait des avions, subventionnait mes défilés ! Il avait une telle foi dans l'Afrique ! Un tel engagement au service de sa culture et en particulier de sa mode ! » Sincère, vraiment ? « Totalement ! Il faut voir comme il m'a aidé à lancer le FIMA, ce premier festival international de la mode africaine désormais connu du monde entier ! Il m'y a envoyé des ministres, des mannequins de son pays. Je pouvais tout lui demander ! » Tout. Le plaisir qu'éprouvait Kadhafi à fréquenter des top models valait bien des subventions et avantages au créateur nigérien. « Mais enfin, monsieur Alphadi, ne saviez-vous pas que le Guide était un prédateur ? » Le couturier marque un petit temps d'arrêt. Je perçois sa soudaine hésitation. « Il y avait des rumeurs le concernant, lui et son entourage. Les Libyens sont de grands dragueurs, j'étais conscient des risques. Mais je ne faisais pas dans la prostitution ! Et avant un défilé à Syrte par exemple, je réunissais mes filles et je leur disais : faites gaffe, regroupez-vous et comptez-vous. Ne sortez pas seules ! Dieu merci, je les ai toujours toutes ramenées ! »

Rien, surtout pas les convenances, ne pouvait cependant freiner la boulimie du dictateur. En novembre 2009, son chef du protocole, décidément plein de ressources, s'adressait (par l'intermédiaire de sa sœur) à une agence d'hôtesses italienne, Hostessweb, pour assurer à son Guide un public comme il les aimait. En marge d'une conférence de la FAO (l'Organisation des Nations unies pour l'alimentation et l'agriculture) sur la faim dans le monde, à Rome, Kadhafi voulait en effet s'adresser une fois de plus à un auditoire féminin. Prévenue très tardivement, l'agence a donc fait passer par SMS et Internet une annonce recherchant des jeunes femmes, d'1,70 mètre minimum, jolies, bien habillées, avec de hauts talons mais sans minijupes ni décolletés. Deux cents se sont présentées au rendez-vous fixé dans un grand hôtel, croyant devoir faire de la figuration pour un meeting suivi d'un cocktail puisqu'elles n'étaient payées qu'environ 60 euros pour la soirée. Aucune ne pouvait alors deviner que des autobus les mèneraient à la résidence de l'ambassadeur de Libye où, à leur grande surprise, Mouammar Kadhafi les a rejointes à bord d'une limousine blanche pour leur tenir un long discours… sur l'islam, cette religion « qui n'est pas contre les femmes ». Un discours délirant par lequel il entendait inciter à des conversions et rectifier quelques contre-vérités : « Vous croyez que Jésus a été crucifié mais ce n'est pas vrai, c'est Dieu qui l'a emmené au ciel. Ils ont crucifié quelqu'un qui lui ressemblait. » Les jeunes femmes sont d'ailleurs reparties le Coran et le *Livre Vert* à la main.

Une énième provocation ? La presse et des hommes politiques italiens se sont en tout cas émus de cet événement et interrogés sur les intentions réelles du dictateur. Mais le directeur de l'agence, Alessandro Londero, s'est montré catégorique : aucune des filles n'avait passé la nuit à la résidence. Il les avait comptées et recomptées. Il s'agissait tout simplement d'une « soirée de discussion passionnante sur la religion et la culture libyenne ». Discussion ? « Mais bien sûr ! a-t-il insisté lorsque je l'ai joint à Rome par téléphone. Le Guide sentait une méconnaissance et une incompréhension à l'égard de son pays. Or, il n'avait qu'une envie : rapprocher les cultures et instaurer un dialogue entre les jeunesses de Libye et d'Occident. Il a demandé au public de poser des questions et a répondu avec patience et pédagogie. Pour toutes ces jeunes filles, je vous assure, ce fut une expérience unique ! » L'islam ? « Ah, il était malin ! Il se doutait bien que son appel à se convertir à l'islam n'entraînerait pas une foule de conversions. Mais il savait que le retentissement médiatique serait énorme ! » De fait, l'expérience fut renouvelée et en quatre soirées, ce sont plus de mille jolies jeunes filles – le directeur a tenu à me préciser qu'il y avait aussi quelques garçons et des filles « normales » – qui ont servi d'auditoire docile au dictateur. Quelques-unes, rares, se sont dites prêtes à embrasser l'islam et ont donné leurs numéros de téléphone, rapidement notés par un personnel à l'affût. Mais le Guide ne s'en est pas tenu là. De solides liens avec l'agence de mannequins ont été noués qui ont permis à celle-ci d'organiser une dizaine de voyages en Libye pour des groupes de douze à vingt-six personnes. Des séjours, tous frais payés, pour « approfondir la culture et le mode de vie libyens ». Des vacances merveilleuses, racontera l'une des jeunes filles, actrice anglo-italienne, ravie d'avoir partagé le petit-déjeuner du Guide (lait de chamelle et dattes) lors d'une escapade dans le désert et persuadée que décidément, « les femmes sont mieux traitées en Libye que partout ailleurs ». Certaines seront tellement convaincues qu'elles participeront, à Rome, aux manifestations contre les frappes de l'OTAN, et qu'un petit groupe, mené par le directeur de l'agence, se rendra à Tripoli, au mois d'août 2011, sur ses propres deniers, pour manifester son soutien en bravant les bombes. Un séjour dont Alessandro Londero reviendra bouleversé, rapportant dans ses bagages, confiée par Abdallah Mansour, une lettre d'appel au secours écrite le 5 août par Kadhafi à Berlusconi, juste avant son départ précipité de Bab al-Azizia. Le directeur d'une agence de mannequins comme ultime messager d'un dictateur en fuite… Sans doute un clin d'œil de l'Histoire.

8

MABROUKA

Depuis ma première rencontre avec Soraya, à l'automne 2011, un prénom m'obsédait : Mabrouka. Sa sonorité ne m'était pas familière même si je savais que Mabrouk, en arabe, signifie « béni » et s'utilise fréquemment pour fêter un événement et lancer à la cantonade « félicitations ! » ou « meilleurs vœux ! ». Mais le « Mabrouka » de Soraya n'avait rien de joyeux. Sa voix grave le prononçait avec une telle dureté, les yeux encore hantés par des souvenirs qu'elle savait impossibles à partager, que je l'ai associé aux couleurs les plus sombres et au mal incarné. Qui donc pouvait-elle être, cette femme prête à tous les crimes pour satisfaire son maître qui avait tout d'un fou ? Quels rapports entretenait-elle avec lui ? Était-ce la soumission ? La fascination ? L'envoûtement ? L'ambition et la soif de richesses et de pouvoir étaient-elles son moteur ou fallait-il percevoir, dans son zèle à anticiper les désirs, fantasmes et perversions du dictateur, des ressorts plus complexes et plus sombres ? Camouflait-elle des humiliations personnelles et une blessure secrète ? Prenait-elle une revanche ? Qu'avait été sa vie avant Bab al-Azizia ?

Soraya ne savait rien, ou si peu, pour me mettre sur la piste. Mabrouka avait été sa ravisseuse, sa geôlière, son bourreau. Elle avait sciemment et irrémédiablement brisé sa vie et, en cinq ans, n'avait jamais manifesté le moindre geste d'humanité ou de compassion. Elle ne pouvait ignorer les viols, elle les facilitait. Elle savait les insultes, les sévices, la sauvagerie ; elle en était témoin et y participait. C'était, me dira un collaborateur de Kadhafi, « la mère maquerelle dans toute son horreur ». Et nul ne doutait qu'elle était occasionnellement sa maîtresse. Encore fallait-il vivre dans l'intimité du Guide pour le savoir. Car à l'extérieur de Bab al-Azizia, Mabrouka se donnait des grands airs, se faisait passer pour l'une des plus proches conseillères du frère colonel et abusait bien des diplomates.

Il m'a fallu un peu de temps pour la dénicher sur quelques photos d'agence. Elle était dans l'ombre du Guide quand il foulait le tapis rouge déroulé à sa sortie d'avion en territoire étranger. Elle laissait la place d'honneur aux pulpeuses amazones, mais elle surveillait la scène de son œil de rapace, légèrement en retrait sous un voile noir austère. Cheveux bruns tirés en arrière, traits réguliers, aucune trace de maquillage, bouche sévère, elle m'apparaissait terne, insipide. Un ambassadeur européen me dit qu'elle ne l'était pas. Mal habillée, « mal fagotée » certes ; sans signe ostensible de coquetterie ou de luxe ; et « jamais dans un rapport de séduction ». Mais « elle devait avoir été belle », lui semblait-il ; et il lui en restait quelque chose. Il lui donnait autour de cinquante ans.

Nombreux sont les chefs d'Etat, ministres et diplomates à l'avoir croisée un jour lors d'un voyage officiel, un sommet africain, une conférence internationale. Européens et Français – notamment Cécilia Sarkozy – l'ont côtoyée lors des longues négociations autour de la libération des infirmières bulgares injustement accusées par les Libyens d'avoir inoculé le virus du sida à des enfants. On la présentait comme responsable du protocole mais tous savaient sa proximité, voire son intimité, avec Kadhafi. Elle avait à l'évidence son oreille ; on l'utilisait donc pour faire passer des messages. Elle faisait d'ailleurs tout pour montrer que son pouvoir dépassait le périmètre du protocole, qu'elle était « la femme de confiance du Guide », qu'elle pouvait intervenir pour des nominations d'ambassadeurs ou autres, et que son rôle était de plus en plus politique. Il lui est arrivé de téléphoner à la cellule diplomatique de l'Elysée pour demander un éclaircissement sur la politique française au Mali ou au Niger. On lui supposait également une influence sur le dossier des Touaregs, dont elle connaissait les dirigeants en Libye, mais aussi dans certains pays voisins comme l'Algérie, le Mali, le Niger et la Mauritanie. Inutile de préciser qu'on la traitait donc avec des égards, même si une note des services français, qui la suivaient lors de ses voyages parisiens, la présentait comme « rabatteuse » et qu'un ambassadeur me dit froidement : « Elle venait faire son shopping. » Shopping ? « Elle ramassait des filles pour les envoyer au Guide. » Oui, c'était bien cela. Elle descendait dans des hôtels de luxe du quartier des Champs-Elysées – une suite au Fouquet's – et activait tous ses contacts avec un aplomb insensé. Avait-elle croisé un jour Caroline Sarkozy, la demi-sœur du président, à une réception ? Elle déboulait à son bureau, sans rendez-vous, avec son traducteur et le chauffeur de l'ambassade libyenne, pour lui demander de préfacer son livre de décoration à l'intention de son maître. « A notre frère Guide. J'espère que ce livre sur les belles maisons parisiennes vous divertira. » Un ouvrage que retrouveront en août 2011 les rebelles lorsqu'ils pénétreront à Tripoli dans la luxueuse villa d'Aïcha, la fille aînée de Kadhafi. L'idée de Mabrouka était bien sûr d'attirer un jour cette jolie femme dans la capitale libyenne. Savait-elle que telle princesse d'une cour arabe – Arabie Saoudite, Koweït – se trouvait à Paris ? Elle lui rendait immédiatement visite à l'hôtel Ritz ou au Four Seasons. Avait-elle rencontré une fois la ministre de la Justice, Rachida Dati, aux origines maghrébines ? Elle demandait à la revoir au Fouquet's. Elle avait établi, bien sûr, une liste des femmes ministres et des femmes d'influence, au premier chef celles de culture musulmane, et elle allait de rendez-vous en rendez-vous. Appelait au téléphone Salma Milad, la militaire, restée à Tripoli auprès de Kadhafi :

« Demande au frère Guide de débloquer de l'argent pour la princesse X. » Ou bien : « Envoie-moi une caisse de pendentifs pour des épouses d'ambassadeurs. » Elle faisait un petit tour au magasin Sephora pour acheter des parfums commandés par le harem et appelait à nouveau Salma pour savoir ce qui manquait au Guide. De la poudre, du fond de teint, un anti-cernes de la marque américaine MAC ? « C'est pour un homme d'un certain âge », précisait-elle au vendeur. « Un monsieur dans votre genre. » Le jeune homme était à mille lieues d'imaginer que le destinataire des crèmes était Kadhafi et cela faisait rire sa traductrice.

Mais elle prenait aussi le temps de traîner dans certains magasins de luxe, restaurants ou cafés de standing, pour y repérer de jolies femmes et entamer la conversation. Les jeunes filles du Maghreb ou du Golfe avaient sa préférence et elle pouvait les aborder en arabe. Pour les autres, elle utilisait les services d'un traducteur, très rodé à sa démarche. « Vous connaissez la Libye ? Oh, c'est un pays qui demande tellement à être découvert ! Cela vous dirait d'y faire un séjour ? Je peux vous y inviter ! Je peux même vous faire rencontrer notre Guide ! » Elle se faisait prendre en photo, avec ses proies potentielles, dont elle notait l'adresse. Elle était constamment en chasse, avec des moyens illimités. On m'a ainsi raconté l'histoire d'une jeune Marocaine abordée dans un hôtel qu'elle a suppliée d'accepter son invitation en Libye et qui, après avoir exigé de partir avec son cousin, est revenue en France avec 50 000 dollars.

Un soir à Tripoli, un chef touareg qui l'avait connue dans sa jeunesse a accepté de me confier quelques indices essentiels sur le personnage de Mabrouka. Nous étions dans un restaurant aux abords de la vieille ville et j'allais me régaler d'un couscous de chameau. Mais avant même que j'aie sorti mon carnet, l'homme aux manières et à la minceur aristocratiques, aussi à l'aise dans son jean bien coupé et sa veste en cachemire que vêtu d'une gandoura et d'un chèche blancs, me prit le bras et, fixant mon regard, déclara d'une voix posée et grave : « C'est une diablesse. » Il observa un temps de silence, comme pour accentuer l'impact du mot choisi. Et puis il enchaîna : « Elle est habitée par le mal et d'une habileté redoutable. Il n'est rien qu'elle n'ose entreprendre pour atteindre son but : mensonges, escroqueries, trahisons, corruption, magie noire. Elle a toutes les audaces, louvoie comme une couleuvre, et pourrait vendre du vent en boîte. »

Son père – de la lignée des Shérif – était de noblesse touareg et avait fait une mésalliance en tombant amoureux d'une femme de plus basse extraction habitant la ville de Ghat, une cité du Sud libyen située près de la frontière algérienne, non loin du Niger. Le couple avait eu deux filles, Mabrouka et sa sœur aînée, qu'ils avaient confiées, pour les élever, à des esclaves. Une tradition, m'a-t-il expliqué, pour conjurer le sort et « contrer l'esprit du mal » lorsque les parents ont préalablement perdu de jeunes enfants. Mabrouka avait été fiancée, très jeune, à un Touareg de la noblesse quand un homme de la tribu de Kadhafi, Massoud Abdel Haffiz, déjà marié à une cousine du Guide, l'avait soudainement épousée. Il était commandant de la région militaire de Sebha, et Mabrouka, pendant un court moment, a pu profiter des nombreux privilèges accordés aux proches de Kadhafi et pris le goût des voyages dans de luxueuses conditions. Mais ce militaire de haut rang a rapidement divorcé et elle est retournée vivre dans sa ville natale de Ghat. Contrairement à la plupart des femmes touaregs, elle ne portait pas la robe traditionnelle et s'habillait à l'occidentale. « Mais sans aucun style », précisait mon interlocuteur. On lui avait connu une romance avec un patron de banque, puis elle avait disparu, « montée à Tripoli ». Sur les circonstances exactes de cette échappée belle, il ignorait les détails.

Quelqu'un du service du protocole me les donnera. Car Mabrouka y avait été embauchée en 1999, à l'occasion d'une conférence de chefs d'Etat africains à laquelle Kadhafi voulait donner une ampleur et un lustre historiques et où fut signée, le 9 septembre 1999 (9.9.99), la fameuse « déclaration de Syrte » fixant l'objectif de l'Union africaine. Une trentaine de chefs d'Etat y participaient, ce qui signifiait presque autant d'épouses qu'il fallait réceptionner à l'aéroport, accompagner dans leurs déplacements (coiffeur, shopping, conférences) et auxquelles il fallait nécessairement attribuer des interprètes. Débordée par la tâche, l'administration du protocole se vit donc dans l'obligation de recruter rapidement des femmes parlant toutes sortes de langues et de dialectes africains. C'est par cette petite porte que Mabrouka, qui connaissait le touareg et le haoussa (une langue parlée notamment au Niger et au Nigeria), pénétra dans le cercle du pouvoir. « Elle ne payait pourtant pas de mine ! » se souvenait la personne qui l'avait recrutée. « Elle avait l'air d'une paysanne arriérée, sans la moindre coquetterie ou sophistication. Probablement très pauvre ; en tout cas, c'est ce que j'ai pensé. Mais elle avait une telle volonté dans le regard ! » Un mini-stage a réuni les nouvelles embauchées pour leur prodiguer conseils et instructions sur leur rôle, leur langage et leur apparence (le port d'un tailleur moderne était recommandé). Et au premier jour de la conférence, Mabrouka faisait son entrée à Bab al-Azizia pour accompagner la délégation de la Guinée qui devait saluer Kadhafi. Cela a suffi. Le soir même, elle prévenait sa responsable : « Trouve quelqu'un d'autre pour me remplacer. A compter de ce jour, je travaille directement pour le frère Guide. » Elle avait réussi.

La famille qui l'avait accueillie, à son arrivée à Tripoli, a raconté plus tard la rage qu'elle avait à trouver du travail et surtout son obstination à rencontrer Kadhafi. « Il suffirait d'une fois, disait-elle. Une seule fois ! Et il me voudra à son service ! » Tous expliquaient son succès par sa pratique intensive de la magie noire plus que par son charme. Pendant toutes ses années de service auprès de Kadhafi, elle rencontra dans leurs différents pays – et fit inviter à Tripoli – les plus grands sorciers d'Afrique.

Peu à peu, elle est donc devenue la souveraine d'une sorte de harem abrité dans le sous-sol de la résidence du Guide, que les jeunes filles intégraient en tant que captives, et dans lequel elles finissaient par rester des années, piégées et incapables de réintégrer la société libyenne. Mais aussi la pourvoyeuse attitrée en gibier sexuel (on m'a raconté la façon dont elle appréciait la musculature de très jeunes hommes, en Afrique, avant de les acheminer vers Kadhafi). Enfin, la directrice de ce qu'on appelait le « service spécial », ces filles en uniforme supposées composer la garde personnelle et flamboyante du dictateur. Malheur à qui attirait son attention ou mentionnait incidemment une nièce, une cousine, une voisine. Malheur à qui venait à Bab al-Azizia demander un service (logement, travail, soins de santé). Elle n'attendait qu'une occasion pour jeter ses filets.

« Cette femme était la honte de la nation touareg, me dit l'un de ses leaders. Nous savions tous ce que signifiait le "service spécial". A-t-elle profité de sa situation pour cibler des femmes de notre peuple ? Elle est capable de tout. Mais une femme touareg se tuerait plutôt que d'avouer avoir subi une telle chose. »

J'ai bien sûr tenté de savoir où était Mabrouka. Au début de l'hiver 2011, on me disait qu'elle avait fui, comme la plupart des proches de Kadhafi, et qu'elle se trouvait en Algérie. Quelqu'un crut la voir en Tunisie. Puis une dépêche d'agence m'informa qu'elle avait mobilisé de nombreuses personnalités, notamment parmi les Touaregs, pour essayer de convaincre les autorités algériennes de lui accorder l'asile politique. Ce qui lui fut refusé. Début mars 2012, j'ai appris qu'elle avait « négocié » son retour sur le sol libyen et qu'elle était désormais en résidence surveillée à Ghat, vivant en compagnie de sa mère. La rencontrer, malgré mon insistance, s'est avéré impossible. Mais à ma grande surprise, Ottman Mekta, l'imposant chef rebelle de Zintan qui, pendant trois longues journées, avait procédé à son interrogatoire, semblait pencher pour l'indulgence. « Elle a exprimé beaucoup de regrets et même demandé pardon, m'a-t-il dit. Elle a affirmé qu'elle n'agissait pas de son plein gré. Personne, à l'époque, n'était libre ! Je l'ai vue très attachée à sa vieille mère et j'ai eu l'impression d'une bonne personne à qui on faisait porter un manteau bien trop large. »

Une bonne personne… Je n'en croyais pas mes oreilles. Etait-il possible qu'elle parvienne à retourner ses geôliers ? Devrais-je leur transmettre le témoignage de Soraya ?

9

ARME DE GUERRE

Il est fréquent d'écrire des articles que personne ne souhaite. Après tout, c'est bien la vocation des journalistes de travailler sur des sujets qui dérangent, de sortir des informations qui perturbent, de faire émerger des vérités qui fâchent. « Notre métier n'est pas de faire plaisir, non plus de faire du tort, il est de porter la plume dans la plaie », écrivait Albert Londres, la figure tutélaire des grands reporters francophones. Je ne pensais pas pour autant écrire un livre dont personne, en Libye, ne voulait.

Au fil de mon enquête, les rares amis libyens soutenant l'initiative ont été menacés. Et au plus haut niveau de l'Etat, on a parlé d'offense. Le viol d'une jeune fille entraînant le déshonneur de l'ensemble de sa famille, et particulièrement des hommes, celui de milliers de femmes par l'ancien dirigeant du pays ne pourrait que susciter le déshonneur de la nation tout entière. Idée trop douloureuse. Hypothèse insoutenable. A-t-on jamais connu pays où l'indignité frapperait tous les hommes, coupables de n'avoir pas su protéger leurs femmes, leurs filles, leurs sœurs, d'un tyran prédateur ? Allons ! Mieux vaut tout camoufler sous le tapis berbère et le bandeau « tabou » au nom de la préservation de l'intimité des victimes. Ou bien alors nier. Parler de « non-sujet ». Et regarder ailleurs. Rien de plus facile. L'immense majorité des victimes du Guide ne se feront jamais connaître. Et pour cause ! Quant aux « filles de Kadhafi », ses gardes du corps, son « service spécial », son harem, dont la plupart ont fui, il suffit de les décrire comme des femmes de mauvaise vie, des putains qui se sont complu dans le luxe, les voyages, la luxure offerts par le dictateur, et que la plupart des familles ont reniées. En faire des partenaires du Guide plutôt que ses victimes. Autant dire des complices, dénuées de moralité... Oui, nier semble être la tentation des maîtres actuels de la Libye. Et présente l'avantage de protéger les vilains petits secrets et la grande couardise d'une poignée d'hommes, autrefois valets du dictateur et complaisants à son égard, aujourd'hui révolutionnaires zélés aux côtés du nouveau pouvoir. Ceux-là rêvent de silence. Taire les viols. Oublier les femmes. Soraya, Libya, Khadija, Leila, Houda, les autres... qui savent trop de choses. Tant de victimes de guerre « valeureuses », « héroïques », « exemplaires », attendent de ce nouvel Etat libyen reconnaissance et réconfort. De « vraies » victimes. Des hommes, cela va sans dire.

Soyons justes, il y a quelques exceptions. Mohammed al-Alagi est de celles-là. Et sa rencontre, un jour de doute où la Libye tout entière me semblait hostile, murée dans son silence, m'impulsa un sursaut d'énergie. C'était un dimanche soir du mois de mars, dans un café du centre de Tripoli. Un taxi m'y avait déposée après une course joyeuse où le chauffeur m'avait commenté avec humour les caricatures de Kadhafi peintes un peu partout sur les murs de la ville. Un Kadhafi grotesque, tour à tour lubrique et sanguinaire, la touffe de cheveux hirsute et souvent... déguisé en femme. « Vous savez pourquoi ? » me demanda le jeune homme, ex-rebelle, alors que je riais devant le dessin du dictateur en petit déshabillé vert, un collier de perles autour du cou, les faux cils recourbés et les lèvres écarlates. « C'était un pédé ! Il demandait à des jeunes gardes de danser pour lui habillés en femmes ! » Cette audace de langage m'avait sidérée, bien plus que l'information elle-même qui m'avait déjà été donnée par Soraya et un ancien garde de Bab al-Azizia dont un jeune collègue, honteux, devait se prêter à ce type de séance.

Mohammed al-Alagi m'attendait devant un thé à la menthe en compagnie d'un ami avocat. Ancien ministre de la Justice par intérim, aujourd'hui président du Conseil suprême des Libertés publiques et des Droits de l'homme en Libye, il avait présidé longtemps l'association du barreau de Tripoli et avait gagné le respect de ses collègues et d'observateurs d'ONG étrangères avec lesquels il a toujours communiqué. De petite taille, il portait une casquette de gentleman anglais sur un visage rond et doux, paré d'une petite moustache, et animé par des yeux vifs et francs. Lui au moins ne parlait pas la langue de bois. Quel contraste après tant d'interviews de personnalités se regardant le nombril, tout étourdies de leur nouveau pouvoir. « Kadhafi a violé, me dit-il. Violé lui-même, à grande échelle, et ordonné des viols. Des hommes, des femmes. C'était un monstre sexuel, pervers et d'une grande violence. Très tôt, j'ai eu vent de témoignages. Des avocates, elles-mêmes violées, se sont confiées à moi, comme ami, comme homme de loi. Je partageais leur souffrance, mais je ne pouvais rien faire. Elles n'osaient pas aller voir le procureur général. Porter plainte les condamnait à mort. Avez-vous vu sur Internet les vidéos des lynchages atroces de quelques officiers qui avaient osé se révolter contre le viol de leur femme par le Guide ? Ce type était barbare ! » Il secouait la tête, le cou dans les épaules, les deux mains entourant son verre de thé bouillant. « Les derniers jours de sa vie, traqué, démuni, il ne se retenait même plus. Il a agressé sexuellement des garçons de dix-sept ans, devant ses gardes fidèles. N'importe où ! Brutalement ! Comme un renard ! Nous avons des témoignages concordants. Et je refuse, comme le font certains, de dire que tout cela relève de sa vie privée. Ce n'était pas faire l'amour. C'était commettre un crime. Et le viol est pour moi le plus grave de tous les crimes. »

Je lui ai parlé de Soraya, de son sous-sol, de ses souffrances passées, de son désarroi actuel. Cela me faisait du bien de l'évoquer devant une oreille bienveillante. Je pensais sans cesse à elle tout au long de l'enquête. Mohammed al-Alagi écoutait en hochant la tête. Il ne doutait pas un seul instant de ce que je racontais. Il trouvait si précieux qu'elle ait la force de témoigner. « Je voudrais qu'on rende justice à chaque victime de Kadhafi, dit-il. Ce serait la moindre des choses. Il faut que ce soit un objectif pour le nouveau régime. Je veux des enquêtes, des auditions publiques, des condamnations, des réparations. Pour aller de l'avant, réunir la société, construire un État, le peuple libyen doit savoir ce qui s'est passé pendant quarante-deux ans. Pendaisons, tortures, séquestrations, meurtres de masse, crimes sexuels de tous ordres. Personne n'a idée de ce que nous avons souffert. Ce n'est pas une question de revanche ou même de punition. Plutôt de catharsis. » Ce serait compliqué, bien sûr. Il ne le niait pas. On manquait de moyens, de structures, de coordination. Le gouvernement ignorait le nombre exact de lieux de détention ; la plupart des prisons étaient entre les mains de milices armées ; le système judiciaire était loin d'être stabilisé. Mais il fallait poser une exigence de transparence et aucun crime ne devait rester hors d'un faisceau de lumière.

Il se faisait très tard. Il devait s'en aller. J'ai prononcé le mot esclave en évoquant Soraya et il s'est emporté. « Mais Kadhafi nous a tous pris pour des esclaves ! Il a vomi sur son peuple toutes ses souffrances passées, détruisant notre culture, balayant notre histoire, imposant à Tripoli le néant du désert ! Certains Occidentaux se sont pâmés devant sa soi-disant culture alors qu'il méprisait le savoir et la connaissance. Il devait être le centre du monde ! Oui, il a corrompu la société libyenne, rendant sa population à la fois victime et complice, et transformant ses ministres en marionnettes et en zombis. Oui, le sexe fut en Libye un moyen de pouvoir : "Tu t'écrases, tu m'obéis, sinon je te viole, toi, ta femme, ou tes enfants." Et il le faisait, condamnant tout le monde au silence. Le viol fut une arme politique avant qu'il n'en fasse une arme de guerre. »

Comme il détonnait par rapport aux hommes politiques qu'il m'avait été possible de voir ! Et lui au moins ne craignait pas d'être cité, contrairement à la plupart de mes interlocuteurs. Nous abordions donc le terrain miné des viols perpétrés par les troupes de Kadhafi pendant la révolution. Ils avaient eu lieu par milliers. Dans toutes les villes occupées par les milices et mercenaires du dictateur. Egalement dans ses prisons. Des viols collectifs, commis par des hommes alcoolisés, généralement sous substance, filmés par des téléphones portables. La Cour pénale internationale, qui avait lancé en juin 2011 un mandat d'arrêt contre le dictateur, avait très tôt dénoncé l'existence de cette politique systématique de viols mais les preuves étaient très difficiles à réunir et les victimes introuvables. Les femmes ne parlaient pas. Des médecins, des psycho-logues, des avocats, des associations féminines voulant leur venir en aide avaient le plus grand mal à les atteindre. Elles se terraient, repliées sur leur honte et leur douleur. Certaines, d'elles-mêmes, avaient préféré fuir. D'autres avaient été chassées par leur famille. D'autres avaient épousé des rebelles qui s'étaient portés volontaires pour sauver l'honneur de ces « victimes de guerre ». Quelques rares, m'a-t-on dit, avaient été tuées par leurs frères outragés. Enfin, au cours des mois d'hiver, il en est qui avaient accouché dans le plus grand secret. Et une immense détresse.

Grâce à un réseau de femmes dévouées, efficaces, et on ne peut plus discrètes, j'ai pu moi-même rencon-trer quelques-unes de ces femmes profondément trau-matisées et assister, à l'hôpital, à des adoptions de bébés issus de ces viols. Moments inoubliables où l'enfant, en quelques secondes, change de mains. Et de destin. Et où la maman – souvent adolescente – repart. Délestée. Mais tourmentée à jamais. Dans une prison de Misrata, j'ai aussi interviewé des violeurs. Deux pauvres types de vingt-deux et vingt-neuf ans, engagés dans les troupes de Kadhafi, qui tremblaient, le regard fuyant, en racontant en détail leur forfait. C'était un ordre, disaient-il. On leur donnait des « pilules qui rendent dingue », en même temps que de l'eau-de-vie et du hachich. Et leurs chefs les mena-çaient de leur arme. « Parfois on violait toute la famille. Des filles de huit, neuf ans, des jeunes filles de

vingt ans, leur maman, parfois devant un grand-père.
Elles hurlaient, on frappait dur. J'entends encore leurs
cris. Je ne peux pas vous dire leurs souffrances ! Mais le
chef de brigade insistait : violez, tabassez et filmez ! On
enverra ça à leurs hommes. On sait comment humilier ces connards ! » Le premier maudissait Kadhafi et
suppliait qu'on ne dise pas à sa mère ce dont on l'accusait. Le second, larmoyant, se disait rongé par le
remords, incapable de trouver le repos. Il lisait le
Coran et priait jour et nuit, avait dénoncé tous ses
chefs et se disait prêt à recevoir n'importe quel châti-
ment. Y compris la mort.

« L'ordre venait de tout en haut », m'a confirmé
Mohammed al-Alagi. Nous avons là-dessus les témoignages des plus proches de Kadhafi. J'ai entendu moi-
même son ancien ministre des Affaires étrangères,
Moussa Koussa, affirmer l'avoir vu ordonner aux chefs
des kataebs : "D'abord violer et ensuite tuer." C'était
cohérent avec son habitude de gouverner et d'écraser
par le sexe. » Fallait-il d'autres preuves d'une stratégie ? D'une préméditation ? Elles existaient. Des
centaines de boîtes de Viagra avaient été trouvées à
Benghazi, Misrata, Zouara, et même dans la
montagne. « Il y en avait partout où avaient stationné
ses milices. Et nous avons découvert des contrats de
commandes prépayées, signés par l'Etat libyen…
Arme de guerre, vous ai-je dit ! »

Mouammar Kadhafi se rêvait parfois écrivain et avait publié, en 1993 et 1994, seize nouvelles pleines d'envolées lyriques, de poncifs incantatoires ou mortifères et de pensées délirantes. « Elles reflétaient ses souffrances », se souvenait Mohammed al-Alagi, frappé par cette peur de la foule confessée dans *Escapade en enfer*, et tellement prémonitoire.

« Ces foules inclémentes, même envers leurs sauveurs, je sens qu'elles me poursuivent… Comme elles sont affectueuses dans les moments de joie, portant leurs enfants au-dessus d'elles ! Elles ont porté Hannibal et Périclès… Savonarole, Danton et Robespierre… Mussolini et Nixon… Et comme elles sont cruelles dans les moments de colère ! Elles ont comploté contre Hannibal et lui ont fait boire le poison, elles ont brûlé Savonarole sur le bûcher… envoyé Danton sur l'échafaud… fracturé les mâchoires de Robespierre, son bien-aimé orateur, traîné le corps de Mussolini dans les rues, craché à la figure de Nixon lorsqu'il a quitté la Maison-Blanche alors qu'il y avait été porté sous les applaudissements ! » Et le dictateur d'ajouter : « Que j'aime la liberté des foules, leur élan enthousiaste après la rupture des chaînes, lorsqu'elles lancent des cris de joie et chantent après les plaintes de la peine. Mais comme je les crains et les redoute ! J'aime les multitudes comme j'aime mon père, et les crains comme je le crains. Qui serait capable, dans une société bédouine sans gouvernement, d'empêcher la vengeance d'un père contre l'un de ses fils ?... »

La foule en effet s'est vengée. Maintes fois, lors de mon séjour à Tripoli, je surprendrai des Libyens en train de visionner avec un mélange d'effroi et de fascination les images chaotiques et obscènes montrant l'agonie de Mouammar Kadhafi sous les cris de triomphe des combattants. Des chants révolutionnaires ont été rajoutés au montage des séquences filmées par des téléphones, qui exaltent l'épopée. Mais il est une image que les rebelles n'ont pas osé glisser dans la plupart des films. Une image que deux femmes m'avaient montrée sur leur portable, quelques jours après la mort du Guide, mettant un doigt sur la bouche comme s'il s'agissait d'un secret. J'écarquillais les yeux, l'écran était étroit, la photo un peu floue. Je ne pouvais pas le croire. J'étais si horrifiée que j'ai cru me tromper. Mais non, c'était bien cela. Avant même le lynchage, les coups, les tirs, la bousculade, un rebelle introduisait brutalement un bâton de bois ou de métal entre les fesses du dictateur déchu, qui, aussitôt, saigna. « Violé ! » souffla l'une des deux femmes sans une once de regret.

Un avocat de Misrata me le confirmera. « Tant de Libyens se sont sentis vengés par ce geste symbolique ! Avant son rendez-vous avec la mort, le violeur fut violé. »

Epilogue

L'été est vite revenu sur Tripoli la Blanche tandis que l'hiver, à Paris, s'est prolongé en un printemps glacé. Du moins c'est ce qui me semblait. Le ciel y était gris et bas, la pluie désespérante, l'horizon obstrué. Et il m'arrivait de regretter, de courts instants, de n'avoir pas choisi d'écrire sur place, en pleine lumière, devant la Méditerranée, l'histoire de Soraya et du secret de Kadhafi dont personne, encore, ne parlait. La vérité, c'est que j'avais fui. Trop de pressions et de tensions, de silences toxiques, de confidences empoisonnées. Il me fallait d'urgence prendre de la distance, et relire mes carnets loin de la Libye et de cette angoisse qui continuait de torturer mes interlocutrices. Mais la distance était toute relative. Si j'écrivais à Paris, mon esprit restait à Tripoli et je guettais, anxieuse, des nouvelles de Soraya. Elle tâtonnait, trébuchait, déprimait, puis reprenait espoir, enfantine, dénuée de discipline, ne sachant que faire de son passé si obsédant, de ce secret si encombrant. Le mot avenir n'avait encore pour elle aucun sens. Son obsession quotidienne était ses cigarettes, ses trois paquets de Slims sans lesquels elle ne pouvait plus vivre. Et je repensais avec colère à la scène où le tyran, de force, lui avait mis la première à la bouche. « Aspire ! Avale la fumée ! Avale ! »

Internet, chaque jour, me donnait la mesure de l'impatience croissante des Libyens à l'égard du régime provisoire. Le pétrole était normalement pompé et sa production atteignait quasiment le niveau d'avant la révolution. Mais le peuple n'en percevait encore aucun bénéfice. Tout le pays était comme en suspens. Pas de gouvernement légitime ni de législateurs, pas de gouverneurs provinciaux, pas d'armée nationale, pas de police, pas de syndicats. Bref, pas d'Etat. Les services publics étaient en déshérence, les hôpitaux mal approvisionnés, les soupçons de corruption omniprésents. Loin d'être dispersées ou intégrées dans une structure nationale, les milices formées d'ex-rebelles renforçaient leur pouvoir, édictant leurs propres règles et gardant jalousement leurs prisonniers en d'innombrables lieux disséminés sur le territoire. Des échauffourées entre leurs membres survenaient de temps à autre, sans compter l'irruption d'un nouveau type de conflits liés à la propriété. Ah, le joli legs de Kadhafi ! Il avait nationalisé, à la fin des années 70, une multitude de terres, immeubles, usines, villas. Et voici que surgissaient les anciens propriétaires, munis de titres datant de l'occupation italienne ou de l'époque ottomane, et désireux de récupérer immédiatement leurs biens. Fût-ce par les armes.

Les femmes ? C'était peut-être la seule lueur d'espoir. Elles redressaient la tête, haussaient le ton, réclamaient d'avoir enfin toute leur place. Elles se sentaient pousser des ailes, prêtes à toutes les audaces. Leur participation à la révolution avait été si massive qu'elles avaient contribué à lui donner légitimité et fondement et elles entendaient bien en recueillir les fruits en termes de liberté, d'expression, de représentation. On ne pouvait plus, pensaient-elles, les tenir à l'écart. « C'est comme après les guerres mondiales ! m'avait dit Alaa Murabit, une brillante étudiante en médecine élevée au Canada par des parents dissidents mais revenue en Libye il y a sept ans. Les femmes ont affronté la peur, les risques, les responsabilités. En l'absence des hommes, elles ont dû sortir des maisons dans lesquelles elles sont souvent confinées et elles ont pris goût à devenir des membres actifs de la société. Alors fini, d'être traitées comme citoyens de seconde classe ! On a des droits. Et on va se faire entendre ! »

L'ère Kadhafi leur avait certes ouvert les portes de l'université, l'entraînement militaire organisé au lycée par des instructeurs masculins ayant brisé un tabou et convaincu leurs parents qu'elles pouvaient, sans risques excessifs, côtoyer les hommes. Les jeunes filles, avec succès, s'y étaient donc engouffrées – en médecine, en droit –, remportant les meilleures notes. La frustration de ne pouvoir construire ensuite de carrière prestigieuse avait été d'autant plus grande. Malheur à celles qui entendaient sortir du lot, viser une place prééminente et se faire remarquer, de quelque manière que ce soit : Kadhafi et sa clique (commandants, gouverneurs, ministres…) étaient aux aguets. Qu'une femme retienne leur attention, et ils se servaient sans vergogne. Viols, enlèvements, mariages de force… « Vous n'imaginez pas la peur qu'ont eue les filles d'apparaître trop brillantes, trop intelligentes, trop talentueuses ou trop jolies, m'avait confié la juriste Hannah al-Galal, originaire de Benghazi. Elles se retenaient de prendre la parole en public, elles renonçaient aux postes à notoriété et restreignaient leurs ambitions. Elles ont même renoncé à la coquetterie, abandonné les jupes courtes et chemisiers portés dans les années 60 pour adopter le voile et des vêtements amples couvrant leur corps. L'attitude "low profile" était une règle d'or. Comme la tenue passe-muraille. Dans les assemblées et réunions, les femmes étaient comme des fantômes. »

Cette époque était bel et bien révolue. Ou plutôt : elles espéraient qu'elle était révolue. Dans la Libye post-Kadhafi, les femmes renouaient avec l'ambition – professionnelle, économique, politique –, conscientes, malgré tout, que les mentalités ne pouvaient pas changer du jour au lendemain. Une vieille garde veillait au grain. La preuve ? Ce fameux discours prononcé le 23 octobre 2011, le jour de la proclamation officielle de la libération du pays, par le président du Conseil national de transition (CNT), Moustapha Abdeljalil. Des dizaines de milliers de personnes avaient fait le déplacement pour assister à la cérémonie qui avait lieu sur la plus grande place de Benghazi, trois jours seulement après la mort du dictateur. Des millions d'écrans rassemblaient dans tout le pays des familles bouleversées par l'importance de l'événement. La Libye clamait sa foi dans la démocratie. Chacun retenait son souffle. Et les femmes, sans le dire, attendaient un geste, une évocation des offenses passées, et peut-être un hommage. Or ce fut un fiasco.

Pas un mot sur leurs souffrances ni leur apport à la révolution. Pas une allusion au rôle qu'elles devraient jouer dans la nouvelle Libye. Ah, si ! J'oubliais : une petite mention aux mères, sœurs ou filles des combattants magnifiques auxquels la patrie devait tant ; et l'annonce que, pour respecter la loi de la charia, désormais référence suprême en matière de droit, la polygamie ne serait plus entravée par l'obligation pour les hommes – instaurée par Kadhafi – de demander à leur première femme l'autorisation d'en épouser une seconde. C'était tout. Une gifle pour les femmes attentives qui, depuis le début de la cérémonie, tentaient en vain de distinguer une silhouette féminine dans les tribunes officielles où se pavanait une foule d'hommes en costume-cravate, si fiers d'incarner la relève.

« J'étais choquée, furieuse, révoltée ! m'avait avoué peu après Naima Gebril, juge à la cour d'appel de Benghazi. Quel discours catastrophique ! Je vous assure : j'en ai pleuré. » Tout ça pour ça ? demandait-elle avec tant d'autres. « Cette lutte de nos mères et de nos grand-mères pour avoir le droit à l'éducation, au travail, au respect. Cette énergie mise dans nos études pour triompher des discriminations et exercer librement nos métiers. Et puis cet engagement total dans la révolution, depuis le tout premier jour alors même que la plupart des hommes avaient peur de sortir. Tout ça pour se voir nier le jour de la libération ? Quelle honte ! »

Quelle honte, oui. Ainsi l'avaient-elles toutes ressenti. « Vous vous souvenez du déluge d'images montrant les délégations du CNT en tournée dans les capitales occidentales ? me demandait celle qui fut la première femme juge nommée à Benghazi en 1975. Pas une femme à l'horizon ! » Et la visite d'Hillary Clinton à Tripoli, la veille de la capture de Kadhafi ? « Pas une Libyenne pour l'accueillir ! » La Secrétaire d'Etat américaine s'en était d'ailleurs publiquement offusquée, insistant sur la nécessaire égalité des droits entre hommes et femmes. « Comme c'était humiliant ! regrettait alors l'universitaire Amel Jerary. Mais voilà : aucun homme, jamais, ne nous fera entrer dans la photo ou ne se poussera pour nous faire une place sur la moindre estrade. Il va falloir s'imposer de force et je vous assure que les initiatives des femmes vont se révéler capitales. »

Des coordinations de femmes, partout, se sont créées. Sous forme de clubs, d'associations, d'ONG. Elles se sont regroupées en réseaux, professionnels, amicaux, régionaux. Les petites cellules clandestines formées pendant la révolution se sont transformées en organisations au service des femmes, des enfants, des blessés, de la réconciliation. Elles ont suppléé des tas de services défaillants et le cruel manque d'initiatives du gouvernement. Elles ont monté des stages d'instruction civique pour exposer les droits et responsabilités de chacune dans une démocratie : « Voter est un privilège. Saisissez-le. C'est à vous de jouer maintenant ! » Et elles brûlent de transformer cette présence sur le terrain en lobby politique. Car elles savent bien que leur émancipation passera par là.

Il suffit de faire un petit tour sur Facebook pour constater l'abondance de groupes féminins, la vivacité de leurs discussions sur l'avenir des Libyennes, leur volonté de s'informer sur la situation des femmes dans les autres pays des révolutions arabes et de se coordonner au plus vite. Oui, elles sont pleines d'espoir. Elles commentent la loi électorale. Débattent de l'opportunité, ou non, des quotas. Exigent des femmes ministres, ambassadeurs, directrices de banques, d'entreprises publiques et d'administration en affirmant qu'elles, au moins, « n'ont pas été mouillées dans le système Kadhafi ». Les lire est tonique, tellement rafraîchissant ! Et je riais de les voir publier leurs propres photos sur lesquelles elles

brandissent fièrement leur nouvelle carte d'électrice.
Ah ! Elles comptent bien s'en servir !

Elles affichent des coups de cœur. Mais avouent
aussi leurs coups de blues. Le 18 mai, une jeune
femme que je connaissais pour son activisme s'est laissé
aller à publier sur Facebook un message un peu plus
frivole... et dépité : « C'est vendredi et le temps est
fabuleux. Mais étant une femme, en Libye, je me
retrouve cloîtrée à la maison et déprimée car je n'ai pas
le droit d'aller à la plage. Pourquoi n'y a-t-il pas de
plages pour femmes ? N'avons-nous pas assez de
côtes ? Combien êtes-vous, les filles, à ressentir la
même chose ? » Combien ? Mais voyons, des milliers !
   « C'est si injuste ! a aussitôt répondu l'une d'elles.
   — J'ai habité sur une rue donnant directement sur
la plage et je n'avais même pas le droit d'y mettre les
pieds ! a écrit une autre.
   — Totalement inacceptable ! a renchéri une foule
d'internautes.
   — Ce n'est même pas une question de loi. C'est
une des tragédies de ce pays !
   — Je me rappelle pourtant un temps où je nageais
en bikini !
   — En bikini ??? »

Soraya ne va pas à la plage. Ne surfe pas sur Internet.
N'a pas de compte Facebook. Elle n'a même plus
d'amies avec qui partager ses colères ou aller s'inscrire
sur une liste en vue des élections. Mais elle continue

d'espérer que les crimes sexuels de Kadhafi ne seront pas oubliés. « Je n'ai pas rêvé, Annick ! Tu me crois, n'est-ce pas ? Les noms, les dates, les lieux. Je t'ai tout raconté. Mais c'est devant une cour que je voulais témoigner ! Pourquoi dois-je avoir honte ? Pourquoi dois-je me cacher ? Pourquoi devrais-je payer pour le mal qu'il m'a fait ? »

Sa révolte est la mienne. Et j'aurais bien voulu la partager aussi avec d'autres Libyennes : magistrates, avocates, proches du CNT, défenseuses des droits de la personne. Aucune, hélas, n'en fera pour l'heure son combat. Trop sensible. Trop tabou. Rien à y gagner. Tout à y perdre. Dans un pays entièrement entre les mains des hommes, les crimes sexuels ne seront ni débattus ni jugés. Les porteuses de messages seront décrétées inconvenantes ou menteuses. Les victimes, pour survivre, devront rester cachées.

Seule femme membre du CNT, la juriste Salwa el-Daghili m'a longuement écoutée lui parler de Soraya. « Que cette petite est courageuse ! disait-elle en hochant la tête. Et comme il est crucial que l'histoire soit connue. Voilà le vrai visage de celui qui a gouverné la Libye pendant quarante-deux ans. Voilà comme il a gouverné, méprisé, assujetti son peuple. Il faut des pionnières comme Soraya pour oser dire la tragédie des femmes et ce qu'a vraiment vécu le pays. Mais à parler, elle court de grands risques. » Elle prenait des notes, le visage douloureux sous un foulard rose pâle, son iPhone vibrant dans son sac Louis Vuitton. « Le sujet est tabou, on a dû vous le dire. Je souhaite de toutes mes forces qu'on protège Soraya, qui n'est autre qu'une victime. Il y en a tant d'autres. Mais je ne peux pas m'engager à sortir un tel dossier. »

Personne ne le fera. Et dans le monde entier, des femmes continueront de se taire. Victimes honteuses d'un crime qui fait de leur ventre un objet de pouvoir ou une prise de guerre. Cibles de prédateurs pour lesquels nos sociétés, des plus barbares aux plus sophistiquées, continuent de faire preuve d'une indulgence minable.

*

Avant de quitter Tripoli à la fin du mois de mars, j'avais voulu faire un dernier tour sur le site de Bab al-Azizia. Il ne restait pas grand-chose de ce qui avait symbolisé si longtemps la puissance absolue du maître de la Libye. Les bulldozers avaient écrasé les murs, rasé la plupart des bâtiments, transformé la résidence en un amoncellement chaotique de pierres, de béton et de tôles. Des hordes de gens, après l'ultime bataille, avaient pillé l'endroit et il ne subsistait rien, absolument rien, qui rappelait une présence humaine. De la fumée s'échappait des montagnes de détritus que venait désormais déposer la population en l'absence de ramassage organisé, et les palmiers faisaient grise mine près d'une piscine remplie d'une eau saumâtre. Le ciel était plombé, des corbeaux surveillaient l'endroit, perchés sur des lambeaux de murailles, et je marchais sans but, sur un lieu de désastre. Les repères dont m'avait parlé un ancien garde de Kadhafi avaient été détruits. J'étais perdue. Qu'importe. J'avançais, tentant, dans ce décor minéral, de trouver un indice me rappelant Soraya.

Je croisai un rebelle qui arpentait l'endroit – peut-être le gardait-il – et m'indiqua l'entrée d'un souterrain. Quelques marches de ciment, une énorme porte verte, blindée, comme celle d'un coffre-fort, et un tunnel sans fin dans lequel l'homme me guida, grâce à sa torche, sur une centaine de mètres. C'est en escaladant un fatras de béton, au sortir du tunnel, que j'ai remarqué alors, entre deux pierres et sous une kalachnikov calcinée, un morceau de cassette magnétique. C'était étrange et saugrenu. Le titre, écrit en arabe, était incomplet et le rebelle à qui je la tendais me dit simplement « Musique ! ». Se pouvait-il que ce fût l'une des bandes de chansons sirupeuses sur lesquelles Kadhafi avait fait danser Soraya ? Je l'ai mise dans ma poche et j'ai poursuivi l'escalade, puis la marche. Un peu plus loin, une crevasse dans le sol attira mon regard. Pourquoi m'y suis-je arrêtée ? Il y en avait tant, qui rappelaient les combats du mois d'août ou indiquaient simplement un souterrain. Je m'y suis penchée. Au fond, un objet de couleur rouge m'intrigua. Je ne l'identifiais pas. Tout était si gris alentour. J'ai saisi une branche d'arbre et me suis allongée sur le sol pour tenter d'accrocher la chose. Ce fut facile : elle était en tissu. Et des entrailles de Bab al-Azizia, remonta un petit soutien-gorge en dentelle rouge. Comme Soraya avait l'obligation d'en porter.

Pour la première fois depuis le début de ce voyage, j'ai eu envie de pleurer.

Repères chronologiques

1911 : Début de l'occupation italienne en Libye

1943-1951 : Tutelle internationale

1951 : Proclamation de l'Etat libyen, monarchie du roi Idriss Ier

1969 : Coup d'Etat du colonel Kadhafi, qui est âgé de vingt-sept ans

1976 : Parution du *Livre Vert*

1977 : Proclamation de la Jamahiriya, littéralement « Etat des masses »

1986 : Raid américain sur les résidences de Kadhafi à Tripoli et Benghazi

1988 : Explosion du Boeing 747 de la Pan Am au-dessus de Lockerbie

1989 : Explosion du DC 10 d'UTA au-dessus du Niger

2001 : Nouveau positionnement de Kadhafi contre le terrorisme au lendemain du 11 Septembre

2004 : Levée d'une partie des sanctions américaines et des sanctions européennes

17 février 2011 : Début de la révolution

20 octobre 2011 : Capture et mort de Kadhafi

Remerciements

Cette enquête doit beaucoup à l'engagement d'une Libyenne courageuse, indépendante et passionnée. Une chef rebelle, engagée corps et âme dans la révolution depuis le premier jour, et qui a pris tous les risques pour venir en aide, dans la discrétion et l'effacement, aux femmes les plus en détresse, celles qui ont souffert de ce crime odieux, perpétré ou ordonné par Kadhafi lui-même, et que la Libye peine encore à reconnaître. Une combattante qui continue, en dépit des pressions et menaces, de choisir la cause des femmes et à qui j'exprime ici toute ma gratitude.

J'ai la chance de travailler – depuis trente ans, depuis toujours – dans un journal auquel je suis profondément attachée et qui m'a accordé à la fois du temps et sa confiance pour réaliser ce projet. Que les responsables du *Monde* soient ici remerciés.

Table

Prologue 11

Première partie. Le récit de Soraya 23

Deuxième partie. L'enquête 167

Epilogue 313

Repères chronologiques 325

Remerciements 327

Cet ouvrage a été imprimé
par CPI BRODARD ET TAUPIN
72200 La Flèche
pour le compte des Editions Grasset
en septembre 2012

Composé par FACOMPO à Lisieux (Calvados)

Grasset s'engage pour
l'environnement en réduisant
l'empreinte carbone de ses livres.
Celle de cet exemplaire est de :
600 g Éq. CO$_2$
Rendez-vous sur
www.grasset-durable.fr

PAPIER À BASE DE
FIBRES CERTIFIÉES

Première édition dépôt légal : septembre 2012
Nouveau tirage dépôt légal : septembre 2012
N° d'édition : 17381 – N° d'impression : 70411
Imprimé en France